KB260656

초·중학생 독서지도를 위한

상황별 도서목록

한복희(충남대학교 문헌정보학과 교수) 외 15인 著

세상을 꿈꾸는 상상 나래
랭기지플러스

국립 중앙도서관 출판사도서목록(CIP)

초 · 중학생 독서지도를 위한 상황별 도서목록 / 지은이 : 한복
희 외. — 서울 : 랭기지플러스, 2006
p. : cm

참고문헌수록
ISBN 89-5518-492-1 13370 : ₩12000

029. 52-KDC4
011.625-DDC21   CIP2006001403

독서지도와 독서치료에 활용할 수 있는 상황별 도서목록

현대사회의 각종 정치, 경제, 사회 문제는 개인과 가정을 복잡한 문제 속으로 내몰고 있다. 청소년들은 이런 문제들에 대해서 어떻게 느끼고 있으며, 그 당면한 문제유형들은 어떤 것이 있는지를 설문 조사를 통하여 분석하고 이러한 조사 자료를 기초로 하여 청소년들이 겪고 있는 문제점들을 파악하고 문제가 있는 청소년을 위한 상황목록과 독서치료프로그램을 개발할 필요성이 대두되고 있다.

대학입학시험이 수학능력시험으로 변환되고, 제7차 교육과정에서 자기 주도적 학습이 강조되면서 공공도서관과 학교도서관을 중심으로 한 독서교육이 많이 거론되고 있는 상황이다. 더욱이 자원, 에너지, 자본과 함께 정보와 지식의 재화가치가 높아지면서 정보와 지식을 다루는 도서관과 독서에 대한 새로운 인식이 높아지고 있다.

독서란 글을 통해 얻은 정보와 그 글의 주제와 관련된 독자 자신의 배경지식을 통합하여 새로운 의미를 구성하는 사고활동이라고 할 수 있다. 따라서 독서의 과정은 단순히 문자를 소리화 하는 과정만이 아니라 언어를 통한 의미 파악의 과정으로서 사고, 평가, 상상, 추론 및 문제해결의 과정을 모두 포함한다. 따라서 독서능력은 모든 학습에서 요구되는 기본적인 학습능력이라고 할 수 있다. 그러므로 체계적인 방법으로 학생이 자신의 독서 수준을 진단하고, 자기 수준에 맞는 독서능력을 갖추게 될 때에야 학습능력도 향상될 것이다. 반면에 독서능력이 제대로 갖추어지지 않을 때는 학습문제가 생기게 된다. 학습에서 문제를 가지고 있는 청소년들은 교사나 부모, 또래들과의 관계에서 비롯되는 여러 가지 정서적인 문제들로 갈등을 겪고 부정적인 자아개념을 갖게 되는 경우가 흔히 발생된다.

숨가쁘게 달려온 부모들의 20세기가 지나고 자녀들의 21세기도 벌써 몇 년이 지나갔다. 이미 존재하고 있었던 독서치료라는 말이 우리나라에서는 21세기에 불쑥 우리 앞에 다가와 한 단계 높은 차원의 독서활동으로서 크게 유행이 되고 있다. 우리의 청소년들이 밝고 행복하게 자라나도록 좋은 책, 심금을 울리는 책을 발굴하여 읽히고 쓰게 하고 말하게 하자. 되도록 많은 책을 읽도록 해주자. 그리하여 독서를 통하여 문제를 해결할 수 있는 힘을 키워주자.

세상이 온통 디지털로 엮여져 있지만 사람들은 여전히 책을 읽고 있다. 그 이유는 무엇일까? 책이 전달하는 유익한 '심층메시지'가 있기 때문이라고 생각한다. 김정근은 책이 다른 매체에 비해 효과적으로 전달한다고 이해되는 메시지에 대하여 다음과 같이 설명하고 있다.

① '훈육하는 메시지'가 있다(각성을 위한 메시지, 깨우침을 주는 메시지). ② '능력을 주는 메시지'가 있다(성취의 수단이 되는 메시지이며 주로 정보, 지식과 관련을 가진다). ③ '치유하는 메시지'가 있다(상처를 치유하고 성숙에 이르도록 안내하는 성질을 가진다).

본 도서는 청소년들을 위한 독서지도의 필요성에서 출발하여, 학교도서관에서 독서지도와 독서치료에 활용할 수 있는 초등학생 및 중학생들을 위해 개발된 상황별 도서목록이며 이 시기에 읽어야 할 도서를 설명해 주고 있다.

올바른 독서법에 대해 잠깐 정리해 본다면 우선, 상황에 맞는 책을 선택하여 이 책은 무엇을 이야기하고 있는가를 생각하면서 읽는다. 그리고 읽으면서 떠오르는 느낌에 주목하여 이 책은 나에게 어떤 의미로 다가오는가를 생각하면서 느낌을 적어본다. 이러한 과정을 통하여 청소년들은 바르게 발달과업을 이룩할 수 있을 것이다. 이 책은 이러한 과정의 길잡이가 될 것이다.

구체적으로 이 책의 목적은 교사, 학부모, 독서지도사들이 도서관, 학교, 가정에서 독서지도프로그램을 진행할 때 그리고 독서지도 준비과정에서 독서지도목록으로 활용할 수 있도록 하는 데 있다. 초록 책 수는 초등고학년용으로 100책, 중학생용으로 100책으로 총 200책이다. 이중에서 논술자료로 활용할 수 있도록 15책을 선정하여 분석 독서자료를 작성하였다. 그리고 중학생 국어과 전 교과서에 나오는 작품을 중심으로 27책에 대한 중학생 책 읽기 지도안을 작성하였다.

2006. 7.

한 복 희

차 례

1
청소년의 상황설정을 위한 문제 유형

청소년을 위한 독서지도와 독서치료지도를 위하여 청소년들이 처해 있는 상황을 조사할 필요가 있다. 이에 따라 본 장에서는 한국의 독서치료연구가 초기단계에서 벗어나 발전단계에 들어가기 위한 기초 자료로서 설문조사를 통하여 청소년들의 문제유형을 알아본다. 조사대상은 우리나라 초등 고학년(4·5·6학년)생들과 중학생들을 대상으로 하였다. 설문의 대상을 초등 고학년부터 시작한 것은 이 시기부터 사회적 인식이 싹트고 올바른 독서를 통하여 인성교육과 함께 발달과업을 잘 수행해야 하는 시기라고 생각했기 때문이다. 그리고 이 연구를 통하여 문제유형에 따른 적절한 상황목록을 개발하고, 이러한 자료를 활용하여 독서치료 프로그램을 개발하는 데 도움이 되고자 하는 것이다.

1. 독서치료의 주제

　우리나라의 경우 독서 장애아동을 위한 독서지도나 책을 통한 독서치료는 아직 사례도 많지 않고 어떤 기준으로 시행되고 있는지 연구된 내용도 많지 않다. 아동들도 성인과 마찬가지로 불평, 불만, 분노, 걱정, 근심, 불안, 슬픔 등의 서로 다른 감정세계를 가지고 있다고 한다. 겉으로 보기에는 싸우기 잘하는 아이(활달한 성격), 소심한 아이, 정신집중을 못하는 아이, 웃기 잘하는 아이 등 여러 가지 유형으로 나타날 수 있지만 이러한 아동들에게 한 가지 공통된 점이 있다면, 그것은 모두가 자신감이 없다는 것이다. 불평, 불만, 분노, 걱정, 근심, 불안, 슬픔 등의 7가지 감정이 자신감이 없는 아동으로 만들었는지, 혹은 자신감이 없으니까 그들의 감정발달이 자연히 그렇게 되어가는지 그것은 아마 아무도 모를 것이다. 위에 나열한 7가지 감정이 한 아동에게 조금씩 다 있을 수도 있고, 또 반대로 하나가 깊이 자리 잡고 있을 수도 있다. 그리고 복합적으로 나타날 수도 있다. 어느 쪽이 강하게 자리 잡고 있느냐에 따라 소심한 아이, 싸우기 잘하는 아이, 잘 웃는 아이, 정신집중을 못하는 아이 등으로 표출이 된다고 한다(전정재, 1999, 157-8).

　어떤 주제에 독서치료법을 적용할 것인가의 문제는 독서치료의 목적을 얼마나 광범위하게 보는가에 달려 있다. 이 연구를 위하여 살펴 본 문헌에 수록되어 있는 서목들은 연구자들의 개인적인 관심과 실제적인 독서치료법 시행의 경험에 의하여 선정된 주제들을 포함하고 있다. 모어, 닉슨, 빅커스는 초등학교의 교사들로서 어린이들을 위한 독서치료용 서목에 생활의 대처, 죽음, 이질성, 이혼, 가난, 관계, 자아관 및 이야기하기와 낭독이라는 여덟 가지의 주제를 포함하고 실제로 독서치료에 적용할 수 있는 프로그램을 소개하고 있다(윤정옥, 6).

　파르덱 부부는 그들의 저서에서 독서치료의 적용 주제로 알콜과 약물 중독, 부모의 이혼과 별거, 감정 및 행동의 문제, 이사, 신체장애, 임신과 낙태, 질병과 죽음, 성 인식, 형제 관계 및 계부모라는 열 한가지의 주제로 서목을 분류하고 있다. 이 책은 이미 어떤 문제에 노출된 청소년들을 대상으로 한 독서치료를 다루고 있으므로 수록된 주제들 또한 다소 심각한 인상을 준다. 특히 '감정 및 행동의 문제'라는 장에서는 문제 부모와 문제 아동이라는 두 가지 측면으로 나누어 부모와 자녀 사이의 많은 문제들을 구체적으로 다루고 있다. 이들은 1993년의 저서에서는 변화하는 역할 모델, 복합 가정, 이혼과 별거, 아동학대, 대리보육, 입양 및 아동기의 두려움을 주제로 다루고 있다(Pardeck, 1998). 스티븐스는 초·중·고등학생들을 대상으로 한 서목에서 가족관계, 책임, 이기심, 성격과 개성, 자율성, 용기, 새로운 가정과 친구들에 대한 적응, 병과 신체장애의 인정, 입양아, 두려움, 타인의 용납, 자아의 용납, 신체적 특성 및 죽음이라는 열네 가지의 주제를 포함하고 있다(윤정옥, 6).

독서치료 〈Manual〉에서는 외모(체격, 장애, 성장 및 발달), 감정 및 성격(수줍음, 자아개념, 남을 돌보기, 행동, 책임, 거짓말, 두려움, 협동, 우정, 죽음), 가족관계(가정 내 문제, 별거와 이혼, 세대차, 사랑과 관심) 및 사회·경제적 문제(인종 및 민족관계, 전쟁과 평화, 이사, 부적응, 마약과 알콜) 등의 주제를 포함하고 있다.

이상에서 제시된 주제들은 매우 주관적이며, 선정되는 도서들도 연구자들의 자의에 의한 것이므로 다소 주관적이라고 할 수 있다. 따라서 문화, 사회, 학교의 환경과 제도 등에서 차이가 있는 한국에서는 이와 같은 주제들이나 각 주제에 포함된 도서들을 그대로 채용하여 쓰기는 어렵다. 그러나 한국에서도 최근 이혼, 청소년 흡연, 음주, 약물사용, 학원폭력, 성관념의 개방 등이 불과 몇 년 사이에 큰 사회문제로 등장하고, 각종 사회비리, 악성 범죄의 증가(예를 들어 유괴, 아동의 성적학대 등), 대형 사고(예를 들어 삼풍백화점 붕괴, KAL기 추락 등)의 빈발로 어린이들이 성장 과정에서 죽음, 재해 등을 직접 혹은 간접적으로 겪게 되는 경우도 많아졌으므로 독서요법이 문제 해결 및 예방의 차원에서 그러한 주제들을 반영하지 않을 수 없다(윤정옥, 6).

문제는 한국 사회에서 이같이 다양한 주제로 독서치료를 시행하고자 할 때 과연 우리나라에도 유사한 주제를 한국 사회의 실정에 맞게 다루는 어린이용 혹은 청소년용 도서들이 다양하게 출판되고 있는가 하는 점이다. 그럼에도 불구하고 공공도서관이나 학교에서 이러한 독서치료의 요구가 있을 때에 사서를 포함한 독서지도전문가들은 보다 심층적으로 도서를 분석하여 효과적으로 사용될 수 있는 양질의 상황도서목록을 준비하고 작성해야 할 것이다.

한윤옥은 독서치료에 대한 도서관 봉사의 가장 기본적인 도구인 상황별목록을 만들기 위하여 독서치료 대상자의 상황을 분류하기 위한 기준을 마련하였는데 제1차 기준은 생물학적 특성으로서의 성과 연령으로 보았다. 즉 성별과 연령을 묶어 적용하되 성별을 우선으로 하며, 연령에 따른 발달단계 과업을 기준으로 소년기 및 청소년기, 청소년기 및 성년기, 성년기 및 장년기, 노년기로 분류한다. 제2차 기준은 가정(고아원, 양노원 등의 특수시설), 학교, 직장으로 분류하며, 제3차 기준은 공간에서 맺게 되는 인간관계로 보았다. 인간관계는 위의 관계에서 맺어지는 관계들을 수평적, 수직적 차원에서 분류하며, 개인적 차원의 문제가 원인이 되어 나타나는 대 사회적 단독관계에 의한 독자적인 증상들을 물질관련 장애, 신경증적 장애, 생리장애로 나누고 있다(한윤옥, 23).

1994년부터 평생교육 및 사회교육 차원에서 독서교육에 대해 가르치고 교재를 편찬하며, 또한 학부과정에서 독서교육 과목을 가르치면서 책 읽기와 관련하여 어린이들이 겪고 있는 문제점들은 무엇인가를 생각하게 되었다. 이러한 생각을 정리해보기 위하여 지난 2년 동안 서울특별시, 성남시, 충청남도 독서교육연수과정에 참석한 초·중등 독서담당 그리고 담당 예정인 교사들, 사회교육원을 수료한 독서지도사들과 학부모 독서지도 강좌에 참석한 약 200명을 대상으로 조사한 자료를 기초로 하여 청소년들이 부딪히는 문제유형을 정리해 보았다. 또한 산업화와 그 과정에서 야기되는 현대사회의 각종 정치, 경제, 사회 문제는 개인과 가정을 복잡한 문제 속으로 떠다밀고 있다. 이러한 와중에서 교사와 부모들이 생각하고 있는 아동과 자녀들의 당면한 문제유형들은 어떤 것이 있는지 설문조사를 하였다. 조사 문항은 열 문항이었지만 본 책에서는 독서치료와 관련된 문제학생의 유형과 독서 장애와 관련된 항목만을 설명하고자 한다.

독서치료를 위한 문제유형 주제를 알아보기 위하여 문제아에 대한 문제유형에 응답한 101개의 항목을 유사한 것끼리 묶어 보았다. 제 나이에 할 일과 규범을 벗어난 행동을 하는 경우(19), 주변을 의식하지 않고 멋대로 행동함(12), 적응하지 못함(11), 자아정체감 부족(9), 기존의 질서를 거부함(9), 정서적 불안(6), 쓸데없는 자존심(6), 집중력 부족 및 산만함(4), 가정문제(4), 피해망상적 생각(3), 집단활동에서 일탈(2), 지능문제(2), 게임중독, 열등감, 이성문제, 이기적, 불량함 등으로 나타났다. 앞으로 더 많은 도서담당교사 연수 기회와 독서지도사들을 만나 질문지를 더 많이 수집하게 되면 좀더 주제 구분이 명확해질 것으로 생각된다.

가장 많은 내용으로 조사된 제 나이에 할 일과 규범을 벗어난 행동을 하는 경우에는 평범한 아이들과는 동떨어진 사고와 행동을 하는 경우, 자신의 문제를 해결 못하는 경우, 학교일과에 적응하지 못하는 경우, 자신의 행동이 기준에서 벗어나는 것을 느끼지 못하는 경우 등이 정서적 불안 요인과 함께 많이 언급되고 있다. 또한 주변을 의식하지 못하고 멋대로 행동하는 것과도 일맥상통하고 있다. 설문조사에 의한 독서치료 주제로서는 잘 어울리지 못하는 부적응의 문제, 자아정체감의 문제, 정서적 불안, 주의집중 부족 및 산만함, 가정문제 등을 중심 주제로 삼고 초등 및 중등 학생들의 독서치료 문제를 접근하는 것이 좋을 것으로 생각하였다. 주의집중 부족은 가장 보편적인 학생문제로 보고 있으며, 학습부진 문제, 문제해결능력 부족 문제, 과다한 행동 문제 등 또 다른 문제를 가져온다(Sridhar, 2).

3. 교사들이 본 문제아의 유형

　문제아의 유형을 적어달라고 한 설문에 응답한 내용을 살펴보면 다음과 같다.
　응답내용을 ①사회적(환경적) 요인, ②개인적(내면적) 요인, ③기타로 나누어 정리하였다. 좀더 심층적인 분석이 필요한 내용도 있었지만 응답자들의 표현 내용을 필자가 주관적으로 구분한 것이다(자세한 내용은 한복희, 2004, 205-208 참조). 이러한 작업은 계속될 것이다.

1》 사회적(환경적) 요인

- 자신을 인정하지 못하고 사회에 적응하지 못하는 아이
- 함께 더불어 살지 못하는 아이
- 정해진 규범에서 벗어나는 아이
- 결손가정의 아이
- 유해업소에 출입하는 아이
- 부모나 환경에 불만이 많은 아이
- 학교생활에 적응하지 못하는 아이
- 전체와 조화를 이루지 못하는 아이
- 타인에게 피해를 주는 아이
- 정신적, 육체적 상처를 외형적으로 드러내는 아이
- 문제를 일으키는 아이
- 아이들을 괴롭히거나 해로운 방법으로 스트레스를 해소하는 아이
- 친구를 괴롭히는 아이
- 친구들에게 따돌림 당하는 아이
- 자기가 해야 할 일을 하지 못하고 대인관계에 지장을 주는 아이
- 또래 아이들과 정서적 공감대가 형성되지 않아 어울리지 못하는 아이

• 다른 아이들의 반감을 사는 아이

2 >> 개인적(내면적) 요인

• 행동변화의 유도를 위해 감성을 자극해도 반응이 없는 아이
• 살아가는 이유를 모르는 아이
• 꿈, 희망이 없는 아이
• 이기적인 아이
• 자신의 잘못을 인정하지 않는 아이
• 사회를 불신하고, 어른을 공경하지 않는 아이
• 도덕적 잣대가 없는 아이
• 자신을 사랑할 줄 모르는 아이
• 마음의 문을 열지 않는 아이
• 나쁘다는 것을 알면서도 하는 아이
• 불성실한 아이
• 판단력이 부족한 아이
• 평범한 것을 거부하는 아이
• 돌출된 사고나 행동을 하는 아이
• 잘못된 점을 두 번 이상 지적해 주어도 고치지 않는 아이
• 심사숙고 없이 마음대로 생활하는 아이
• 남의 충고를 듣지 않고 자기 맘대로 행동하는 아이
• 자신의 행동을 통제하지 못하고 일탈 행동을 하는 아이
• 자신의 감정을 조절하지 못하여 욕설이나 폭력적 행동을 하는 아이
• 어른들을 거부하는 아이
• 반항적이고 배타적인 아이
• 사회적 통념에서 벗어난 아이
• 행동, 정서, 학습, 신체적 결함이 있는 아이
• 자신감이 부족한 아이
• 모든 문제를 부정적으로 판단하는 아이

- 줏대없이 흔들리는 아이
- 주의가 산만하고 정서가 불안한 아이
- 편견을 가진 아이
- 자신의 행동에 대한 이유를 알지 못하는 아이
- 자아도취에 빠진 아이
- 스스로의 가치나 목표의식이 없는 아이

3 >> 기타의견

- 지적 능력이 부족한 아이
- 책에 대한 흥미나 필요성을 느끼지 못하는 아이
- 독서 장애를 가진 아이
- 학습 부진아
- 특별지도가 필요한 아이
- 아동의 발달단계에 따라 발달하지 못한 아이

4. 독서 장애 유형

　독서 장애에는 어떤 것들이 있는가에 대하여 조사한 결과 편향적 독서습관을 가지고 있다든지, 책읽기를 싫어한다든지, 단순한 책만 읽는다든지, 독서습관이 부족하다든지 등의 답변은 독서지도의 필요성을 입증해주는 것이다. 또한 독서클리닉의 필요성을 보여주는 응답내용으로 이해력·집중력이 부족하다든지, 읽기장애 문제가 있다든지, 주의가 산만하다든지, 수준에 맞는 책을 모른다든지 하는 내용들은 독서수준테스트를 통한 독서지도의 필요성을 입증하는 응답 내용이라고 생각된다. 세부적인 응답 내용은 다음과 같다.

1〉〉 **내부적(근본적, 정서적) 장애**

- 흥미위주의 책만 읽는 것
- 책을 읽으려 하지 않는 것
- 책에 흥미를 갖지 못하는 것
- 한 종류의 책만 읽는 것(편향독서)
- 집중해서 책을 읽을 수 없는 것
- 독서를 육체적 노동보다 힘들어하는 것
- 쉽게 읽을 수 있는 책만 읽는 것
- 책만 보면 졸리다고 스스로 생각하는 것
- 읽은 책에 관해 느낌이 없는 것
- 완벽한 독서를 해야 한다는 강박관념

2〉〉 **외부적 장애**

- 책을 읽을 수 있는 분위기 조성이 안 됨
- 책을 읽을 수 있는 시간이 부족함

- 재미있는 책이 부족함
- 과도한 비디오나 TV시청, 컴퓨터 게임(영상 매체)
- 과도한 사교육으로 독서시간 부족
- 부모의 관심과 이해 부족
- 남학생의 경우 운동과 같은 동적인 활동을 즐김
- 여학생의 경우 소설류에 치중함

3 >> 방법적 장애

- 책을 읽고도 뜻이나 내용을 이해하지 못하는 것
- 글자를 놓치고 읽는 것
- 끝까지 읽지 못하는 것
- 주제, 요점 파악이 안 되는 것
- 읽은 것을 표현하지 못하는 것
- 소리 내어 읽지 않음
- 수준에 맞지 않는 책을 읽는 것
- 글을 잘 읽지 못함, 문자 해독능력 부족
- (앉아서) 책을 읽는 습관이 안 되어 있음
- 그림만을 주로 보는 것
- 책과 현실을 연관시키지 못함
- 줄거리 파악이 독서의 모든 것이라고 착각하는 것
- 베스트셀러 위주의 독서습관
- 깊이 있는 독서의 부족
- 긴 글, 어른이 권하는 책을 거부하는 것
- 책을 읽고 결과를 기억하지 못하는 것
- 교훈을 찾지 못하는 것
- 스스로 읽고, 문제 해결 능력 부족
- 속독위주의 독서

5. 설문조사를 통해 본 초등고학년의 문제 유형

앞에서는 독서지도사와 초·중등학교 교사들이 생각하고 있는 학생들의 문제 유형을 살펴보았다. 여기서는 충남대학교 평생교육원 독서치료사 과정을 공부하고 있는 독서지도사들과 함께 청소년들이 겪고 있는 문제 유형을 몇 차례의 논의를 통하여 설문지를 작성하고 설문조사를 실시한 결과를 소개한다.

초등고학년 자료수집 결과를 간단히 설명하면 다음과 같다. 참고로 아직도 설문자료는 계속 수집되고 있다. 초등고학년 자료는 남자 33명, 여자 63명으로 총 96명의 자료가 수집되었다. 수집된 자료의 학년분포는 4학년 28명, 5학년 39명, 6학년 29명이었다. 90%의 학생이 부모와 함께 살고 있었으며, 91%는 형제와 자매가 있었다. 아버지의 직업은 회사원, 자영업, 공무원의 순서로 많았으며, 어머니의 직업도 비슷한 순서로 나타났으며, 약 45%가 직업을 갖고 있었다.

초등고학년 학생들의 걱정거리를 살펴보면 다음과 같다. ( ) 안의 숫자는 선택한 회수를 나타낸다. 가장 많이 선택을 한 것은 성적(42)이었으며, 다음으로 성격(32), 부모님의 지나친 기대(25), 집중력(23), 외모(22), 친구(21), 학원(21), 자신감(21), 산만함(20), 학교(19), 용돈(16), 선생님(16), 거짓말(16), 장래희망(16), 이성친구(13), 형제관계(10), 컴퓨터(10), 물건훔치기(9), 게임(8), 가족간의 대화(6), 독서환경(5), 채팅(4), 부모의 편애(1), 가출(1), 체벌(1), 폭력(1) 등으로 나타났다.

위와 같은 설문 조사 결과는 자신, 가족, 교우관계, 학업상태, 이성관계, 독서상황과 관련된 내용으로 독서치료의 주제들이 될 것이다. 교사들이 우려했던 것처럼 그 성향들이 어느 한 쪽으로 치우쳐 있는 것으로 나타나지는 않았다.

6. 설문조사를 통해 본 중학생의 문제 유형

중학생의 자료수집 결과를 설명하면 다음과 같다. 참고로 아직도 설문자료는 계속 수집되고 있다. 중학생 자료는 남자 46명, 여자 62명으로 총 108명의 자료가 수집되었다. 수집된 자료의 학년분포는 1학년 72명, 2학년 14명, 3학년 22명이었다. 97%의 학생이 부모와 함께 살고 있었으며, 94%는 형제와 자매가 있었다. 학생들의 보충학습 방법은 학원 수강(48%)이 가장 많았으며, 과외(35%), 없다(21%), 학교 방과 후 활동(16%), 예체능학원(2%)의 순이었다. 학생의 학업성적 분포는 최상위권(4%), 상위권(35%), 중위권(50%), 하위권(1%)으로 나타나고 있다.

중학생들의 걱정거리를 살펴보면 다음과 같다. ( ) 안의 숫자는 선택한 회수를 나타낸다. 가장 많이 선택을 한 것은 시험(71)이었으며 다음으로 성적(55)이었다. 구체적으로 살펴보면, 내신(37), 수능평가(36), 학원(30), 외모(27), 부모님 기대(27), 수면부족(23), 외국어(19), 운동부족(19), 산만함(17), 진학(17), 학교(16), 이성문제(15), 대학입시(15), 소심한 성격(14), 친구(13), 다이어트(13), 유행패션(12), 동생(11), 과외(10), 핸드폰(10), 게임중독(8), 어머니(8), 분노(8), 욕설(7), 운동(7), 선생님(7), 연예인(6), 질병(6), 선배(5), 성형수술(4), 신장(4), 만화(4), 아버지(4), 인터넷 중독(4), 주거환경(4), 오빠/형(3), 체벌(3), 종교(3), 가출(2), 언니/누나(2), 채팅(2), 성(性)적 호기심(2), 편애(1), 담배(1), 조기유학(1) 등으로 나타났다. 그 외에 힘들게 하는 것들로는 자제력, 돈, 스트레스 등이 있었다.

설문자료가 더 수집되면 자세한 분석을 하여 중학생의 모습을 그려 볼 계획이다.

2

상황별 도서목록의
작성 과정

필자는 1999년에 한국도서관협회에서 한국문화예술진흥원의 지원을 받아 연구를 수행한 '국민독서문화 진흥을 위한 독서서지정보 시스템개발'의 일환으로 '상황별 도서목록—아동 청소년편'을 작성하였다. 이때에 작성된 아동을 위한 상황목록은 일반적인 상황에서의 책읽기를 위한 목록으로 1999년 6월까지 출판된 도서를 대상으로 작성된 목록이었다. 이 목록은 현장에서 사서들과 교사들에게 매우 유용한 자료로 활용되고 있다. 이제 그 목록이 나온 지도 7년이 지났다. 충남대학교 평생교육원 독서치료사과정에서는 독서지도, 독서클리닉지도와 독서치료지도를 위해 초등고학년, 중학생, 주부를 위한 일반적인 문제 상황을 모둠별로 조사 연구하는 과제를 수행하게 되었다.

이 장에서는 1999년 6월 이후부터 2005년 6월까지 출판된 책을 대상으로 초등학생과 중학생을 위해 작성한 상황목록의 작성 과정을 간단히 소개한다. 상황별 도서목록은 일반 도서목록인 학년별로 제시되는 필독도서목록, 권장도서목록, 양서목록, 추천도서목록 등과는 차별화된 목록으로서 일반적인 독서지도와 함께 학생들이 처한 상황에 맞는 도서목록이라고 할 수 있다.

1. 초등고학년의 상황별 도서목록 작성 과정

1 >> 초등학생 도서목록 작성 진행 과정

1999년에 한국도서관협회에서 한국문화예술진흥원의 지원을 받아 연구를 수행한 '국민독서문화 진흥을 위한 독서서지정보 시스템 개발'의 일환으로 '상황별 도서목록'을 작성하였다. 이 목록은 일반적인 상황에서의 책읽기를 위한 목록이었다. 충남대학교 평생교육원 독서치료사 과정에서는 독서클리닉과 독서지도를 위한 초등고학년, 중학생, 주부를 위한 일반적인 문제 상황을 모둠별로 조사 연구하는 과제를 수행하게 되었다.

일반 도서목록인 학년별로 제시되는 필독도서목록, 권장도서목록, 양서목록, 추천도서목록 등과 다르게 상황별 도서목록은 독서지도의 가장 중요한 요소는 상황에 맞는 책이라는 생각에서 작성되었다. 상황별 도서목록은 충남대학교 평생교육원에서 독서치료사 과정을 수료한 졸업생들이 1년 동안 설문지를 작성하여 문제 유형을 선정하고 선정된 주제에 따라 해제하고 분석독서를 작성하였다.

공부 등 바쁜 일정으로 어린이들이 스트레스를 많이 받고 있지 않나 하는 우려도 되고, 가족간의 갈등으로, 또는 친구, 선생님과의 갈등으로 어려운 시기가 아닌지 염려도 된다. 아직은 세상살이에 눈뜨지 말고, 하늘과 땅의 축복을 듬뿍 받아 몸과 마음이 건강한 어린이로 자라주길 간절히 바란다.

세상에 먼저 태어난 생활의 선배로서, 부모로서, 선생님으로서 우리가 이 어린이들에게 어떤 영향을 미칠까 하는 생각도 자주 한다. 그것은 부모세대가 자랄 때와는 달리 급격하게 변화하는 환경의 소용돌이 속에서 우리 어린이들이 생활하고 있기 때문일 것이다. 미래의 꿈나무들인 아이들이 행복한 생활을 영위할 수 있도록 그들에게 씨앗을 심어 주고 싶다는 마음에서 초등학교 상황목록을 만들게 되었다.

상황목록이 나오는 과정에서 고학년을 대상으로 설문지를 조사한 결과 대부분의 어린이들이 공부와 관련된 스트레스가 가장 많은 부분을 차지하고 있고 그로 인한 부모님과의 갈등과 기타 형제자매간의 갈등, 친구와의 갈등, 선생님과의 갈등도 일부 있었지만 무엇보다도 자기 자신과의 갈등으로 인해 많이 힘들어하고 있다는 것을 느꼈다. 아직은 밖에서 물장구도 치고 매미도 잡으러 다니면서 자연과 벗 삼아 생활하는 행복함에 빠져 있어야 하지만 현실은 그러한 행복함은 뒤로 한 채 눈에 보이는 결과만을 보고 행동하고 사고한다. 그렇다보니 어린이들이 느끼고 감상하고 여유로운 눈으로 세상을 들여다보기보다는 눈에 보이는 결과만을 추구하는 경향이 보인다. 그리고 자신의 꿈과 희망을 실현하기 위해 노력하기보다는 미래에 편하게 살고자 하는 방편으로 오늘도 어린이들은 아무 생각없이 가방을 메고 학원으로 발걸음을 향하지 않나하는 생각에 안쓰럽게 느껴진다.

이러한 어린이들의 환경과 속마음을 모르는 어른들은 아니지만 어쩔 수 없이 현실에 맞추어 가는 것이 옳다는 생각을 갖고 있는 어른들 또한 마음이 아프다. 모든 어른이 다 그렇지는 않지만, 학교성적이 삶의 전부는 아니라 하지만 사실 성적이 전부인 것처럼 생각할 때가 많다. 성적보다는 어린이들이 순수한 마음으로 세상을 배우고 바라보고 하는 것이 더욱 중요할 것 같다.

초등학교의 많은 어린이들이 성적 문제로 고민하고 그로 인한 갈등으로 초래되는 문제들을 우리는 가슴 아파하고 그러한 어린이들에게 조금이나마 힘이 되고자 많은 시간을 고민하면서 상황목록을 주제별로 나누었다. 먼저 가족 관계에서 '부모님과 형제자매의 사랑과 갈등, 조부모의 사랑과 갈등, 장애인 가족의 사랑과 갈등, 부모·형제·조부모의 죽음에 대한 갈등과 부모의 이혼 및 재혼으로 인한 갈등' 으로 주제를 나누어 책을 선정하였다. 그리고 친구관계 및 학교생활에서는 '친구와의 우정과 갈등, 이성친구와의 우정과 갈등, 선생님의 사랑과 갈등, 특수 장애를 가진 친구와의 우정과 갈등, 환경이 다른 친구들과 집단 따돌림으로 학교생활에 적응하지 못하는 어린이들의 갈등' 을 다룬 책으로 선정하였다. 그리고 자아정체성은 '자아 탐색과 자신감, 책임감과 용기와 모험' 으로 책을 선정해서 나누었다. 무엇보다 상황목록을 만들면서 중점을 둔 것은 우리 어린이들이 자신에게 일어나는 문제들을 누군가에게 기대기보다는 그 문제를 스스로 대처하고 극복하는 능력을 기를 수 있도록 하는 것이었다. 그리고 최근 부쩍 늘어나는 이혼 등과 같은 가정의 새로운 문제 상황에 어린이들은 당혹해하는 경우가 많다. 그들도 책 속의 친구들을 통해 용기와 사랑을 느끼길 바란다.

필자는 도서관에서 4, 5년간 상담을 진행하면서 어린이들의 고민을 직접 듣고 그들의 고민을 같이 느끼며, 그들의 부모님과 상담하면서 서로가 노력하는 과정에서 문제들은 조금씩 해결되어 간다는 것을 느꼈다. 몇 년 전만해도 고학년 어린이들의 손을 잡고 부모님들이 상담 문을 두드렸지만 최근에는 유치원생과 저학년 어린이의 손을 잡고 상담 문을 두드리는 경우가 많다. 유치원생과 저학년 어린이의 부모님들과 상담을 하면서 새로운 희망으로 밝은 미래가 느껴져 너무도 반가웠다.

그러나 직접 현실에서 부딪치며 마음의 빗장을 열지 못하는 우리 고학년 어린이들의 발걸음이 점점 줄어든다는 것은 가슴 아픈 일이다. 오늘도 그들은 마음에 상처를 씻기도 전에, 그들의 내면을 들여다보기도 전에 하루하루를 누군가를 원망하면서 생활하지 않을까? 그들에게 진정한 씨앗을 심어주는 것이 우리들의 몫이라면 우리는 단 한 권의 책이라도 우리 어린이들과 함께 읽으며 그들의 고민을 책 속의 주인공들과 같이 들어 보자.

어린이 여러분, 부모님들이여, 우선 책을 펼쳐 보자! 그리고 목록에 나와 있는 책들을 하나씩 읽어 보자.

2>> **초등고학년 목록 작성을 위한 참고목록**
- 어린이권장도서목록 / 어린이 도서 연구회(2000~2005)
- 독서클리닉의 이론과 실제 / 한국도서관협회
- 독서치료와 어린이 글쓰기 지도 / 태일사
- 독서기술 / 아울북

- 독서치료의 실제 / 학지사
- 2005년 좋은 어린이책 목록 / 아동출판인협의회
- 책아, 우리 아이 마음을 열어줘 / 청어람미디어
- 창의적인 독서지도 77가지 / 해오름
- 문학동네, 시공주니어, 창작과비평사, 보리, 아이세움, 비룡소, 마루벌, 베틀북, 사계절, 웅진닷컴, 창비 어린이책 등 출판사 별 목록 책
- 알라딘 http://www.aladdin.co.kr/
- 오픈키드 http://www.openkid.co.kr/

2. 중학생의 상황별 도서목록 작성 과정

현재 시중에 나와 있는 상황별 도서목록 대부분은 초등학교 아동들을 중심으로 구성되어 있다. 갈등과 방황의 심리적 이유기에 접어든 중학생들을 위한 상황별 도서목록이 있기는 하지만, 중학생의 책읽기 자체도 학업과 연계된 논술문 작성 위주의 수업이 대부분이다.

이런 현실에서 '중학생—상황별 도서목록과 해제' 작업을 하게 된 동기와 선정 기준은 다음과 같다. 자아 정체감을 찾아가는 청소년 시기는 그들이 충분히 고민하고 사색하면서 자아를 성숙시켜야 한다는 관점과 지식을 습득함에 있어서 단순한 주입식의 지식 습득이 아닌, 깊이 생각하고 사고할 수 있도록 유도해야 한다는 관점이 책의 선정 기준이 되었다. 또한 책의 초판 일자는 1999년 7월 이후부터 2005년 6월까지의 신간 위주로만 선정하였다. 그리고 중학생들이 가장 많은 갈등을 일으키는 부분을 우선적으로 고려하였다.

사춘기의 심리적 변화, 화목하지 못한 가정으로 인한 방황, 친구와의 관계, 교내에서 이루어지는 왕따, 이성 친구와 성적 호기심, 성폭력, 그리고 내신성적 등으로 인한 갈등 등 여러 각도에서 청소년기에 빈번하게 발생할 수 있는 문제점을 짚어 보았다.

5명으로 구성된 모둠에서 위와 같은 상황에 처했을 경우에 도움을 줄 수 있는 책을 선정하기 위하여 현재 시중에 나와 있는 책이나, 이미 알려져 있는 권장도서목록을 참고하기로 하였다. 권장도서목록에 실린 해당 도서에 관한 대략적인 정보는 인터넷 서점을 이용하여 선별하기로 하였다. 그 다음에는 각자 20권의 책 목록을 정하고, 서점이나 도서관에서 책을 훑어보기로 하였다. 훑어보기 다음에는 우리가 원하는 목적에 부합하는 책인지 아닌지 다시 한 번 점검을 하여 삭제와 추가 작업을 반복하였다. 최종적으로 각자 20권의 목록을 중복되지 않게 선정하여 분배하고 본격적으로 책을 읽고, 서평을 쓰는 작업에 들어갔다.

해제 서두에는 책에 대한 전체적인 내용을 한 문장으로 밝히고, 작가나 그 책이 주목을 받은 책에 대해서는 추가 설명을 하였다. 본문에는 책의 전체적인 줄거리에 대한 간

략한 소개와 감상 포인트를 적었다. 마지막에는 선정한 책을 어떤 상황에 있는 청소년이 읽으면 좋을 것인가에 대한 추천사를 덧붙여서 최종 원고를 작성하였다.

도서 선정을 위해 참조한 책은 다음과 같다.
① 독서교육 활성화를 위한 중학교 교과별 추천도서 목록 / 도서출판 독서와교육 / 2003
② 현장교사와 동부도서관이 함께 엮은 추천도서 맛보기 / 대구광역시립 동부도서관 / 2004
③ 어린이 권장도서목록 / 어린이도서연구회 / 2002. 2005
④ 전국 독서 새물결 모임 / 2003
⑤ 서울특별시 교육청 중학생 권장도서 목록 / 2004

3

초등학생의 상황과 상황별 도서목록

2장에서 서술한 절차와 방법에 따라서 초등학생을 위한 상황 목록을 6개월에 걸쳐 수집, 정리하였다. 상황은 크게 세 개의 파트로써 가족과 관련된 상황, 학교생활과 관련된 상황, 자아정체성과 관련된 상황으로 나누었다. 그리고 각 상황을 다시 세분하였다. 가족과 관련된 상황은 가족의 소중함을 느끼고 싶을 때 등 16개의 소주제로 나누어 목록을 작성하였다. 친구와 관련된 상황은 친구의 우정을 느끼고 싶을 때 등 12개 소주제로 구분하였는데, 여기에는 학교생활, 선생님과의 관계를 모두 포함시켰다. 마지막으로 자아정체성과 관련된 상황은 자신감, 자아탐색, 책임감, 자아존중, 용기와 모험 등으로 세분하였다.

1. 가족과 관련된 상황

다음은 가족과 관련된 상황과 관련하여 16개의 소항목으로 선정된 상황의 내용이다.

① 가족의 소중함을 느끼고 싶을 때

② 아빠의 사랑, 소중함을 느끼고 싶을 때

③ 엄마의 사랑, 소중함을 느끼고 싶을 때

④ 형제자매의 우애를 느끼고 싶을 때

⑤ 부모님과의 갈등을 느낄 때

⑥ 형제간의 갈등을 느낄 때

⑦ 할아버지와 할머니의 사랑을 느끼고 싶을 때

⑧ 부모의 죽음을 경험했을 때

⑨ 형제자매의 죽음을 경험했을 때

⑩ 조부모의 죽음을 경험했을 때

⑪ 장애인을 가진 가족이 갈등을 겪을 때

⑫ 부모의 이혼으로 갈등을 겪을 때

⑬ 부모의 재혼으로 갈등을 겪을 때

⑭ 입양으로 갈등을 겪을 때

⑮ 이민으로 갈등을 겪을 때

⑯ 소외된 가정으로 갈등을 겪을 때

2. 가족과 관련된 상황별 도서목록

1 >> **가족의 소중함을 느끼고 싶을 때**

① 복실이네 가족 사진 / 노경실 / 산하 / 2000. 4

② 몽실 언니 / 권정생 / 창작과비평사 / 2000. 4

③ 우리 아빠 / 톤 텔레헨 / 비룡소 / 2000. 5

④ 목걸이 열쇠 / 황선미 / 시공주니어 / 2000. 7

⑤ 아빠가 내게 남긴 것 / 캐럴 캐릭 / 베틀북 / 2000. 8

⑥ 아주 특별한 우리 형 / 고정욱 / 대교 / 2000. 12

⑦ 엄마는 파업 중 / 김희숙 / 푸른책들 / 2001. 2

⑧ 흐린 후 차차 갬 / 김선희 / 비룡소 / 2001. 3

⑨ 둘은 두 사람 / 하이타니 겐지로 / 비룡소 / 2001. 7

⑩ 엄마 생각 / 이상권 / 우리교육 / 2001. 7

⑪ 거미줄의 추억 / 넷 힐튼 / 크레용하우스 / 2001. 7

⑫ 나의 아빠 닥터 푸르니에 / 장 루이 푸르니에 / 웅진 / 2001. 10

⑬ 늘 푸른 나의 아버지 / 황선미 / 두산동아 / 2001. 10

⑭ 할아버지가 수상해요 / 야마나카 히사시 / 다자인하우스 / 2001. 11

⑮ 베베르에게 마흔두 번째 누이가 생긴다고요? / 크리스티안 뒤 셀 / 비룡소 /
   2001. 11

⑯ 밤티 마을 큰 돌이네 집 / 이금이 / 푸른책들 / 2002. 1

⑰ 체리나무 할아버지 / 안젤라 나데티 / 김영사 / 2002. 2

⑱ 종이밥 / 김중미 / 낮은산 / 2002. 3

⑲ 작별 인사 / 구두룬 멥스 / 시공주니어 / 2002. 4

⑳ 딸꼬마이 / 이상권 / 우리교육 / 2002. 4

㉑ 엄마의 마지막 선물 / 문선이 / 계림닷컴 / 2002. 5

㉒ 흰 종이 수염 / 하근찬 / 다림 / 2002. 7

㉓ 뽀뽀쟁이 프리더 / 구두룬 멥스 / 시공사 / 2002. 8

㉔ 우리 누나 / 오카슈조 / 웅진 / 2002. 10

㉕ 아빠의 수첩 / 양해원 / 김영사 / 2002. 11

㉖ 나도 커서 아빠처럼 될래요 / 프랭크 길브레스 주니어 / 에디슨북 / 2001. 3

㉗ 아빠를 닮고 싶은 날 / 이붕 / 계림 / 2002. 8

㉘ 아주 소중한 사랑 이야기 / 소중애 / 청동거울 / 2002. 10

2 >> 아빠의 사랑, 소중함을 느끼고 싶을 때

① 아무리 바빠도 아빠 노릇은 해야지 / 서정홍 / 보리 / 2004. 11

② 나의 아빠 닥터 푸르니에 / 장 루이 푸르니에 / 웅진 / 2001. 10

③ 레모나는 아빠를 사랑해 / 비버리 클리어리 / 지경사 / 2001. 8

④ 나도 커서 아빠처럼 될래요 / 프랭크 길브레스 주니어 / 에디슨북 / 2001. 3

⑤ 세상에서 가장 아름다운 아빠 / 윤소영 / 영교 / 2001. 3

⑥ 아빠는 항상 내 곁에 / 레오메터 / 베틀북 / 2002. 1

⑦ 마리산 / 우봉규 / 시공주니어 / 2001. 4

⑧ 불구두와 바람 샌들 / 우르줄라 뷜펠 / 유진 / 2000. 12

⑨ 마스크맨 우리 아빠 / 배서연 / 창비 / 2004. 7

⑩ 닫힌 마음을 열며 / 양재원 / 푸른나무 / 2003. 12

⑪ 아빠의 앞치마 / 이규희 / 우리교육 / 2004. 3

⑫ 아빠의 남포등 / 윌리엄 암스트롱 / 한길사 / 2003. 4

⑬ 용의 날개 / 로렌스 옙 / 소년한길 / 2005. 1

⑭ 우리 아빠 / 톤 텔레헨 / 비룡소 / 2000. 5

⑮ 다섯 시 반에 멈춘 시계 / 강정규 / 문원 / 2001. 5

⑯ 아빠 짝꿍 / 이중현 / 문학동네 / 2004. 4

⑰ 우리 아빠는 아무도 못말려 / 페에르 루키 / 비룡소 / 2000. 1

⑱ 흰종이 수염 / 하근찬 / 다림 / 2002. 7

⑲ 둘은 두 사람 / 하이타니 겐지로 / 비룡소 / 2001. 7

⑳ 당신이 영웅입니다 / 한예찬 / 산하 / 2003. 4

㉑ 아빠의 바퀴구두 / 안선모 / 꿈소담이 / 2003. 6

㉒ 세상에서 가장 소중한 약속 / 고정욱 / 두산동아 / 2001. 4

3 >> **엄마의 사랑, 소중함을 느끼고 싶을 때**

① 엄마의 마지막 선물 / 문선이 / 계림닷컴 / 2002. 5

② 엄마는 파업중 / 김희숙 / 푸른책들 / 2001. 2

③ 엄마의 하루 / 고정욱 / 파랑새어린이 / 2004. 6

④ 밤티마을 큰돌이네 집 / 이금이 / 대교 / 2004. 1

⑤ 내 친구 윈딕시 / 케이트 디카밀로 / 시공주니어 / 2004. 1

⑥ 마당을 나온 암탉 / 황선미 / 사계절 / 2002. 4

⑦ 좋은 엄마 학원 / 김녹두 / 문학동네 / 2004. 6

⑧ 반지 엄마 / 백승남 / 한겨레아이들 / 2002. 3

⑨ 엄마 생각 / 이상권 / 우리교육 / 2001. 7

⑩ 열살이에요 / 정하섭 / 길벗어린이 / 2000. 12

4 >> **형제자매의 우애를 느끼고 싶을 때**

① 형이 아니라 누나라니까요 / 이경혜 / 비룡소 / 2003. 7

② 굿바이 월터 오빠 / 헬렌레비코츠 / 시공주니어 / 2003. 8

③ 아주 특별한 우리 형 / 고정욱 / 대교 / 2000. 12

④ 내 동생 별희 / 이규희 / 두산동아 / 2004. 5

⑤ 육촌 형 / 이현주 / 시공주니어 / 2004. 5

⑥ 꼭 한가지의 소원 / 황선미 / 낮은산 / 2002. 7

⑦ 몽실언니 / 권정생 / 창비 / 2000. 4

⑧ 종이밥 / 김경미 / 낮은산 / 2002. 3

⑨ 파란 눈의 내 동생 / 이지현 / 문공사 / 2004. 8

⑩ 둘은 두 사람 / 하이타니 겐지로 / 비룡소 / 2001. 7

5 >> **부모님과의 갈등을 느낄 때**

① 베짱이 할아버지 / 김나무 / 문학동네 / 2003. 6

② 클로디아의 비밀 / E. L. 코닉스 버그 / 비룡소 / 2000. 6

③ 깡패 진희 / 장주식 / 문학동네 / 2003. 11

④ 엄마의 거짓말 / 박철수 / 문학동네 / 2003. 2

⑤ 왕언니 망고 / 송언 / 푸른나무 / 2002. 8

⑥ 길 위의 소년 / 페터 헤르틀링 / 한길사 / 2002. 2

⑦ 그림도둑 준모 / 오승희 / 낮은산 / 2003. 5

⑧ 갈테면 가봐 / 구두룬 멥스 / 우리교육 / 2003. 2

⑨ 악어랑 함께 살 거야 / 파울 판론 / 푸른나무 / 2001. 12

⑩ 굿바이 월터 오빠 / 헬렌 레코비츠 / 시공주니어 / 2003. 8

⑪ 모두가 천재 / 고정욱 / 푸른나무 / 2002. 12

⑫ 로테와 루이제 / 에리히 케스트너 / 시공주니어 / 2000. 2

6 >> **형제간의 갈등을 느낄 때**

① 나는 너랑 함께 있어서 좋은 때가 더 많아 / 구두룬 멥스 / 시공주니어 /
1999. 12

② 못자국 / 현길언 / 계수나무 / 2003. 6

③ 둘은 두 사람 / 하이타니 겐지로 / 비룡소 / 2001. 7

④ 파란 눈의 내 동생 / 이지현 / 문공사 / 2004. 8

7 >> **할아버지와 할머니의 사랑을 느끼고 싶을 때**

① 종이밥 / 김경미 / 낮은산 / 2002. 3

② 할아버지는 수레를 타고 / 구두룬 파우제방 / 비룡소 / 1999. 9

③ 똥 싼 할머니 / 이옥수 / 시공주니어 / 2004. 5

④ 달님은 알지요 / 김향이 / 비룡소 / 2004. 7

⑤ 할머니를 따라 간 메주 / 오승희 / 창비 / 2000. 1

⑥ 바꿔버린 성적표 / 김혜리 / 주니어김영사 / 2005. 1

⑦ 할아버지에게 무슨 일이 있는 걸까 / 마리아 수라이버 / 김영사 / 2004. 11

⑧ 거미줄의 추억 / 넷 힐튼 / 크레용하우스 / 2001. 7

⑨ 베짱이 할아버지 / 김나무 / 문학동네 / 2003. 6

⑩ 체리나무 할아버지 / 안젤라 나네티 / 김영사 / 2002. 2

⑪ 할머니의 비밀 / 장 프랑수아 샤바스 / 창비 / 2003. 10

⑫ 뽀뽀쟁이 프리더 / 구두룬 멥스 / 시공사 / 2002. 8

⑬ 할아버지가 수상해요 / 야마나카 히사시 / 디자인하우스 / 2001. 11

⑭ 두 할머니의 비밀 / 이규희 / 주니어김영사 / 2004. 12

⑮ 심술쟁이 우리 할머니 / 장수경 / 도깨비 / 2002. 11

⑯ 할머니가 아프던 날 / 아힘 브뢰거 / 중앙 / 2004. 5

⑰ 할머니 나랑 친구해요 / 구두룬 멥스 / 시공사 / 2002. 8

⑱ 마임네임이즈 민캐빈 / 안선모 / 대교 / 2002. 10

⑲ 조금만, 조금만 더 / 존 레이놀즈 가디너 / 시공주니어 / 2001. 1

8 ›› 부모의 죽음을 경험했을 때

① 아빠가 내게 남긴 것 / 캐럴 캐릭 / 베틀북 / 2000. 8

② 종이밥 / 김중미 / 낮은산 / 2002. 3

③ 파랑새 / 우봉규 / 여우오줌 / 2003. 1

④ 열네 살의 여름 / 베치 바이어스 / 소년한길 / 2003. 3

⑤ 아빠 행복하세요 / 원유순 / 주니어김영사 / 2004. 12

⑥ 아빠의 수첩 / 양해원 / 김영사 / 2002. 11

⑦ 늑대 왕 핫산 / 백승남 / 낮은산 / 2003. 3

⑧ 울지 마 별이 뜨잖니 / 신상욱 / 웅진 / 2003. 10

⑨ 저 하늘에도 슬픔이 / 이윤복 / 산하 / 2004. 4

⑩ 아빠 보내기 / 박미라 / 시공주니어 / 2004. 5

⑪ 기차는 바다를 보러 간다 / 이말녀 / 푸른책들 / 2003. 1

⑫ 도라지꽃 / 이탁연 / 여우오줌 / 2002. 10

⑬ 내 우산 같이 쓸래? / 개더린 패터슨 / 달리 / 2004. 10

⑭ 메아리 소년 / 이원수 / 창비 / 2002. 6

9 ≫ 형제자매의 죽음을 경험했을 때

① 잘 가라 내 동생 / 빌리 슈베즈만 / 크레용하우스 / 2002. 11

② 작별 인사 / 구두룬 멥스 / 시공주니어 / 2002. 4

③ 안녕 내 동생 / 원유순 / 현대문학북스 / 2002. 4

10 ≫ 조부모의 죽음을 경험했을 때

① 내 마음의 보물 상자 / 메리바 / 동산사 / 2004. 4

② 우리 할아버지 / 릴리스 로만 / 미래M&B / 2002. 2

③ 그리운 할아버지 / 화이트디어 오브어텀 / 파란자전거 / 2005. 3

④ 세상에서 가장 슬픈 이별 / 노만 사이먼 / 동산사 / 2004. 9

⑤ 할아버지의 천사 / 유타 바우어 / 비룡소 / 2002. 11

⑥ 잃어버린 겨울 방학 / 이소완 / 소년한길 / 2003. 8

11 ≫ 장애인을 가진 가족이 갈등을 겪을 때

① 내 동생 아영이 / 김중미 / 창비 / 2002. 11

② 도라지꽃 / 이탁연 / 여우오줌 / 2002. 10

③ 열네 살의 여름 / 베치 바이어스 / 소년한길 / 2003. 3

④ 아주 특별한 우리 형 / 고정욱 / 대교 / 2002. 1

⑤ 아빠, 업어줘 / 이목수 / 비룡소 / 2003. 7

⑥ 우리 누나 / 오카 슈조 / 웅진 / 2002. 10

⑦ 햇볕 따뜻한 집 / 조은 / 창비 / 1999. 11

⑧ 잠옷 파티 / 재클린 윌슨 / 시공주니어 / 2003. 1

⑨ 나와 조금 다를 뿐이야 / 이금이 / 푸른책들 / 2000. 4

⑩ 아빠 학교에 오지 마세요 / 박태희 / 꿈소담이 / 2004. 7

⑪ 할아버지가 수상해요 / 야마나카 히사시 / 디자인하우스 / 2001. 12

⑫ 엄마는 파업중 / 김희숙 / 푸른책들 / 2001. 2

⑬ 우리 아빠 / 고정욱 / 시공주니어 / 2004. 4

⑭ 똥싼 할머니 / 이옥수 / 시공주니어 / 2004. 5

12》 부모의 이혼으로 갈등을 겪을 때

① 엄마 아빠가 헤어지면 / 정영대 / 푸른책들 / 2004. 9

② 알파벳 벌레가 스멀스멀 / 유영소 / 문학동네 / 2004. 4

③ 만만치 않은 놈 이대장 / 김순이 / 도깨비 / 2001. 9

④ 나만의 비밀 친구, 제 8의 힘 / 카티 리베이로 / 교학사 / 2003. 10

⑤ 잃어버린 겨울 방학 / 이소완 / 소년한길 / 2003. 8

⑥ 노래하지 않는 새 / 박혜숙 / 내 인생의 책 / 2003. 3

13》 부모의 재혼으로 갈등을 겪을 때

① 몽실 언니 / 권정생 / 창비 / 2000. 4

② 마음이 자라는 소리 / 조성자 / 시공주니어 / 2002. 6

③ 만만치 않은 놈 이대장 / 김순이 / 도깨비 / 2001. 9

④ 나답게와 나고은 / 김향이 / 사계절 / 2001. 4

⑤ 나는 바람이야 / 오경임 / 낮은산 / 2002. 12

⑥ 리지 입은 지퍼입 / 재크리 윌슨 / 시공주니어 / 2002. 10

⑦ 엄마, 내가 없어져도 좋아 / 일마 칼슨 / 기탄출판 / 2003. 6

⑧ 세상에서 제일 좋은 우리 엄마 / 임정진 / 큰나 / 2005. 4

⑨ 베베르에게 마흔두 번째 누이가 생긴다고요? / 크리스티안 뒤셴 / 비룡소 /
   2001. 11

⑩ 로테와 루이제 / 이리히 케스트너 / 시공주니어 / 2000. 2

⑪ 종달새 / 고슴도치 / 2003. 12

⑫ 미루나무가 쓰는 편지 / 김혜리 / 사계절 / 1999. 5

14>> **입양으로 갈등을 겪을 때**

① 쌀뱅이를 아시나요? / 김향이 / 파랑새어린이 / 2000. 10

② 국화 / 김정희 / 사계절 / 2002. 7

③ 빨간 머리 앤 / 루시 M. 몽고메리 / 시공주니어 / 2002. 2

④ 햇볕 따뜻한 집 / 조은 / 창비 / 1999. 11

⑤ 형이라고 부를 자신 있어? / 이성자 / 대교 / 2004. 8

⑥ 새 동생 / 배봉기 / 대교 / 2001. 12

⑦ 너는 특별해 / 조운 링가드 / 베틀북 / 2001. 9

⑧ 은총이와 은별이 / 강민숙 / 영교 / 2004. 2

⑨ 바람아 너는 알고 있니? / 강원희 / 랜덤하우스중앙 / 2004. 12

15>> **이민으로 갈등을 겪을 때**

① 용의 날개 / 로렌스 옙 / 소년한길 / 2005. 1

② 뉴질랜드로 이민 간 종일이네 가족 / 이인순 / 계림 / 2004. 2

③ 여기는 천국이 아니야 / 안나 / 대교 / 2003. 8

④ 엄마, 나 외국에서도 자신 있어! / 신희선 / 현암사 / 2003. 2

16>> **소외된 가정으로 갈등을 겪을 때**

① 떠돌이 할아버지와 집 없는 아이들 / 나탈리 새비지 칼슨 / 아이세움 / 2001. 1

② 키다리 아저씨 / 진 웹스터 / 시공주니어 / 2003. 3

③ 엄마 엄마 / 조성자 / 현암사 / 2003. 4

④ 아빠 토스트 / 원유순 / 두산동아 / 2004. 2

⑤ 아빠 행복하세요 / 원유순 / 주니어김영사 / 2004. 12

3. 학교생활과 관련된 상황

　　다음은 학교생활과 관련된 상황과 관련하여 12개의 소항목으로 선정된 상황의 내용이다.

① 친구의 우정을 느끼고 싶을 때

② 이성 친구와의 우정을 느끼고 싶을 때

③ 친구와의 갈등을 겪을 때

④ 선생님의 사랑과 소중함을 느끼고 싶을 때

⑤ 선생님과 갈등을 겪을 때

⑥ 특수한 장애로 인해 어려움을 겪는 친구와 갈등을 겪을 때

⑦ 환경이 다른 친구들과 갈등을 겪을 때

⑧ 집단 따돌림을 당하는 친구와 갈등을 겪을 때 / 장애 친구

⑨ 학교 생활에 적응을 못할 때

⑩ 나와 다른 취향, 성격, 외모로 인해 갈등을 겪을 때

⑪ 친구들과 모험을 떠나고 싶을 때

⑫ 새로운 친구와의 갈등을 겪을 때

4. 학교생활과 관련된 상황별 도서목록

1» **친구의 우정을 느끼고 싶을 때**

① 싸우는 아이 / 손창섭 / 우리교육 / 2001. 3

② 어둠 속의 참새들 / 바버러 브룩스 윌리스 / 아이세움 / 2001. 11

③ 크뢱케 / 패터헤르틀링 / 사계절 / 1999. 8

④ 날아가는 교실 / 에리히 캐스트네 / 사계절 / 2000. 11

⑤ 내 친구 삼례 / 박재형 / 현암사 / 2000. 5

⑥ 내 친구 왕뚜껑 / 김향이 / 두산동아 / 2001. 9

⑦ 박떡배와 오성과 한음 / 박수동 / 산하 / 2000. 1

⑧ 어느 날 내가 죽었습니다 / 이경혜 / 바람의 아이들 / 2004. 4

⑨ 겁쟁이 / 이상권 / 시공주니어 / 2003. 4

⑩ 뚱뚱해도 넌 내 친구야 / 리스티네 뇌스틀링 / 크레용하우스 / 2001. 9

⑪ 샬롯의 거미줄 / 엘윅 브룩스 화이트 / 시공주니어 / 2004. 8

⑫ 깡딱지 / 강무홍 / 사계절 / 2001. 9

⑬ 내친구 비차 / 노소프니콜라이 / 사계절 / 2001. 3

⑭ 하늘 친구 땅 친구 / 배현순 / 문학동네 / 2002. 8

⑮ 열세 동무 / 오양근 / 창비 / 2003. 11

⑯ 도들 마루의 깨비 / 이금이 / 시공사 / 2000. 2

⑰ 왕언니 망고 / 송언 / 푸른나무 / 2002. 8

⑱ 벌레 구멍 속으로 / 문선이 / 푸른나무 / 2002. 6

⑲ 하늘을 나는 교실 / 에리히 캐스트너 / 시공주니어 / 2000. 4

⑳ 마리산 / 우봉규 / 시공주니어 / 2001. 4

㉑ 에밀과 세 쌍둥이 / 에리히 캐스트너 / 시공주니어 / 2000. 4

㉒ 라스 무스와 방랑자 / 아스트리드 린드그렌 / 시공주니어 / 2001. 11

㉓ 천사가 된 비키 / 제클린 윌슨 / 시공주니어 / 2002. 7

㉔ 기차는 바다를 보러 간다 / 이말녀 / 푸른책들 / 2003. 1

㉕ 천사들의 합창 / 아벨 산타 크루스 / 파랑새어린이 / 2004. 7

㉖ 내 친구가 마녀래요 / E. L. 코닉스 버그 / 문학과지성사 / 2000. 3

㉗ 과학 탐구 대회 우승 작전 / 메인 제리 오크 / 풀빛 / 2004. 2

㉘ 넌 혼자가 아니야 / 조재도 / 푸른나무 / 2003. 5

㉙ 너무 친한 사이이니까 / 크리스 도네르 / 문학과지성사 / 2003. 2

㉚ 넌 나의 소중한 친구야 / 원유순 / 세상모든책 / 2004. 9

2 >> 이성 친구와의 우정을 느끼고 싶을 때

① 루카 루카 / 구두룬 멥스 / 풀빛 / 2002. 9

② 마리가 사랑에 빠졌어요 / 브리지트 / 비룡소 / 2000. 9

③ 설아의 비밀 일기 / 우봉규 / 푸른나무 / 2002. 6

④ 난 키다리 현주가 좋아 / 김혜리 / 시공주니어 / 2001. 9

⑤ 선생님은 우리를 너무 몰라 1, 2 / 전영호 / 소담출판사 / 2002. 5

3 >> 친구와의 갈등을 겪을 때

① 더 이상은 못 참아 / 박경태 / 도깨비 / 2003. 8

② 늘 푸른 나의 아버지 / 황선미 / 두산동아 / 2001. 1

③ 열 살이면 세상을 알 만한 나이 / 노경실 / 푸른숲 / 2001. 6

④ 초대받은 아이들 / 황선미 / 웅진 / 2001. 7

⑤ 너도 겁쟁이 / 한국어린이문학협의회 / 우리교육 / 2001. 9

⑥ 천사들의 합창 / 아벨 산타 크루스 / 파랑새어린이 / 2004. 7

⑦ 나는 용감한 메테보리 / 로세 라게르크란츠 / 아이세움 / 2001. 2

⑧ 내겐 드레스 백 벌이 있어 / 엘레노어 에스테스 / 비룡소 / 2002. 1

⑨ 양파의 왕따일기 / 문선이 / 파랑새어린이 / 2001. 4

4 >> **선생님의 사랑과 소중함을 느끼고 싶을 때**

① 헨쇼 선생님께 / 비벌리 클리어리 / 보림 / 2005. 3

② 왕언니 망고 / 송언 / 푸른나무 / 2002. 8

③ 개구리 선생님의 비밀 / 파울 판론 / 푸른나무 / 2000. 12

④ 천사들의 합창 / 아벨 산타 크루스 / 파랑새어린이 / 2004. 7

⑤ 우리는 지금 벌 받는 중 / 박명희 / 문원 / 2004. 8

⑥ 있잖아요, 민들레 선생님 / 미야가와 히로 / 대교 / 2003. 11

⑦ 너는 닥스 선생님이 싫으냐? / 하이타니 겐지로 / 비룡소 / 2003. 11

⑧ 조커 학교 가기 싫을 때 쓰는 카드 / 수지 모건스턴 / 문학과지성사 / 2000. 9

⑨ 황금새 / 벌리 도허티 / 웅진닷컴 / 2001. 6

⑩ 선생님, 우리 선생님 / 패트리샤 폴라코 / 시공주니어 / 2002. 4

⑪ 아슬아슬 삼총사 / 하나카타 미쓰루 / 사계절 / 2005. 2

⑫ 나는 선생님이 좋아요 / 하이타니 겐지로 / 양철북 / 2002. 7

⑬ 창가의 토토 / 구로야나기 테츠코 / 프로메테우스 / 2000. 6

⑭ 우리 선생님 짱! / 이영 / (주)영교 / 2004. 5

5 >> **선생님과 갈등을 겪을 때**

① 5학년 10반은 달라요 / 이 붕 / 대교 / 2004. 3

② 우리 선생님이 마녀? / 자비네 란 / 푸른나무 / 2003. 12

③ 나는 용감한 메테보리 / 로세 라게르크란츠 / 아이세움 / 2001. 2

④ 행복한 친구들의 유쾌한 이야기 / 니콜레타 코스타 / 중앙 / 2002. 1

⑤ 선생님은 우리를 너무 몰라 1,2 / 전영호 / 소담출판사 / 2002. 5

⑥ 선생님은 정말 괴로워 / 실버 소스 / 한마당 / 2003. 6

⑦ 전교 모범생 / 장수경 / 사계절 / 2005. 3

⑧ 선생님이 모르는 것 / 발레니 제라티 / 바람의 아이들 / 2005. 3

⑨ 우리 선생님 짱 / 이 영 / (주)영교 / 2004. 5

⑩ 특별한 사하라 / 에스메히 코델 / 세용출판 / 2004. 6

⑪ 나쁜 어린이표 / 황선미 / 웅진닷컴 / 1999. 12

6 >> 특수한 장애로 인해 어려움을 겪는 친구와 갈등을 겪을 때

① 바람을 닮은 아이 / 모카 슈조 / 웅진닷컴 / 2005. 1

② 그 아이는 히르벨이었다 / 페터 헤르틀링 / 비룡소 / 2001. 3

③ 달팽이의 꿈 / 소중애 / 대교 / 2004. 10

④ 내 친구 타라 / 박운규 / 푸른책들 / 2003. 5

⑤ 우리들의 노래 / 채지민 / 길벗어린이 / 2001. 8

⑥ 외톨이 동물원 / 하이타니 겐지로 / 비룡소 / 2003. 11

⑦ 가방 들어주는 아이 / 고정욱 / 사계절 / 2002. 11

⑧ 괜찮아 / 고정욱 / 낮은산 / 2002. 11

⑨ 꼴찌를 하더라도 달려 보고 싶어 / 홍기 / 여명미디어 / 2002. 6

⑩ 요술세상 / 홍기 / 파랑새어린이 / 2001. 12

⑪ 우리들의 노래 / 채지민 / 길벗어린이 / 2001. 8

⑫ 바보춤 / 박상규 / 사계절 / 2000. 2

⑬ 있잖아요, 민들레 선생님 / 미야가와 히로 / 대교 / 2003. 11

⑭ 내 친구 고슴도치 / 문선이 / 푸른숲 / 2004. 12

⑮ 나와 조금 다를 뿐이야 / 이금이 / 푸른책들 / 2001. 2

⑯ 향기 나는 친구 / 신충행 / 예림당 / 2003. 9

7 >> 환경이 다른 친구들과 갈등을 겪을 때

① 딱친구 강만기 / 문선이 / 푸른숲 / 2003. 9

② 잃어버린 겨울 방학 / 이소완 / 소년한길 / 2003. 8

③ 그림자 개 / 말라 다얄 / 창비 / 2004. 6

④ 하늘을 나는 교실 / 에리히 캐스트너 / 시공주니어 / 2002. 6

⑤ 이젠 비밀이 아니야 / 유정이 / 푸른책들 / 2004. 10

⑥ 헤라클레스, 넌 멋져! / 엠마누엘 트레데즈 / 크레용하우스 / 2003. 9

⑦ 3번지에 새로 온 아이 / 레나테 아렌스 / 크레용하우스 / 2003. 1

⑧ 핑크 트헨과 안토 / 베리히 케스트네 / 시공주니어 / 2000. 5

⑨ 너무 친한 사이인데 / 크리스 도네르 / 문학과지성사 / 2003. 2

⑩ 신발 귀신 나무 / 오미경 / 푸른책들 / 2003. 6

⑪ 하얀 지팡이와 파란 자전거 / 양지숙 / 삼성당아이 / 2004. 7

⑫ 제닝스, 동물 구출에 나서다 / 앤터니 버커리지 / 사계절 / 2005. 1

⑬ 괴상한 녀석 / 남찬숙 / 창작과비평사 / 2000. 12

⑭ 우리를 잠 못 들게 하는 밤 / 크리스토프 오노레 / 문학과지성사 / 2001. 7

⑮ 괭이부리말 아이들 / 김중미 / 창작과비평사 / 2001. 10

8 >> 집단 따돌림을 당하는 친구와 갈등을 겪을 때 / 장애 친구

① 불균형 / 우오즈미 나오코 / 우리교육 / 2004. 10

② 나이프 / 시게마츠 기요시 / 양철북 / 2004. 6

③ 왕따 없는 교실 / 김문주 / 문학사상사 / 2004. 5

④ 방송반 아이들 / 배서은 / 도깨비 / 2004. 9

⑤ 전교 모범생 / 장수경 / 사계절 / 2005. 3

⑥ 양파의 왕따일기 / 문선이 / 파랑새어린이 / 2001. 4

⑦ 괴상한 녀석 / 남찬숙 / 창작과비평사 / 2000. 12

⑧ 무서운 학교 무서운 아이들 / 송재찬 / 푸른책들 / 2001. 8

⑨ 내겐 드레스 백 벌이 있어 / E. 에스테르 / 비룡소 / 2002. 1

9 >> 학교 생활에 적응을 못할 때

① 왜 학교에 가야 하나요 / 하르트무트 폰 헨티히 / 비룡소 / 2003. 8

② 제닝스는 꼴찌가 아니야 / 앤터니 버커리지 / 사계절 / 2000. 11

③ 우리반이 최고야 / 씨씨풀레겔 / 크레용하우스 / 2002. 1

④ 아무한테도 말하지 마 / 이명랑 / 명예의전당 / 2003. 3

⑤ 나는 선생님이 좋아요 / 하이타니 겐지로 / 양철북 / 2002. 7

⑥ 하늘을 나는 교실 / 에리히 캐스트너 / 시공주니어 / 2000. 2

⑦ 학교를 삼킨 글짜 벌레 / 메리 어메이토 / 디자인하우스 / 2001. 8

⑧ 세상에서 가장 친한 친구 / 이경혜 / 푸른나무 / 2000. 6

⑨ 어느 날 내가 죽었습니다 / 이경혜 / 바람의 아이들 / 2004. 4

⑩ 우리는 지금 벌 받는 중 / 박명희 / 문원 / 2004. 8

⑪ 5학년 10반은 달라요 / 이 붕 / 대교 / 2004. 3

⑫ 사라진 세 악동 / 송언 / 한겨레아이들 / 2001. 1

⑬ 문제아 / 박기범 / 창작과비평사 / 1999. 4

⑭ 삼학산 아이들 / 노경실 / 사계절 / 2000. 12

⑮ 내 친구 비차 / 니콜라이 노소프 / 사계절 / 2001. 3

⑯ 오늘 재수 똥 튀겼네 / 송언 / 사계절 / 2002. 5

⑰ 영원한 주번 / 김영주 / 재미마주 / 2000. 1

⑱ 도망자 고대국 / 김영주 / 우리교육 / 2000. 3

⑲ 넌 학교 끝나면 뭐해 / 이경준 / 파랑새어린이 / 2004. 4

10 >> **나와 다른 취향, 성격, 외모로 인해 갈등을 겪을 때**

① 어디, 뚱보 맛 좀 볼래? / 모카 / 비룡소 / 1999. 11

② 안녕, 페티 / 도그다 키돌루에 / 비룡소 / 2001. 5

③ 우리반, 큰언니 / 문선옥 / 여우오줌 / 2003. 6

④ 하늘 친구 땅 친구 / 배현순 / 문학동네 / 2002. 8

⑤ 외로운 지미 / 김일광 / 현암사 / 2004. 6

11 >> **친구들과 모험을 떠나고 싶을 때**

① 영모가 사라졌다 / 공지희 / 비룡소 / 2003. 2

② 내 친구 11월의 구름 / 힐러리 루벤 / 우리교육 / 2000. 11

③ 내 이름은 삐삐롱스타킹 / 아스트리드 린드그렌 / 시공주니어 / 2000. 10

④ 엄지소년 닐스 / 아스트리드 린드그렌 / 창비 / 2000. 8

⑤ 톰 소여의 모험 / 마크 트웨인 / 시공주니어 / 2004. 2

⑥ 모모 / 미하엘 엔데 / 비룡소 / 1999. 2

⑦ 아이와 강 / 앙리 보스코 / 비룡소 / 2000. 2

⑧ 거울 전쟁 / 김진경 / 문학동네어린이 / 2003. 10

⑨ 사라진 아이들 / 남찬숙 / 문학동네어린이 / 2004. 6

12 >> 새로운 친구와의 갈등을 겪을 때

5. 자아정체성과 관련된 상황

다음은 자아정체성과 관련된 상황과 관련하여 5개의 소항목으로 선정된 상황의 내용이다.

① 자신감
② 자아 탐색
③ 책임감
④ 자아존중
⑤ 용기와 모험

6. 자아정체성과 관련된 상황별 도서목록

1 >> 자신감

① 제닝스는 꼴찌가 아니야 / 안토니 부커리지 / 사계절 / 2000. 1

② 바보춤 / 박상규 / 사계절 / 2000. 2

③ 내일은 맑을까요 / 뤼스 피욜 / 비룡소 / 2000. 6

④ 막내 도토리의 세상 배우기 / 조대현 / 오늘 / 2000. 8

⑤ 행복한 청소부 / 모니카 패트 / 풀빛 / 2000. 11

⑥ 구름 위를 오른 아이 / 이상배 / 두산동아 / 2001. 1

⑦ 새 학년엔 멋있어질 거야! / 베시 더피 / 크레용하우스 / 2001. 2

⑧ 뚱보면 어때, 난 나야 / 이미애 / 파랑새어린이 / 2001. 4

⑨ 내게는 아직 한 쪽 다리가 있다 / 송방기 / 파랑새어린이 / 2001. 5

⑩ 난 너하고 달라 / 김자환 / 문공사 / 2001. 6

⑪ 수일이와 수일이 / 김우경 / 우리교육 / 2001. 10

⑫ 검은 여우 / 베치 바이어스 / 사계절 / 2002. 2

⑬ 나는 초록 바다로 간다 / 김종력 / 두산동아 / 2002. 5

⑭ 나는 나 / 배봉기 / 한겨레아이들 / 2003. 4

⑮ 탐험대장 새클턴 / 고정욱 / 두산동아 / 2003. 4

⑯ 내가 나인 것 / 야마나카 히사시 / 사계절 / 2003. 8

⑰ 내 몸에 날개를 달자 / 크리스티네 페어 / 웅진닷컴 / 2004. 2

⑱ 별똥별아 부탁해 / 모리 에토 / 웅진닷컴 / 2004. 12

⑲ 황금새 / 빌리 도허터 / 웅진닷컴 / 2001. 6

⑳ 난 작가가 될 거야! / 재크리 윌슨 / 시공주니어 / 2002. 11

㉑ 산골 마을 아이들 / 임길택 / 창비 / 1998. 7

㉒ 푸른 바다 저 멀리 / 손춘익 / 웅진닷컴 / 1998. 6

㉓ 겁쟁이 / 이상권 / 시공주니어 / 2001. 3

㉔ 넌 혼자가 아니야 / 조재도 / 푸른나무 / 2003. 5

㉕ 종이학 / 정도상 / 내 인생의 책 / 2004. 3

㉖ 우리 모두 꼴찌 기러기에게 박수를 / 한나 요한젠 / 시공주니어 / 1999. 12

㉗ 내 친구 타라 / 박운규 / 푸른책들 / 2003. 5

㉘ 새가 된 아이 / 홍기 / 시공주니어 / 1999. 9

㉙ 에이번리의 앤 / 루시 모드 몽고메리 / 시공주니어 / 2002. 2

㉚ 산곡 외계인 / 김숙 / 문학동네 / 2004. 7

2>> 자아 탐색

① 노랑 가방 / 리지아 보중가 누니스 / 비룡소 / 1999. 12

② 안녕 휘파람새 / 조임홍 / 창작과비평사 / 2000. 11

③ 늑대의 눈 / 다니엘 페니크 / 문학과지성사 / 2001. 4

④ 너도 겁쟁이 / 한국어린이문학협의회 / 우리교육 / 2001. 9

⑤ 사라진 세 악동 / 송언 / 한겨레아이들 / 2001. 10

⑥ 문제아에서 천재가 된 딥스 / 액슬린 / 한국어린이교육연구원 / 2002. 2

⑦ 나뭇잎 프레디 / 레오 버스카글리아 / 창해 / 2002. 3

⑧ 아버지의 남포등 / 윌리엄 암스트롱 / 소년한길 / 2003. 4

⑨ 사랑하는 나의 비밀 일기 / 갈리아 론 캐더 아미트 / 계림북스쿨 / 2003. 4

⑩ 못자국 / 현길언 / 계수나무 / 2003. 6

⑪ 세상 모든 빛깔들의 삶 / 자닌 테송 / 작은책방 / 2003. 8

⑫ 롤러스케이트 타는 소녀 / 루스 소여 / 아이세움 / 2005. 4

⑬ 총을 거꾸로 쏜 사자 라프카디오 / 쉘 실버스타인 / 시공주니어 / 2001. 3

⑭ 내 친구 윈딕시 / 케이트 디카밀로 / 시공주니어 / 2004. 1

⑮ 해일 / 펄 벅 / 내인생의책 / 2002. 12

⑯ 트리갭의 샘물 / 나탈리 배비트 / 대교 / 2000. 6

⑰ 열한 살의 푸른 바다 / 김소진 / 문학동네 어린이 / 2003. 11

⑱ 국화 / 김정희 / 사계절 / 2002. 7

⑲ 고민의 방 / 재크리 윌슨 / 시공주니어 / 2003. 9

⑳ 금위와 메눈치 할머니 / 우봉규 / 시공주니어 / 1999. 4

3>> **책임감**

① 몽실 언니 / 정생 / 창작과비평사 / 2000. 4

② 마당을 나온 암탉 / 황선미 / 사계절 / 2000. 5

③ 달려라 막시 / 산티아고 가르시아 클래락 / 푸른나무 / 2000. 10

④ 행복한 청소부 / 모니카 패트 / 풀빛 / 2000. 11

⑤ 조금만, 조금만 더 / 존 레이놀즈 가디너 / 시공주니어 / 2001. 1

⑥ 사라진 세 악동 / 송언 / 한겨레아이들 / 2001. 10

⑦ 진짜 도둑 / 윌리엄 스타이그 / 베틀북 / 2002. 2

⑧ 사금파리 한 조각 1, 2 / 린다 수 박 / 서울문화사 / 2002. 12

⑨ 수요일엔 과외가 없다 / 키르스텐 보예 / 온누리 / 2003. 12

⑩ 모두 다 천재 / 푸른나무 / 고정욱 / 2002. 11

⑪ 내 친구 상하 / 이청해 / 비룡소 / 2004. 9

4>> **자아존중**

① 안내견 탄실이 / 고정욱 / 대교 / 2000. 4

② 마당을 나온 암탉 / 황선미 / 사계절 / 2000. 5

③ 행복한 청소부 / 모니카 패트 / 풀빛 / 2000. 11

④ 샬롯의 거미줄 / E. B. 화이트 / 시공주니어 / 2000. 12

⑤ 흐린 후 차차 갬 / 김선희 / 비룡소 / 2001. 3

⑥ 늑대의 눈 / 다니엘 페나크 / 문학과지성사 / 2001. 4

⑦ 난 너하고는 달라 / 김자환 / 문공사 / 2001. 6

⑧ 초대받은 아이들 / 황선미 / 웅진닷컴 / 2001. 7

⑨ 까마귀 알퐁스 / 에르빈 모저 / 계림북스쿨 / 2002. 1

⑩ 문제아에서 천재가 된 딥스 / 액슬린 / 한국어린이교육연구원 / 2002. 2

⑪ 너도 하늘말나리야 / 이금이 / 푸른책들 / 2002. 2

⑫ 진짜 도둑 / 윌리엄 스타이그 / 베틀북 / 2002. 2

⑬ 사금파리 한 조각 1, 2 / 린다 수 박 / 서울문화사 / 2002. 12

⑭ 내 몸에 날개를 달자 / 크리스티네 페어 / 웅진닷컴 / 2004. 2

⑮ 그림 도둑 준모 / 오승희 / 낮은산 / 2003. 5

⑯ 생명이 들려 준 이야기 / 위기철 / 사계절 / 2000. 11

⑰ 난 작가가 될 거야 / 재크리 윌슨 / 시공사 / 2002. 11

⑱ 생각을 부르는 이야기 / 필립 캠 / 문학동네어린이 / 2003. 10

⑲ 뚱보면 어때, 난 나야 / 이미애 / 파랑새어린이 / 2001. 4

5>> 용기와 모험

① 내일은 맑을까요 / 뤼스 피욜 / 비룡소 / 2000. 6

② 달려라 막시 / 산티아고 가르시아 클래락 / 푸른나무 / 2000. 10

③ 조금만, 조금만 더 / 존 레이놀즈 가디너 / 시공주니어 / 2001. 1

④ 구름 위를 오른 아이 / 이상배 / 두산동아 / 2001. 1

⑤ 손도끼 / 게리 폴슨 / 사계절 / 2001. 3

⑥ 내게는 아직 한쪽 다리가 있다 / 송방기 / 파랑새어린이 / 2001. 5

⑦ 시간의 주름 / 매들렌 렝글 / 문학과지성사 / 2001. 5

⑧ 우쉬 / 프레드 베르나르 / 한마당 / 2001. 6

⑨ 켄 즈케 왕국 / 마이클 모퍼고 / 풀빛 / 2001. 8

⑩ 아벨의 섬 / 윌리엄 스타이그 / 다산기획 / 2001. 9

⑪ 당글 공주 / 임정자 / 우리교육 / 2002. 1

⑫ 진짜 도둑 / 윌리엄 스타이그 / 베틀북 / 2002. 2

⑬ 미오, 나의 미오 / 아스트리드 린드그렌 / 우리교육 / 2002. 7

⑭ 아름다운 단독 비행 / 임정진 / 두산동아 / 2002. 11

⑮ 열네 살의 여름 / 베치 바이어스 / 소년한길 / 2003. 3

⑯ 탐험대장 섀클턴 / 고정욱 / 두산동아 / 2003. 4

⑰ 생쥐 기사 데스페로 / 케이트 디카밀로 / 비룡소 / 2004. 12

⑱ 어두운 숲 속에서 / 애비 / 푸른나무 / 2004. 8

⑲ 보보의 모험 / 김혜리 / 시공사 / 2000. 11

⑳ 아름다운 시절 / 한석청 / 푸른나무 / 2002. 5

㉑ 아이와 강 / 앙리 보스코 / 비룡소 / 2000. 2

㉒ 세상에서 가장 소중한 약속 / 고정욱 / 두산동아 / 2001. 4

4

초등학생을 위한
상황별 도서목록과 해제

그림 도둑 준모 | 오승희 글, 최정인 그림 | 낮은산 | 2003

■ 상을 받고 싶어하는 아이의 이야기

상은 우리 어른들이 아이들에게 주는 칭찬이다. 하지만 이 상으로 인해 오히려 아이들에게 스트레스가 되고 주눅을 들게 하기도 한다. 무엇이든 잘 해서 상을 받는 아이들에 비해 상을 못 받는 아이들은 마음에 상처가 생기게 된다.

『그림 도둑 준모』는 상을 두고 겪는 아이들의 갈등을 잘 그리고 있다.

준모는 남보다 잘 하는 게 하나도 없는 평범한 아이다. 하지만 엄마는 항상 뭐든지 잘 하는 예린이와 비교하며 준모가 상을 받아오길 기대한다. 자신 있게 그렸던 불조심 그림이 예린이 것보다 못한 것에 실망했던 준모는 의도하지 않은 실수로 인해 '그림도둑'이 되고 만다. 준모가 하늘 나무에 올라갔다가 사람들에 의하여 구조된 후 높은 나무에 올라갔다가 죽으려고 그러느냐는 엄마의 말에 준모는 "나는 상장도 못 받고, 엄마한테 상장도 못 가져다 주고⋯⋯" 결국 나무 위로 준모를 올라가게 한 것은 우리 어른이라는 것을 작가는 이야기하려 한 것은 아닐까?

남보다 뛰어나지 못하다고, 특별한 재능이 하나도 없다고 생각하는 어린이들 모두 그 나름대로 다 소중한 존재이다. 그런 생각을 갖고 있는 어린이들과 또 어른들에게 권하고 싶은 책이다.

뚱보면 어때 난 나야 | 이미애 글, 최철민 그림 | 파랑새어린이 | 2001

■ 외모 때문에 고민하는 아이가 자신의 생활을 반성하고 스스로를 아끼고 사랑하는 이야기

비만이라는 아이들의 문제를 다루고 있으며 그 문제의 해결책을 긍정적으로 이어가고 있는 작품이다. 여기서 다루고 있는 비만, 작은 키, 마른 몸매, 왕따 등의 문제는 겉모습을 지나치게 중시하는 풍토를 조장한 대중매체의 영향이 크다고 할 수 있다. 특히 연예인들이 조장하는 이러한 분위기는 아이들에게 직접적으로 전달되어 진정한 자신의 모습을 잃어가고 있는 것이 요즘의 가슴 아픈 현실이다.

주인공 동빈이는 먹는 것을 좋아하고 체육을 싫어하는 무척이나 뚱뚱한 아이다. 그래서 빼빼로 데이에도 빼빼로를 한 통도 못 받았다. 동빈이 뿐만 아니라 아빠는 배둘레햄, 배란다, 배 부장님. 여동생은 예쁜 빈대떡, 난 똥 빈대떡이라고 불린다. 남들보다 살이 찐 가족의 모습에 엄마는 더 이상 참을 수 없어 가족 다이어트를 선언한다. 밥상을 온통 푸릇푸릇한 야채로 차리고 엘리베이터도 못 타게 한다. 하지만 작심삼일. 동빈이네 가족은 예전의 식생활로 돌아가기 일쑤였다.

친구들에게 놀림을 받아 마음 상한 동빈이는 상현이와 수호라는 친구들의 도움으로 '살 빼기 올림픽'에 들어간 후, 자신의 모습에 자신감을 갖게 되기까지 힘겨운 노력이 그려져 있다.

이 작품 속에는 자기 자신을 아끼고 사랑해야 된다는 것과 친구를 겉모습에 상관없이 마음으로 보아야 한다는 것을 재미있는 이야기를 통해 깨닫게 하고 있다.

사람에게는 저마다 꿈과 소망이 있다. 하지만 꿈을 갖기는 쉽지만 지켜 나가는 것은 매우 어렵다. 무엇이든 쉽게 시작하고 쉽게 포기해버리는 어린이들과 자신의 외모 때문에 고민하는 어린이들에게 이 책을 권하고 싶다.

겁쟁이 ı 이상권 글, 유진희 그림 ı 시공주니어 ı 2001

■ 겁쟁이 아이가 스스로 자신감을 회복하는 이야기

겁이 많고 소심해서 친구들에게 따돌림을 당하던 수민이가 차차 두려움을 이겨내고 성장하는 이야기이다.

뱀이 많은 들머리에 엄마와 단 둘이 사는 수민이는 뱀만 보면 도망을 친다고 친구들한테 언제나 따돌림을 당한다. 그래서 친구들과 함께 노는 것을 포기하고 보리밭 한 가운데에 있는 소나무 밑에서 혼자 논다.

어느 날 꽃뱀을 만난 수민이는 너무 놀라서 작대기로 뱀을 기절시킨다. 하지만 뱀이 복수할까 걱정이 된 수민이는 갖은 노력 끝에 뱀을 구해내고 뱀과 친구가 되어 차차 꽃뱀을 무서워하지 않게 된다.

수민이가 부러운 철식이는 뱀을 수민이에게서 빼앗아 팔아 버린다. 하지만 온갖 노력으로 수민이는 꽃뱀을 구해내고 그 일로 인해 땅꾼으로부터 심한 봉변을 당한다. 그 일로 인해 사이가 좋지 않던 수민이와 철식이는 어려운 일에 빠진 철식이를 수민이가 구해줌으로써 둘의 아름다운 화해와 우정이 잘 그려져 있다.

『겁쟁이』는 숱한 어려움 속에서 스스로 자신감을 회복하는 수민이를 통해 우정과 성장의 의미를 되새겨 볼 수 있는 작품이다.

요즘 학교에서 사소한 일로 왕따를 시키고 당하는 일이 많은데 그런 어린이들이 이 책을 통하여 그 친구들의 마음을 이해할 수 있길 바란다. 그리고 두려움으로 자신감이 부족한 어린이들에게도 이 책을 통하여 자신감을 기르는 기회를 주고 싶다.

내게는 아직 한쪽 다리가 있다 | 송방기 글, 송연아 옮김 | 파랑새어린이 | 2001

- -

■ 고통과 절망 속에서도 희망을 잃지 않은 이야기

'아빠, 엄마, 동생아 내가 죽으면 내가 온힘을 다해 암과 싸웠다는 것을 암에 걸린 다른 친구들에게 전해주고 용기를 가지고 암이라는 악마와 맞서 싸워 달라고 전해주세요'라고 유언을 남기고 아홉 살 짧은 생애를 살다가 떠난 대만 소년 대관이.

우리에게 삶의 소중함을 알려 준 대관이는 평소 똑똑하고 총명한 아이여서 어려서부터 많은 사람들에게 칭찬을 받으며 자랐다. 이런 대관이에게 소아암이라는 무서운 병이 찾아왔다. 하지만 대관이는 슬퍼하거나 좌절하지 않고 암과 싸워 이기겠다고 결심한다. 여섯 번의 화학치료와 서른 번의 방사선 치료 그리고 세 번의 수술에도 불구하고 삶에 대한 의지를 놓지 않았던 대관이. 병원에 입원해서 쓴 시와 그림에는 대관이의 용기와 희망이 잘 담겨 있다.

의사 선생님은 판사 선생님 / 나보고 무기징역이래요 / 하지만 난 환자예요 / 죄인이 아니예요 / 난 용감하게 살아갈 거예요.

의사 선생님은 판사 선생님 / 나보고 사형이래요 / 하지만 난 환자예요 / 죄인이 아니예요 / 난 용감하게 살아갈 거예요.

고통과 절망의 한가운데 있으면서 오히려 희망을 잃지 않았던 대관이가 남긴 시는 뜨거운 감동과 함께 가족의 소중함, 생명의 소중함을 일깨워 줄 것이며 지금 어디선가 병과 함께 싸우는 어린이나 어른에게 용기와 희망을 줄 것이다.

황금새 | 벌리 도허티 글, 존 로렌스 그림, 문명식 옮김 | 웅진닷컴 | 2001

■ 자신의 상처를 연극을 통해 스스로 치유하는 이야기

아이들이 건강하게 성장할 수 있는 조건에는 단란한 가정이 많은 영향을 미치는 것 같다. 주인공 앤드류 또한 아버지께서 살아계실 때만 해도 다른 아이들과 다름없는 밝고 명랑한 아이였다. 하지만 앤드류는 아버지가 돌아가신 후 충격으로 말을 심하게 더듬고 그런 자신이 다른 사람들의 웃음거리가 되는 것이 싫어 어느 순간부터는 말을 한 마디도 하지 않는 아이가 되었다.

그런 앤드류에게 스웨인 선생님은 황금새라는 역할을 맡기게 된다. 마음의 상처를 껴안은 채 생활을 해오던 앤드류에게 있어서 황금새 역할은 자기 자신의 상처를 표출할 수 있는 좋은 기회가 된다. 앤드류는 자신의 역할에 충실하기 위해서 새들을 열심히 관찰하고, 친구들의 연습이 끝난 후 조용히 자신만의 시간 속에서 황금새 역할을 연습한다. 앤드류를 보면서 걱정했던 선생님은 앤드류가 황금새 역할을 연습하는 모습을 보고 흐뭇해한다.

그동안 연습해오던 연극을 많은 사람들에게 선보이던 날 앤드류는 자꾸만 자신감이 없어지고 몸이 아픈 것처럼 긴장되었다. 그래서 앤드류는 집에 돌아가고 싶은 마음뿐이었다. 하지만 앤드류는 마음을 다잡으며 자신의 황금새 역할을 엄마와 사람들 앞에서 멋지게 선보인다. 많은 사람들은 앤드류의 황금새 역할에 박수갈채를 보내고 무엇보다도 새로 거듭난 것 같은 느낌을 앤드류 자신은 받게 된다. 단란했던 그 시절로 돌아온 앤드류의 모습에 엄마는 따뜻한 포옹을 하고, 밝고 명랑한 앤드류의 모습에 책을 읽는 사람들은 박수갈채를 보내게 된다.

자신의 상처를 스스로 치유하려고 노력했던 앤드류. 자신감이 없는 친구들에게 권하고 싶은 이야기다.

행복한 청소부 | 모니카 페트 | 풀빛 | 2000

■ 자신의 일에 즐거움과 행복을 느끼는 이야기

청소부 아저씨는 자신의 일을 사랑하고 소중하게 생각하는 사람이다. 그래서 어떤 청소부보다도 자신의 일에 대한 자부심을 갖고 있다. 그런 청소부 아저씨에게 부끄러움을 느끼게 하는 사건이 발생한다. 그 부끄러움은 청소부 아저씨를 변화시키는 계기가 된다. 그는 오랜 시간동안 날마다 독일의 음악가의 거리와 시인들의 거리를 청소하는 청소부이다. 그날도 여느 날과 다름없이 청소부 아저씨는 거리의 표지판을 닦고 있었다. 청소부 아저씨는 거리를 지나가던 모자의 이야기를 듣고 자신이 음악가와 시인의 거리를 청소하고 있으면서도 그들에 대해 전혀 아는 것이 없다는 것을 알게 된다. 그리고 그날부터 음악가와 시인들에 대해 공부하게 된다. 공부를 하는 과정에서 청소부 아저씨는 행복과 보람을 느끼고, 자신감 또한 얻게 된다. 청소부 아저씨는 많은 사람들의 선입견을 무너뜨리고 관심을 얻게 된다. 청소부 아저씨에게는 청소부라는 직업보다도 더 좋은 조건의 요청들이 들어온다. 하지만 청소부 아저씨는 모두 거절한다. 청소부 아저씨는 배움으로써 자신의 즐거움과 행복을 느끼는 것에 만족할 뿐이다. 청소부 아저씨는 자신의 직업에 대해 소중하게 생각하는 사람이다.

자신을 발견하고 자신의 행복을 찾아 열심히 최선을 다하는 모습이 그려진 이야기이다.

조금만, 조금만 더 | 존 레이놀즈 가디너 | 시공주니어 | 2001

■ 자신의 삶에 최선을 다하는 이야기

사람들의 삶은 항상 행복만 존재하는 것은 아니다. 행복한 삶만이 존재한다면 진정한 삶의 가치를 깨닫지 못한 채 살아가는 경우도 많을 거라 생각한다. 행복했던 할아버지와 윌리의 삶에 불행이 찾아온 것은 할아버지께서 갑작스런 병으로 거동을 못한 후부터였다. 윌리는 어른들의 보호와 관심과 사랑속에서 생활해야 하는 아이이다. 갑작

스런 할아버지의 병환으로 스미스 선생님은 윌리를 고아원으로 보내려 하지만 윌리는
소중한 가정을 잃고 싶어 하지 않는다. 그래서 윌리는 자신에게 주어진 삶에 대해 책임
지려 한다.

　조금만 힘들어도 자신의 행동에 책임지지 않으려는 요즘 사람들에게 윌리의 행동은
많은 생각을 하게 한다. 만약 내가 소년 소녀 가장이 된다면, 병든 부모님과 동생들을
책임져야 한다면 나는 어떻게 행동했을까? 이런 질문에 너무도 생각없이 쉽게 대답하
는 사람들도 많을 것이다. 무엇이든지 내가 생각하고 스스로 결정짓고 책임진다는 것
이 얼마나 힘든 일인가를 윌리를 통해서 알 수 있다. 하지만 윌리는 비록 나이는 어리
지만 자신에게 주어진 삶에 가슴 아파하지 않고 용기를 갖고 최선을 다한다. 그리고 윌
리의 긍정적인 생각과 태도는 매사 의지하려고만 하고 끈기있게 노력하지 않는 우리
들에게 많은 부끄러움을 갖게 해준다. '하늘도 스스로 돕는 자를 돕는다' 는 명언처럼
윌리는 자신의 가정을 지키기 위해 최선을 다한다. 윌리 곁에서 조용히 묵묵히 도움을
주던 번개의 죽음 또한 읽는이로 하여금 많은 감동을 준다.

새 학년엔 멋있어질 거야! | 베시 더피 | 크레용하우스 | 2001

■ 진짜 멋있는 일을 스스로 찾아가는 이야기

　로비라는 아이는 새학년을 맞이하면서 멋있어지기 위한 3가지 방법을 생각하게 된
다. 첫째는 로비라는 이름을 쓰지 말 것, 둘째는 청바지를 입는 것, 셋째는 버스 타는
곳에서 엄마에게 뽀뽀를 안 당하는 것이다. 요즘 아이들은 조금만 힘들어도, 조금만 생
각을 요하는 어려움이 닥쳐도 스스로 해결하려고 하는 것보다 누군가에게 의존하려고
한다. 하지만 로비는 자신이 자립적으로 커나가기 위해서 잘못된 점들을 조심스럽게
수정해 나간다.

　학교에서는 친구들 사이에 심술궂고 두려운 존재인 보 해니의 책 읽는 것을 도와 주
는 책 친구가 된다. 로비는 그동안 자기가 무엇을 바라는지 사람들이 저절로 알아주기
를 바랬다. 하지만 이제는 아니다. 자신이 바라는 것을 자신있게 이야기 할 수도 있는
아이로 변해간다. 그런 로비의 모습에 부모님 또한 대견스럽게 생각한다. 그리고 자신

을 그 누구보다도 보 해니의 책 친구로 적합하다고 말씀 하시는 선생님께 로비는 실망을 시켜드리고 싶어하지 않는다. 로비는 보 해니의 책 친구가 되는 과정에서 자신이 멋있어지는 것에는 청바지나 뽀뽀나 새 이름 같은 건 하나도 중요하지 않다는 생각을 하게 된다. 진심으로 멋있어지는 것은 자신에게 주어진 일을 자랑스럽게 해내는 것이라는 것을 깨닫게 된다.

흐린 후 차차 갬 | 김선희 | 비룡소 | 2001

■ 아픔과 상처를 겪으면서, 어른이 되어가는 성장동화

미소는 부모의 이혼으로 자신의 마음을 닫아버린 아이다. 미소는 학교생활이 즐겁지 않다. 친구들 관계에서도 스스로가 그들의 친구이기를 거부하는 아이다. 차갑고 매사 부정적인 시각으로 세상을 바라보는 미소에게도 자신의 마음의 응어리를 풀어주는 대상은 있다. 그것은 수호산과 비밀일기장이다. 또래 친구 여자아이들은 자신의 고민을 친구들과 두런두런 이야기를 나누면서 하나씩 풀어간다면, 세상과 단절하려는 미소에게는 수호산과 비밀일기장만이 마음을 달래주는 친구이다. 그런 미소에게 친구 현주와 상희는 진정한 우정의 의미들을 안겨준다. 미소는 불행이 자신에게만 있는 문제로 바라보지만 현주, 상희 또한 마음에 아픔을 간직한 아이들이라는 것을 알게 된다. 하지만 현주와 상희는 자신처럼 마음에 빗장을 걸고 생활하지 않았다는 것을 알게 되었다. 미소는 현주, 상희, 지영을 통해서는 진정한 우정을 배워가고, 상희를 통해서는 부모님을 이해하지 못한 자신을 부끄럽게 생각한다.

차츰차츰 또래 여자 아이들처럼 밝고 명랑한 아이로 변해가는 미소의 마음이 예쁘게 전달되는 이야기이다. 이 이야기에서는 결손 가정을 바라보는 시각들을 바꾸어야만 하는 문제를 생각하게 한다. 있는 그대로 자신의 환경을 소중하게 생각하고 결손 가정의 생활속에서도 밝고 명랑하게 생활하는 친구들의 지혜를 들여다볼 수 있는 이야기이다.

내 친구 비차 | 니콜라이 노소프 | 사계절 | 2001

■ **자신의 문제를 스스로 풀어나가는 이야기**

우리 친구들은 자기가 해야 할 일을 스스로 해야 된다는 생각은 누구나 다 하고 있다. 하지만 그 마음과 달리 자신의 의지력은 그만큼 따라주지 않아 갈등하고 고민한다. 비차와 코스차는 자신과의 약속에서 어긋나기 시작하고 이러한 행동들은 가정에서도 학교에서도 인정받지 못한다. 그럴수록 비차는 오기가 생긴다. 하지만 오기만 생길뿐 생각만큼 의지력은 생기지 않아 속상해하고 갈등한다. 비차는 자신의 의지력을 키우기 위해 사소한 것부터 실천하려고 노력한다. 그리고 자신이 좋아하는 것보다 하기 싫어하는 것을 먼저 하려고도 노력한다. 하지만 그런 다짐과 달리 비차는 낙제 점수를 받게 된다. 그런 비차에게 자신감을 얻게 되는 좋은 계기가 생긴다. 비차는 동생에게 수학을 가르치면서 자신도 남에게 도움을 줄 수 있다는 자신감이 생기기 시작했다. 그리고 비차는 노력하면 자신도 해낼 수 있다는 희망을 갖게 된다. 비차는 기초부터 다시 공부를 하기 시작하여 끈기와 노력으로 좋은 성적을 거두게 되었다. 비차는 자신의 문제가 조금씩 해결되자 친구인 코스차에게도 관심을 기울인다. 코스차는 평소 무엇이든지 대강하려는 습관과 한 가지 일을 끝까지 하지 못하는 아이였다. 그런 코스차가 자신에게 맡겨진 도서관장직을 하면서 얼렁뚱땅하던 성격이 꼼꼼하고 책임감 있게 바뀌게 되었다.

두 친구의 모습을 통해서 자신의 문제는 주위의 도움도 필요하겠지만 무엇보다 자신의 의지력과 책임감이 가장 중요하다는 것을 느끼게 해 주는 이야기이다.

초대받은 아이들 | 황선미 | 웅진닷컴 | 2001

■ **진정한 친구와의 우정을 생각하게 하는 이야기**

학년이 올라가면서 아이들의 관심은 친구에게로 많이 쏠린다. 민서는 자신이 그렇게 좋아하는 성모가 자신이 그를 지지하고 좋아하는 것에 비해 자신에 대해 관심조차 없는 것에 서운해 한다. 민서는 어떻게든 성모의 관심을 얻고 싶어한다. 하지만 성모는 그런 민서의 마음을 전혀 알지 못한다. 그런 일이 반복되면서 민서 자신의 가치보다도 친구의 관심에 자신을 맞추려는 모습이 마음 아프게 전달된다. 그렇다고 성모가 잘못된 아이라는 생각은 들지 않는다.

성모는 자신의 성향에 맞는 명랑하고 밝은 개구쟁이 친구들을 좋아할 뿐이다. 민서는 성모의 생일날 초대를 받고 싶어하지만 초대를 받지 못한다. 오랫동안 자신이 성모를 그렸던 그림을 속상한 마음에 휴지통에 버린다. 그렇게 서운한 마음을 표현하지만 그렇다고 해서 성모에 대한 좋아하는 마음은 접어지지 않는다.

민서는 엄마의 도움으로 성모의 생일에 초대된다. 자신이 그린 성모의 그림을 성모에게 전달하지만 자신이 소중하게 그렸던 그림들은 성모와 반 친구들에 의해 여기저기 찢기게 된다. 그 모습을 통해서 민서는 성모에게 실망을 하게 된다.

이 이야기는 진정한 친구와의 우정을 생각하게 하는 이야기이다. 하지만 민서가 친구에 의해 자신의 마음이 행복했다 불행했다 하는 것보다 자신의 소중한 가치를 먼저 깨닫고 자신의 소중한 가치 속에 친구와의 관계를 넣었으면 하는 바람을 갖게 하는 이야기이다.

난 키다리 현주가 좋아 | 김혜리 | 시공주니어 | 2001

■ 초등학생의 첫사랑 이야기

키가 작은 승우를 보고 친구들은 땅꼬마라고 놀린다. 그런 승우는 반 아이들 중에서 키가 제일 큰 현주를 좋아한다.

키가 크기 위해 우유도 열심히 먹고 한약까지 먹어보지만 효과를 보지 못하는 승우를 보며 조카 모습이 떠올랐다.

현주와 함께 하기 위해 현주가 다니는 학원에까지 다니는 승우, 현주 간식을 사주기 위해 집에서 엄마 지갑 속의 돈에 손을 대는 잘못된 행동을 저지르고 만다. 결국 엄마에게 들켜 크게 야단을 맞고 수모를 겪지만 현주를 향한 마음은 변하지 않는다.

승우는 공개적으로 현주를 사랑한다고 고백하여 학교에서 물의를 빚지만 밉지 않은 행동에 정이 가고, 또한 그림을 잘 그려 최우수상까지 타는 재능까지 타고난 아이이다.

가족이 함께 읽으면서 부모는 한번쯤 겪었을 초등학교 시절 첫사랑을 추억하고, 우리 아이들의 첫사랑이 현재 진행 중인지 들을 수 있는 기회가 되었으면…….

너도 하늘말나리야 ㅣ 이금이 ㅣ 푸른책들 ㅣ 2002

■ 사춘기 아이들의 우정과 성장에 관한 이야기

막 사춘기에 들어선 미르, 소희, 그리고 바우가 서로의 상처를 만져주며 아픔을 극복해나가는 모습이 아름다운 성장소설이다.

이혼한 엄마를 따라 시골로 내려온 미르, 아빠가 돌아가시고 엄마는 재혼을 해 할머니와 살고 있는 소희, 그리고 엄마가 돌아가시고 아빠와 살고 있는 바우.

이 세 아이는 각각의 슬픔을 가지고 있는데 그 슬픔에 대응하는 방식이 다르다. 그렇지만 이 아이들의 공통분모는 '슬픔'이다. 마음이 아픈 사람은 다른 사람의 아픔을 잘 볼 수 있듯이, 세 아이는 서로에게 끌린다.

살아가면서 우리는 온갖 고통과 슬픔을 겪는다. 그런 고통과 슬픔이 아이들이라고 해서 비껴가지는 않는다. 아이들은 아이들 나름대로의 방식으로 그런 문제를 헤쳐 나가야 한다.

부모와의 이별을 경험한 아이들은 그 상처를 이겨내기가 쉽지 않다. 그리고 그 상처를 함부로 다른 사람에게 내보이지도 않는다. 그렇지만 이런 아이들도 비슷한 처지의 친구들에게서는 동병상련의 정을 느끼며, 서로의 아픔을 내보이며 위로를 받는 동시에 위로를 해준다. 이런 과정에서 아이들은 서로의 상처를 치유해준다.

사춘기 아이들에게 우정의 아름다움과 성장의 고통을 이해하게 해주는 작품이다.

■ 어른들의 일방적인 강요 속에서 자신을 나타내 보이는 이야기

부모님이 원하는 아이, 어린이들이 원하는 자신의 모습은 서로 다르다. 부모님은 커 오면서 자신의 잘못된 점을 자신의 아이들을 통해 시정하려는 경향이 있다. 윤수 또한 아버지와의 그러한 갈등으로 고민하는 아이이다. 아버지는 여러 누나들 사이에 태어 나 여자처럼 나약한 자신이 사회 생활을 하면서 겪었던 어려움을 큰 아들 윤수에게는 물려주고 싶어하지 않는다. 아버지는 윤수를 강한 남자아이로 키우려 하고, 윤수는 아 버지의 바람처럼 씩씩하지도 강인하지도 않은 자신 때문에 고민한다.

어느날부터인가 시작된 등산과 캠프는 윤수에게는 고통스러운 생활이다. 아버지는 등산과 캠프를 보내면 윤수가 남자다워지리라 생각하지만 윤수는 그럴수록 더욱 나약 해지는 자신을 발견하게 된다. 윤수가 진짜 배우고 싶어하는 일은 애니메이션 학원에 다니는 것이다. 윤수는 자기가 고민하고 있는 것들에 대해 용기를 내서 아버지에게 메 일로 보낸다.

"아빠, 아빠 뜻대로 하고 싶지만 나도 정말하고 싶은 것이 있어요. 아빠 나는 그냥 나 예요!"

이 편지를 보내는 윤수의 마음은 떨렸지만 윤수는 진심으로 자신의 속마음을 털어 놓는 좋은 기회였다. 그 일은 아버지에게도 많은 것을 생각하게 하고 아버지는 윤수를 이해하고 윤수가 원하는 것을 하게 해준다. 아이들이 부모님이 두려워서, 선생님이 두 려워서 마음에 갈등을 갖고만 있다면 이 아이가 장차 건강한 성인으로 자랄수 있을까? 우리 어린이들이 마음속으로 고민만 하는 것보다 윤수처럼 용기를 내어 보는 것도 좋 을 것 같다.

안녕, 휘파람새 | 조임홍 | 창비 | 2000

■ 늦둥이 동생 때문에 부모님과 떨어져 사는 연두의 성장소설

늦둥이 동생 때문에 엄마 아빠와 헤어져 운해도란 섬에서 외할머니와 일 년 동안 지내게 된 연두. 처음에는 가족과 떨어져 외딴섬에서 살아야 한다는 사실이 속상하기만 하다. 하지만 연두는 이곳 운해도에서 새롭고 신기한 일들을 만나게 되고 차츰 정을 붙여 간다. 섬사람들은 닥치는 대로 농작물을 먹어 치우는 꿩 때문에 골머리를 앓고 있다.

꿩 문제를 일으킨 범인으로 의심받고 있는 사람은 바로 연두의 짝꿍 해심이. 친구들과 어울리지 못하고 따돌림 당하는 해심이는 보통 아이들과 무엇인가 다르다. 해심이는 늘 '이상한 나라'의 환상을 만들어 그 속에서 살아간다. 이런 해심이의 공상을 이상하게 생각한 사람들은 해심이를 '새끼 무당'이라 부르며 멀리한다. 해심이와 꿩의 관계는 무엇일까. 섬에서 만나는 놀라운 일이 연두에게 남긴 것은 무엇일까.

『안녕 휘파람새』는 한 소녀가 외딴섬에서 보낸 일 년 동안의 기록이자 성장기이다. 이곳에서 소녀는 이해할 수 없는 많은 일들을 겪는다. 특히 척박한 현실 속에서 희생양을 만들어 분풀이를 하려는 마을 사람들과 해심이의 갈등을 통해 연두는 삶에 눈을 떠 간다.

책은 쉽게 결론을 내리지 않는다. 자존심 강하고 거침이 없으며 때로는 남에게 상처를 주는 직선적인 말을 퍼부어대는 연두란 캐릭터는 착하지도 악하지도 않은 살아있는 캐릭터이다. 또 개발을 둘러싼 도시 개발업자와 마을 사람들의 갈등 역시 일방적인 선악 갈등으로 그려지지 않는다. 안일한 결론 대신 현실의 긴장감을 놓치지 않은 덕분이다.

구름 위를 오른 아이 | 이상배, 김세진 | 두산동아 | 2001

■ 자신의 꿈을 위해 킬리만자로에 오른 김영식 군의 아름다운 도전 이야기

용기와 끈기가 부족한 요즈음의 어린이들에게 강하게 자랄 수 있는 힘과 희망을 주는 감동 깊은 이야기. 아프리카 최고봉인 킬리만자로에 올라 기네스북에 등재되기도 했던 김영식 군의 목숨을 건 '마터호른 등반 이야기'가 신선한 교훈과 진한 감동을 주는 책이다. 이 책은 실제로 있었던 일을 바탕으로 쓰여진 책이다. 털보 등산가로 잘 알려진 김태웅 씨의 아들 김영식 군이 알프스 마터호른을 정복한 일화를 동화로 엮은 것이다.

기존의 많은 동화 중에서 실제 이야기를 모티브로 삼고 있는 것들은 있었으나, 이처럼 어린이의 실제적인 도전을 다룬 이야기를 초등학생 대상의 동화로 엮은 것은 『구름 위를 오른 아이』가 처음일 것이다.

실제로 나약하고 의지가 약한 요즘 어린이들에게 꿈과 희망을 심어주고, 보다 나은 목표를 향해 도전할 수 있는 감동적인 이야기이다. 어린이들이 실생활에서 부딪치는 작은 문제들도 어쩌면 하나의 도전이라 할 수 있다. 따라서 이 책에서 전달하고자 하는 메시지 역시 거창하고 위대한 도전의 성공이 아니라, 어린이들이 하나의 작은 목표를 세우고 그것에 도전해서 느끼고 배울 수 있는 아름다운 정신을 이야기하고 있다. 물론 세계 최연소로 마터호른을 오른 기네스 기록은 대단한 것이다. 그러나 그런 대단한 기록 역시 처음엔 산을 놀이터 삼아 놀고, 한겨울에 옥상에서 텐트를 치고 자는 작은 도전에서부터 시작된 것이다.

이 책은 실제로 이루어낸 우리 어린이들의 아름다운 도전을 찾아내, 많은 어린이들이 또 다른 아름다운 도전을 꿈꿀 수 있도록 하는 데 그 의미가 있다.

생각을 모으는 사람 | 모니카 페트 글, 안토니 보라틴스킨 그림 | 풀빛 | 2001

■ 생각의 소중함을 가르쳐 주는 이야기

하루를 어떤 생각을 갖고 어떤 마음으로 생활하는가? 하는 질문을 받게 되면 당장 뭐라고 대답하기가 곤란하다. 하루하루를 시간에 쫓겨 어떻게 생활했는지 모를 때가 더욱 많다. 그럴수록 여유로운 마음을 갖고 자기 자신을 돌아보고 주변을 돌아보는 마음을 갖는다면 아마도 세상을 보는 눈이 따뜻해질 것 같다.

버려진 생각들을 주워 아름다운 꽃으로 피우고 다시 우리 머릿속에 살아가게 도와주는 아저씨의 일. 누구나 하고 있지만, 너무 가까이 있어서 잊어버리기 쉬운 생각의 소중함을 가르쳐 주는 이야기이다. 독특한 상상력으로 그려진 작은 요정들을 닮은 '생각'의 모습 또한 참 인상적이다.

우리는 생각을 모으는 아저씨를 통해서 어떤 생각을 갖고 어떻게 생활해야 하는지에 대한 지혜를 배울 수 있을 것이며, '생각한다'라는 말의 의미에 대해서 깊이 있게 느껴 볼 좋은 기회가 될 것이다.

노랑 가방 | 리지아 보중가 누니스 | 비룡소 | 1999

■ 노랑 가방과 함께 자신의 욕망과 갈등을 해소하는 기상천외한 판타지 동화

사춘기를 겪고 있는 어린이들은 정신적, 신체적인 변화로 마음속에서 여러 가지 혼란을 겪게 된다. 사춘기를 잘못 보내게 되면 생각지 않은 사고를 내는 경우가 참 많다. 이 책의 주인공 라켈에게 '노랑 가방'이 주어지지 않았더라면 라켈 또한 마음의 갈등과 욕망을 어떻게 채워가고 해결했을까 하는 걱정이 앞선다. 라켈의 마음속에 꿈틀거리는 3가지 욕망은 빨리 어른이 되고 싶은 욕망, 소년이 되고 싶은 욕망, 글을 쓰고 싶은 욕망이다. 그런 욕망에 사로잡혀 있는 라켈을 가족은 이해해 주지 않는다. 마음의 갈등과 욕망으로 혼란스러워 하던 라켈에게 노랑 가방 이야기속 친구들은 조금씩 라켈이 욕망을 이루게끔 도와준다. 라켈은 자신의 욕망들을 채워가는 과정에서 스스로

해결해야 하는 것이 얼마나 어려운지를 알게 되고 이해하지 못했던 어른들의 세계도 이해하게 됨으로써 어른이 되고 싶은 욕망이 사라진다. 그리고 소녀로서의 자신의 모습을 소중하게 생각하면서 소년이 되고 싶은 욕망 또한 점점 사라지게 된다. 하지만 라켈은 글을 쓰고 싶은 욕망 만큼은 간직하고 싶어한다. 자기의 마음속에 자리 잡고 있는 수많은 갈등과 욕망들을 해소하는 유일한 방법이기 때문이다. 사춘기를 맞는 소녀가 겪는 마음의 갈등을 기상천외한 판타지 동화로 엮은 이 이야기를 통해 라켈의 용기와 자신을 사랑하는 방법들을 엿볼 수 있다.

나뭇잎 프레디 | 레오 버스카글리아 | 창해 | 2002

■ 인간의 삶과 죽음을 성찰하게 하는 이야기

이 이야기를 읽으면서 어린이들은 현재의 고민에 대해 생각해 보고, 지금 처해 있는 환경에 대해 생각해 보지 않을까 여겨진다. 프레디의 탄생은 희망과 시작이라는 의미를 가져다 준다. 프레디는 자신의 모습과 가치, 행복을 다니엘이라는 친구를 통해 조금씩 알게 된다. 나뭇잎의 변해가는 모습은 인생살이, 참다운 삶을 깨닫고 힘든 역경에서도 그 역경을 딛고 강인하게 살아가는 사람들을 떠오르게 한다. 죽는 그날까지 열심히 최선을 다하면서 현재를 성실하게 살아가는 모습을 진지하게 생각하게 하는 이야기이다.

우리는 자기 자신에 대해 얼마나 잘 알고 있을까? 어떻게 하면 내 안에 숨겨진 무궁한 잠재력을 꽃피워 이상적인 나를 구현할 수 있을까? 오늘을 사는 우리들은 끊임없는 갈등에 부딪힌다. 그럴수록 나만의 가치를 제대로 발견하려는 노력과 거기에서 새로운 희망의 메시지를 찾아내는 일도 중요하리라 생각된다. 이 이야기를 통해 실제의 내 모습을 제대로 바라보고, 현재의 내 모습을 단정적으로 판단하는 어리석음을 범하지 않게 되길 바란다. 그리고 지금 힘들어도 나의 인생이 반드시 좋은 방향으로 갈 것이라는 믿음을 가질 수 있는 기회를 가졌으면 좋겠다.

클로디아의 비밀 | E. L. 코닉스버그 | 비룡소 | 2000

■ 똑같은 일상에서 재미를 만들어가는 이야기

클로디아는 평범한 아이이다. 클로디아가 가출을 하게 되는 이유는 '지겨워서' 라고 한다. 클로디아는 계획세우기를 좋아하고, 야무지고 똑똑하다. 클로디아의 남동생 제이미는 약간 어리벙벙한 부분도 있지만 돈에 있어서만은 탁월한 재능을 가지고 있다. 클로디아는 그런 남동생과 함께 가출 작전을 세운다. 그녀는 눈에 띄지 않기 위해 뉴욕에 있는 메트로폴리탄 미술관을 가출장소로 선택하여 낮에는 하루 종일 미술 공부를 하고 아침, 저녁으로는 미술관 직원들에게 들키지 않기 위해 치밀한 계획에 맞춰 행동한다.

클로디아는 미술관에 있는 조각상인 '천사상' 이 미켈란젤로의 진짜 작품인가에 의문을 품게 되고, 그것을 알아내기 위해 이 조각상을 팔았던 프랭크 와일러 부인을 찾게 된다. 클로디아는 프랭크 와일러 부인을 통해 자신이 진정으로 원하는 것은 모험이며, 그 모험을 통해 비밀을 간직할 수 있다는 것을 알게 되고, 거기에서 평생을 간직할 만한 비밀을 얻어 집으로 돌아가게 된다.

내 친구 윈딕시 | 케이트 디카밀로 | 시공주니어 | 2004

■ 많은 것을 잃어버렸지만 주변 사람들과 함께 사랑과 우정을 키워나가는 이야기

정서적으로 안락한 환경에서 자라난 어린이들보다 그렇지 못한 환경에서 자라난 어린이들을 보면 왠지 모르게 불안해 보인다. 정서적으로 안정치 못한 환경에서 자라난 어린이들은 일탈 행동을 하면서 자신의 상처와 아픔을 표현하려고 하는 경우도 있고 다른 한편으로는 마음의 문을 닫고 주변 사람들과의 관계 속에서 단절된 생활을 하는 경우도 있다. 주인공 오팔 또한 새로 이사 온 탓에 친구도 없고, 오팔의 엄마는 오팔이 3살 때 어디론가 떠나 버렸다. 엄마의 부재는 오팔과 아빠에게 커다란 상처와 아픔으로 남는다. 그런 오팔에게 슈퍼마켓에서 만난 윈딕시는 오팔의 첫 번째 친구가 되어 준

다. 윈딕시 덕분에 오팔은 하나둘씩 친구들을 사귀게 된다. 오팔의 친구들 또한 오팔처럼 마음의 상처가 깊은 사람들이다. '친척 모두 세상을 떠나 버린 프래니 할머니, 동네 꼬마들에게 마녀라고 놀림받는 글로리아 할머니, 감옥에 갔다 온 경력으로 사람들과 쉽게 어울리지 못하는 오티스 아저씨, 동생의 죽음으로 마음을 닫아 버린 아만다' 그들 모두가 마음에 깊은 상처를 안고 있다. 오팔은 그들과 마음의 교류를 하면서 자신의 내면에 존재하는 상처들을 하나씩 씻어 간다.

이 이야기는 사람들이 가지고 있는 상처와 아픔을 혼자만의 문제로 간직하지 않고 서로 감싸 주면서 사랑과 우정을 키워나가면 더욱 행복한 삶을 영위할 수 있다는 것을 표현하고 있다. 혼자만의 상처와 아픔으로 갈등하는 사람들에게 이 이야기는 좋은 본보기가 되어줄 것이다.

우리를 잠 못 들게 하는 밤 | 크리스토프 오노레 | 문학과지성사 | 2001

■ 부모의 이혼을 받아들이고 생각을 키워나가는 이야기

이 이야기의 주요 시간적 배경은 밤이다. 평화롭게 자야 할 시간에도 어린이들은 불안에 떨고 밤잠을 설친다는 것은 어른들에게도 책임이 있다. 이 이야기는 이혼이라는 무거운 주제를 다루고 있다. 부모의 이혼은 어린이들에게 정신적인 충격과 피해를 안겨다 준다. 하지만 어른들은 자신들의 문제에 어린이들의 감정을 결부시키려 하지 않는 듯 하다. 어린 아이들의 상처보다 자신의 상처가 더 커보이는 건 아닌지 안타깝다. 하지만 어린이들은 그런 부모에게 혹시 자신 때문에 부모가 헤어지는 건 아닌지 가슴 졸이며 생활하는 안타까움이 보인다.

앙통은 막스로부터 희한한 제의를 받는다. 막스네 부모님이 이혼하시기 전에 가족끼리 보내는 마지막 바캉스에 자신이 초대를 받은 것이다. 앙통은 당혹스러웠지만 막스의 제의를 받아들이게 된다. 하지만 그 여행이 제대로 시작되기도 전에 막스의 어머니는 아빠와 싸우고 혼자 돌아가 버리고, 두 부부는 예정대로 파경을 맞는다. 그런 막스의 슬픔을 가까이에서 지켜본 앙통은 막스의 아픔을 이해하게 되고 자신의 아픔을 이해하려고 노력한다.

이 이야기는 프랑스 사회 특유의 가족관을 담고 있어서 우리 정서에는 맞지 않는 부분도 있다. 그러나 한 어린이의 성장과정을 통해 가족의 사랑과 친구와의 우정이 얼마나 소중한지를 알게 해주고 어려운 환경에서도 서로 이해하고 보듬어 안아 주는 지혜를 생각하게 한다.

샬롯의 거미줄 | 엘윈 브룩스 화이트 | 시공주니어 | 2000

■ 돼지와 거미의 아름다운 우정 이야기

가장 작은 돼지 무녀리로 태어난 윌버는 태어나자마자 죽을 위기에 처한다. 그렇지만 농장 주인의 딸인 펀의 도움으로 살 수 있게 된다. 그리고 다른 농장으로 가게 되는데, 윌버는 그곳에서 몹시 외로움을 탔다. 그렇지만 다행히도 상냥한 거미 샬롯을 만난다.

이 작품에는 농장에 함께 살고 있는 거위, 늙은 양, 그리고 쥐들이 등장하는데, 이들의 생활이 아주 섬세하게 묘사되어, 마치 인간을 대변하고 있는 듯한 다채로운 개성에 푹 빠지게 된다.

윌버는 결국 자신이 햄이나 베이컨이 될 운명이라는 사실을 알고서 몹시 우울해 한다. 샬롯은 이런 윌버를 위로하기 위해 거미줄에 글자를 넣어 짜기 시작하는데, 이 일로 윌버는 사람들에게 특별대우를 받는다. 윌버를 위해 혼신의 힘을 다해 죽을 때까지 거미줄을 짜는 샬롯. 그의 모습에서 진정한 우정의 의미를 되새겨보게 된다.

가족만큼이나 중요한 존재는 친구이다. 때로는 친구가 가족 이상으로 도움을 줄 때도 많다. 친구를 위해서 죽을 때까지 노력하는 샬롯을 통해 친구의 소중함과 우정에 대해 다시 한 번 생각하게 하는 작품이다.

■ 입양아의 정체성 극복에 관한 이야기

보 빌헬름 올손은 식스텐 아저씨네로 입양이 되었다. 그렇지만 양부모는 원래 여자 아이를 원해서인지 올손을 별로 좋아하지 않는다.

어느 날, 올손은 공원에 있는 의자에서 맥주병을 발견하고 병마개를 열었다. 그러자 병속에서 거인이 나오게 되면서, 올손은 환상적인 모험을 하게 된다.

입양아인 올손이 양부모와의 갈등으로 정체성 문제로 방황할 때, 그를 구원해주는 것은 판타지의 세계다. 이 세계에서 올손은 현실세계에서 필요했던 모든 것을 얻는다. 멋진 말, 머나먼 나라의 임금님인 아빠, 자상한 친구 윰윰을 말이다. 그렇지만 이 세계가 편하기만 한 것은 아니다. 아빠가 기사 카토 때문에 슬퍼하고 있다는 사실을 알게 되었기 때문이다. 기사 카토와 대적하기 위해서 올손은 이렇게 용기를 낸다.

'나는 그 어둠 속으로 들어가야 한다는 것을 알고 있었지만, 이상하게도 겁은 나지 않았다. 내가 이 어두운 문을 지나 앞으로 가야 하는 일이 수백 수천 년 전부터 정해져 있었다는 것을 생각하자 오히려 용기가 나는 듯했다. 일어나야 할 일이라면 일어나야지 하고 나는 생각했다. 어쩌면 다시는 돌아갈 수 없을지도 모르지만, 더 이상 벌벌 떨고 싶지는 않았다.'

올손을 '미오, 나의 미오'라고 부르는 아빠. 이런 아빠를 위해서 어떤 어려움도 피하지 않는 올손의 환상적인 모험 이야기는, 웃음과 눈물 사이를 오가게 하는 묘한 매력이 있다. 그리고 이런 모험을 통해 올손이 외로움과 슬픔을 극복해나가는 과정을 보여준다.

내가 나인 것 | 야마나카 히사시 | 사계절출판사 | 2003

■ 사춘기 아이의 우정과 자아를 찾아가는 과정을 보여주는 이야기

훌륭한 이름에 비해 형편없는 평가를 받고 있는 히데카즈는 자신의 생각은 없고 엄

마의 눈치만 보는 아이다. 그렇지만 어느 날, 엄마의 잔소리를 더 이상 참지 못하고 가출을 하게 된다.

히데카즈는 가출해서 우연히 나츠요를 만나게 되는데, 나츠요의 의젓함을 보면서 처음으로 자신의 존재에 대해 의식하게 된다. 그동안 엄마의 간섭과 잔소리에 억눌려 있던 히데카즈의 자아가 마침내 눈을 뜨게 된 것이다.

정신적으로 성숙하게 되는 계기를 맞은 히데카즈는 집으로 돌아간다. 그렇지만 변하지 않은 엄마의 태도에 다시 반발하게 되는데…….

6학년 소년이 자아를 찾아가는 과정을 이해하기 쉽고 재미있게 묘사한 작품이다. 아이들에게는 자아 성장과 정신적 독립의 의미를, 그리고 어른들에게는 사춘기 아이들의 정서와 심리를 잘 이해할 수 있게 해준다. 그리고 건전한 자아는 자연스런 인간관계에서 형성되며 따스한 사랑에서 싹트는 것임을 느끼게 한다.

작품은 일본을 배경으로 하고 있지만, 우리나라의 실정과 조금도 다르지 않아 놀라게 된다. 자식을 통해 대리만족을 하고자 하는 어머니, 애정 없는 부부의 모습 등 우리 가정이 가지고 있는 여러 문제를 그대로 느끼게 된다.

수일이와 수일이 | 김우경 | 우리교육 | 2001

■ 아이들에게는 책임감을 느끼게 하고, 어른들에게는 아이들을 이해하도록 도와주는 이야기

학원을 여러 군데 다니는 수일이는 한 번 편안하게 놀 시간이 없는 아이다. 항상 어머니의 감시 때문에 괴로워하던 수일이는 귀찮은 일을 대신 해주는 또 하나의 수일이가 있으면 좋겠다는 생각을 하게 된다. 수일이가 키우던 개 덕실이는 좋은 방법이 있다고 했다. 그것은 수일이의 손톱을 쥐가 먹으면 가짜 수일이를 만들 수 있다는 것이었다. 소원대로 수일이는 가짜 수일이를 만들지만 그 때문에 오히려 곤경에 빠지는 일이 벌어진다. 그래서 가짜를 없애고 싶어 하지만 가짜 수일이는 오히려 진짜 수일이를 몰아내려고 하는데…….

아이들이 흔히 해볼 수 있는 상상의 세계를 흥미진진한 이야기로 들려줌으로써, 결국 자기 일은 스스로 해결해야 한다는 대리 체험을 자연스럽게 하게 한다.

그리고 이 작품은 현재 우리 아이들이 처해 있는 어려움도 잘 보여준다. 아이들을 위한다는 명분으로 아이들에게 잠시도 틈을 주지 않는 부모. 그렇지만 아이러니하게도 아이의 고통과 고민이 무엇인지는 전혀 알려고도 하지 않고, 알지도 못하는 부모의 모습에서 많은 부모들이 자신의 모습을 되돌아볼 수 있게 한다.

안내견 탄실이 | 고정욱 글, 김동성 그림 | 대교출판 | 2002

■ 시각장애인들의 눈이 되어준 안내견 이야기

화가의 꿈을 키워 나가던 예나는 어느 날 갑자기 시력을 잃게 된다. 눈앞에는 끝도 보이지 않는 어두움만 펼쳐지고, 마음에는 절망만이 가득할 뿐이다.

세상으로 나아가는 모든 길이 막혀버린 예나에게 어두움에 맞서 나아가는 또 하나의 길을 찾아 준 안내견 탄실이. 까만 눈을 가진 탄실이는 안내견 학교에서 시각장애인들을 돌보는 훈련을 받는다. 안내견이 되기 위해 어미가 되는 것도 포기해야 한다. 사람에게 받은 사랑을 희망으로 돌려주는 큰 임무를 탄실이는 성실히 수행해 낸다. 두렵고 힘든 일들을 겪어내야 할 예나와 탄실이, 인간과 동물이 서로 의지하고 믿는 모습이 감동적이다.

복잡한 세상의 길에서부터 마음으로 통하는 보이지 않는 길에 이르기까지, 한몸 한마음이 되어 걸어가는 그들의 모습이 아름다워 보인다.

마당을 나온 암탉 | 황선미 글, 김환영 그림 | 사계절 | 2000

■ 꿈과 희망, 그리고 그 실현에 관한 이야기

닭장에 갇혀 주인이 주는 먹이만을 먹고 생각 없이 알을 낳던 잎싹은 문득 틀에 갇힌 생활에 염증을 느끼게 된다. 그래서 자유를 꿈꾸며 알 낳기를 거부하다가 폐계로 분류

되어 버려진다. 그렇지만 청둥오리 '나그네'의 도움으로 살아나 야산에서 혼자 살게
된다.

그러던 어느 날, 잎싹은 찔레 덤불 속에서 흰 알을 발견하고 그 알을 조심스레 품기
시작한다. 친구인 나그네가 잎싹을 보호해주며 먹이를 물어다 주었다. 알이 거의 부화
될 무렵 나그네는 족제비한테 죽는데, 그 알은 바로 나그네의 알이었던 것이다. 잎싹은
오리새끼인 '츠록머리'를 지극한 사랑으로 보살피며 사냥꾼 족제비로부터 보호하기
위해 용감하게 맞선다.

목숨을 건 사랑에도 불구하고, 초록머리가 청둥오리 떼의 파수꾼이 되어 떠나버리
자 혼자 남은 잎싹은 온몸에 기운이 다 빠져나가는 듯했다. 그렇지만 잎싹은 행복했
다. 알을 품어서 병아리의 탄생을 보았기 때문이었다. 꿈을 이룬 잎싹은 더 이상 땅
위에 머무를 필요를 못 느꼈다. 잎싹은 초록머리처럼 훨훨 날아가고 싶었다. 그 때 잎
싹은 갑자기 깨달았다. 자기에게 또 다른 소망이 있다는 걸. 그것은 하늘을 나는 것이
었다.

눈발이 아카시아 꽃 이파리처럼 날릴 때, 잎싹은 족제비를 만나게 된다. 그렇지만 잎
싹은 도망가지 않고 족제비에게 이런 말을 하면서 행복하게 죽음을 맞는다.

"자, 나를 잡아먹어라. 그래서 네 아기들 배를 채워라."고 하면서.

살아있는 것에 대한 잎싹의 사랑이 극대화된 순간, 잎싹은 그의 꿈을 이룰 수 있었
다. 잎싹은 크고 아름다운 날개로 바람을 가르며 날았다. 죽고 나서야 날고 싶었던 잎
싹의 꿈이 비로소 완성되었던 것이다.

불가능해 보이던 꿈을 이루어낸 잎싹을 통해 용기와 무한한 사랑을 배울 수 있다.
'포기하지 않는다면 누구나 꿈을 이룰 수 있다'는 평범한 진리가 감동으로 다가오는
이야기이다.

체리나무 할아버지 | 안젤라 나네티 지음, 유혜자 옮김 | 주니어 김영사 | 2002

■ 가족의 사랑을 느끼게 해주는 이야기

토니노의 외할아버지는 시골에서 닭과 거위를 키우며 행복하게 살지만, 외할머니가

돌아가신 후 무척 쓸쓸해 하신다. 엄마는 외할아버지와 함께 살기를 원하지만, 외할아버지는 시골이 편하다며 계속 혼자 사신다.

그런데 외할아버지의 밭 일부가 시의 계획에 의해 도로로 들어가게 되자, 몹시 속상해 하시다가 병을 얻어 돌아가신다.

어느 날, 건설회사 사람들이 포크레인을 가지고 와서 할아버지 밭에 있는 체리나무가 방해가 된다고 쓰러뜨리려고 한다. 이 체리나무는 외할아버지가 엄마가 태어나던 날 심었던 나무다. 이 광경을 본 토니노는 체리나무 꼭대기로 재빨리 올라가 내려오지 않는다. 사람들이 위험하다고 내려오라고 해도 토니노는 꼼짝도 않는다. 그래서 아빠가 시장을 데리고 오고, 시장은 마침내 체리나무를 절대 없애지 않겠다는 약속을 한다.

할아버지 일로 다투다 별거를 하던 토니노의 아빠와 엄마는 결국 이 일로 화해하게 되고, 토니노의 가족은 시골에서 행복하게 살게 된다.

할아버지와 손자, 아버지와 딸 등 가족 간의 사랑이 잔잔한 감동으로 다가오는 이야기이다.

진짜 우리 할머니야 ｜ 원유순 ｜ 늘 푸른 아이들 ｜ 2004

■ 가족의 의미를 생각하게 하는 이야기

나리는 엄마와 둘이서 산다. 나리 엄마는 아픈 사람을 돌보아주는 간병인이다.

어느 날, 학교에서 돌아온 나리는 집에 낯선 할머니가 있는 것을 보고 놀란다. 할머니는 치매에 걸렸는데, 손자가 수능시험을 앞둔 고 3이라서 아들 집에서 같이 살 수가 없다고 했다. 손자의 공부에 방해가 된다는 것이 이유였다.

할머니는 나리를 손자인 '정민'으로 착각하고 나리를 자주 쓰다듬으려고 한다. 나리는 그런 할머니가 싫었다. 그렇지만 엄마는 나리에게 할머니에게 무조건 잘 해드리라고 한다.

나리네 집으로 온 후, 할머니는 병세가 많이 회복되어 자신의 집으로 돌아갈 날을 무척 기다렸다. 그런데 손자가 시험을 잘 못 봐서 재수를 하게 되어 다시 집으로 돌아가기가 힘들게 되었다. 이런 소식을 들은 할머니는 충격으로 드러눕게 되고, 결국 나리

집에서 돌아가시게 된다.

　장례식장에서 나리는 할머니의 손자인 정민이와 다른 가족들이 슬피 우는 것을 보고 그 사람들이 왜 우는지 궁금해 한다.

　이 작품은 '가족 간의 진정한 사랑이라는 것이 무엇일까?'에 대해 깊은 생각을 하게 한다. 그리고 세대 간의 갈등으로 인한 불행한 일을 방지하기 위한 지혜로운 해결책에 대해, 가족 간에 진지한 대화가 필요하다는 것을 느끼게 한다.

바람으로 남은 엄마 ｜박상률 ｜길벗어린이 ｜2000

■ 마음의 고향에 대해 생각하게 하는 이야기

　은지가 네 살 때 아빠가 돌아가셨다. 아빠가 돌아가시자 엄마는 혼자 돈 벌러 서울로 갔다. 그렇지만 엄마는 가끔 선물만 보낼 뿐, 좀처럼 시골로 내려오지 않는다. 은지는 할아버지, 할머니의 보살핌을 받으며 엄마에 대한 그리움을 혼자 삭이고 있었다.

　그런데 할아버지가 중풍으로 자리에 눕게 되고 할머니마저 병으로 갑자기 돌아가시자, 은지가 생계를 꾸려나가게 됐다. 은지는 엄마가 너무나 그리웠지만 엄마는 소식이 없었다.

　그러던 어느 날, 엄마가 왔다. 그런데 엄마는 다른 아저씨와 재혼을 했고, 동생도 새로 생겼다는 말을 한다. 그러면서 할아버지와 은지, 은규에게 같이 서울로 가자고 한다. 그렇지만 은지는 고개를 젓는다. 엄마는 엄마대로 행복하게 살아야 한다고 생각했고, 자기와 은규, 할아버지는 어떻게든 살 수 있다고 생각한다. 엄마는 한 숨을 쉬며 새벽에 서둘러 떠나고…….

　엄마의 사랑을 그리워하면서도 엄마의 행복을 비는 아이의 마음이 안쓰럽다.

　〈바람으로 남은 엄마〉 외 고향에 관한 12편의 이야기가 실려 있다.

　바쁘게 돌아가는 현대의 삶 속에서도 우리가 늘 그리워하는 것은 고향이다. 그 고향은 물리적인 것이 아니라 정서적인 고향이다. 피곤한 일상에서 잠시 물러나 고향을 생각할 때 우리는 어머니의 정 같은 따스함을 느낄 수 있다.

엄마의 마지막 선물 | 문선이 | 계림 | 2002

■ 가슴 뭉클한 엄마의 사랑을 느낄 수 있는 이야기

미진이의 아빠는 연극배우, 엄마는 분장사이다. 아빠가 돈을 많이 벌지는 못해도 미진이의 가정은 화목하고 행복하다. 어렵사리 집을 장만한 미진이 가족은 즐거움에 들뜨지만, 엄마가 뇌종양에 걸린 후 어둠의 그림자가 드리워진다.

엄마는 미진이에게 집안일을 시키면서 혼자서도 잘 살아나갈 수 있기를 바란다. 그렇지만 미진이는 이런 엄마에 대해 걱정을 하면서도 불만을 느낀다.

그렇지만 우연히 컴퓨터에 저장된 엄마의 일기와 유언장을 읽고서, 엄마의 병이 점점 더 깊어지고 있다는 것을 알게 된다. 유언장에서 엄마는 외할아버지가 일찍 돌아가셔서 늙었을 때의 사진이 없는 것을 안타까워했다. 그래서 스스로 할머니로 분장해서 50대, 60대, 70대의 사진을 찍었다. 그리고 미진이와 동생 민철이를 위해 마련해 둔 적금통장 이야기도 했다. 분장한 엄마의 사진과 적금 통장. 그것은 엄마가 준비한 마지막 선물이었다.

엄마가 돌아가신 후, 아빠와 미진은 가족 홈페이지를 만들었다. 그곳에 엄마 사진과 일기, 그리고 엄마가 쓴 글을 올려 놓고, 엄마에게 글을 쓰는 아빠와 미진……. 엄마는 가족의 가슴 속에서 영원히 살고 있다. 엄마를 잃은 슬픔을 극복해가고 있는 가족의 모습이 안쓰러우면서도 아름답다.

사랑하는 가족의 죽음으로 인한 상처와 슬픔을 이겨내고 싶을 때 읽으면 도움이 될 듯하다.

알에서 나온 할머니
| 이바 프로하스코바 글, 마리온 괴델트 그림, 선우미정 옮김 | 보림 | 2004

■ 부모와 자식의 입장을 서로 잘 이해할 수 있도록 도와주는 이야기

엘리아스의 아빠와 엄마는 항상 바빠서 엘리아스와 놀아줄 시간이 거의 없다. 화가

난 엘리아스는 속으로 원망을 하지만 소용없는 일이라고 포기를 한다.

그러던 어느 날, 엘리아스는 공원에서 우연히 노란색 알을 발견하고 집으로 가져온다. 그런데 알에서는 새가 아닌, 날개가 달린 할머니가 나온다.

그런데 이 할머니는 아기처럼 아무 것도 할 줄 모른다. 그래서 엘리아스는 할머니에게 말하기에서부터 걷는 것을 하나하나 가르쳐야만 했다. 엘리아스는 무심코 한 욕을 할머니가 그대로 따라 하는 것을 보고 기겁을 하고 못하게 한다. 어느새 엘리아스는 할머니에게 부모 노릇을 하고 있었다.

아빠는 심혈을 기울이던 공모에서 떨어지고, 아빠가 만든 게임이 집에 애가 없는 사람이 만든 것처럼 재미가 없다는 평을 듣고서 충격을 받는다. 그리고 그동안 아들에게 너무 무심했던 것을 반성하고 학교에서 하는 연날리기 대회에 참가하기 위해 엄마와 급하게 연을 만든다.

대회가 있는 날, 엘리아스의 연은 너무 높이 올라가 연줄이 끊어져버린다. 그런데 그 연에는 알에서 나온 할머니가 타고 있었다. 이제 엘리아스에게 남은 건 할머니의 빨간 구두뿐…….

엘리아스는 부모노릇을 해보며 부모의 입장을 이해하게 되고, 부모는 아들에게 너무 무관심했다는 것을 깨닫게 되는 과정을, 환타지와 현실이 절묘하게 조화를 이룬 형식을 통해 환상적으로 이야기를 풀어나간다.

복실이네 가족사진 | 노경실 | 산하 | 2000

■ 1960년대의 향수를 불러 일으키는 이야기

노경실 작가 이름만으로도 문학성이 인정되는 『복실이네 가족사진』.

아들 하나를 얻고자 딸들을 줄줄이 낳던 6-70년대 한국가족사가 잘 나타나 있고 그 외아들에게 온갖 정성을 다하는 평범한 복실이네 가족 이야기를 통해 어려운 시대를 살아가는 모습이 잘 나타나 있다.

돈이 없어 병원에 한번 못 가보고 죽은 딸을 마음에 묻고 엄마는 남은 아이들을 위해 열심히 일한다.

내복을 벗고 이를 잡는 모습, 공중목욕탕에 들어가 수도꼭지 앞에서 순서를 기다리
다 같은반 남자 친구를 만나서 쑥스러워 하는 모습, TV가 없어 동네 만화방에서 돈을
내고 기다리던 프로그램을 봤던 기억, 소풍전날 비가 올까 두려워 하늘을 수없이 바라
보며 한줄 두줄 쌓아 올려지는 김밥을 보며 희열을 느꼈던 추억들이 모두 되살아 난다.

아빠 보내기 | 박미라 | 시공주니어 | 2004

■ 엄마에 대한 아이의 사랑이 감동적인 이야기

민서는 아빠가 돌아가시고 엄마랑 둘이서 살고 있다. 아빠가 돌아가신 후, 엄마는 혼
자 베란다에서 우두커니 서있는 일이 자주 있다. 그리고 아빠의 셔츠를 빨아 물기도 짜
지 않고 베란다에 종종 걸어 놓는다. 그러면서 아빠 생각을 하는 것이다.

이 일로 6층 아줌마가 자기 집 이불 빨래를 다 망쳤고, 7층 할머니의 고추장 단지에
도 물이 들어갔다고 하면서 화를 낸다. 그렇지만 7층 할머니는 엄마 편을 들어준다. 민
서는 그런 할머니에게 푸근한 정을 느끼며 힘들 때마다 할머니를 찾아간다. 할머니는
민서를 항상 따뜻하게 맞아준다.

그러던 어느 날, 할머니와 민서는 엄마의 우울증을 고치기 위해 비밀 계획에 들어간
다. 민서는 엄마를 즐겁게 하기 위해 동요 부르기 연습을 하고, 할머니는 아파트 근처
의 공터에서 텃밭을 일구기 시작하는데…….

민서 엄마를 위해 애쓰는 할머니와 민서의 따뜻한 마음씨에 가슴이 뭉클해진다. 그
리고 민서를 다독여주는 할머니에게서 잊혀져가고 있는 이웃사랑을 느낄 수 있다.

가족의 죽음을 경험한 아이들이 읽으면, 엄마를 위로하기 위해 노력하는 민서의 모
습을 통해 의연함을 배우고 상처를 극복하기 위해 노력할 것이다.

우리는 지금 벌 받는 중 | 박명희 | 문원 | 2004

■ 우정과 가족애를 느낄 수 있는 이야기

주연이는 아마추어 사진작가인 아빠에게 배워서 사진을 잘 찍는다. 그런데 주연이는 친구들이 부끄러워할 장면을 주로 찍었다. 친구가 길에서 오줌 누는 모습, 입을 벌리고 자는 모습, 그리고 아이스크림을 얼굴 전체에 묻히고 있는 모습 등이다.

선생님은 주연이에게 카메라를 달라고 하면서 벌 받은 후에 돌려주겠다고 했다. 그 벌은 주연이가 제일 싫어하는 수지네 집으로 매일 가서 수지가 엄마를 껴안는 모습을 사진으로 찍는 것이었다.

주연이는 처음에는 자기에 비해 수지의 벌이 너무 가볍다고 생각하고 불만이었다. 그렇지만 나중에 수지 엄마가 새 엄마라는 사실을 알게 되고, 그동안 수지가 자기보다 훨씬 힘들었을 거라는 생각을 하게 된다. 이 일을 계기로 두 사람 사이엔 따뜻한 우정이 싹트기 시작한다.

〈우리는 지금 벌 받는 중〉 외에 친구와의 우정과 가족의 사랑을 그린 8편의 동화가 실려 있다. 우정과 가족애를 다룬 이야기를 읽다 보면 세상의 아름다움에 대해 느끼게 된다.

할머니를 따라간 메주 | 오승희 | 창작과 비평 | 2000

■ 아이들이 가정과 학교에서 겪는 이야기를 다룬 단편모음집

은지 할머니는 아파트에 살지만 메주를 만든다. 은지 엄마가 냄새가 난다고 못마땅해 하지만, 할머니는 사먹는 된장은 맛이 없다며 고집을 꺾지 않는다.

은지는 할머니와 엄마를 다 좋아하지만, 두 사람이 서로 못마땅해 하는 것 때문에 걱정한다. 그래서 두 사람 마음을 잡기 위해서는 자신이 된장을 많이 먹어야겠다고 생각한다. 그래서 은지는 엄마에게 평소에는 좋아하지도 않는 된장찌개를 자주 끓여달라고 한다.

그러던 중, 할머니는 시골로 내려가야겠다면서 메주를 챙겨서 간다. 은지 엄마가 잘 못했다고 빌었지만, 할머니는 시골이 더 편하다고 한다. 엄마와 할머니 사이의 갈등을 이해하려고 노력하고, 두 사람을 다 사랑하는 은지의 심리가 섬세하게 잘 드러난 작품이다.

자신감 없는 친구 용우에게 따스한 관심을 보이는 성진이 이야기가 실린 〈내 친구 용우〉 등 총 7편의 이야기로 구성되어 있다. 아이들이 가정과 학교에서 겪게 되는 여러 이야기를 다룸으로써 삶의 다양한 모습을 경험하게 한다.

기차는 바다를 보러 간다 | 이말녀 | 푸른책들 | 2003

■ 가족의 상실을 겪으며 성장하는 아이의 이야기

1995년 제3회 MBC창작동화대상을 수상한 장편동화 『까막바위로 날아든 지빠귀새』의 개정판이다.

엄마가 암으로 돌아가신 충격으로 병호는 말문을 닫아버린다. 병호 때문에 고민을 하던 아빠는 친구가 사는 동해안의 조그만 어촌으로 이사를 간다. 그곳에서도 병호는 굳게 입을 다물고 말을 하지 않지만, 향빈이가 가져온 닭 때문에 놀라서 자신도 모르게 소리를 지르게 된다. 이 일을 계기로 병호는 조금씩 말을 하게 되고, 향빈이와 남중이의 따스한 우정에 가슴을 열기 시작한다.

병호는 엄마의 죽음에 대해 혼자만 슬퍼한다고 생각하고 있다가, 아빠와 형도 자기 못지않게 상처가 있다는 사실을 알고 엄마의 죽음을 조금씩 극복해나간다. 그리고 행복하게만 보였던 향빈이에게도 말 못할 고민이 있었다는 사실을 알게 되면서, 사람은 누구나 어려움을 겪으면서 성장하게 된다는 것을 깨닫게 된다.

병호를 도와주기 위한 친구들의 우정이 아름답고, 성장에는 아픔이 따른다는 사실을 느끼게 하는 이야기로 사춘기의 아이들이 읽어볼 만한 책이다. 특히 자기 혼자만 문제가 있다고 생각하는 아이들이 읽으면 더 좋을 것 같다. 왜냐하면 누구에게나 아픔이 있다는 사실을 알게 됨으로써 성장의 아픔을 극복하도록 도와주기 때문이다.

다섯 시 반에 멈춘 시계 | 강정규 | 문원 | 2001

■ 가족의 사랑과 성장의 고통을 다룬 이야기

주인공 인규의 책상 서랍 속에는 다섯 시 반에 멈춰버린 시계가 있다. 그 시계에는 가슴 뭉클한 사연이 담겨 있다.

30여 년 전 일이다. 중학생 인규는 서울서 내려온 대학생들을 따라 해수욕장으로 갔다. 그곳에 갈 때 친구에게서 시계를 빌려서 갔는데, 실수로 역 앞에 있는 재래식 화장실에 시계를 빠뜨렸다. 할머니와 엄마는 아버지 몰래 시계 값을 물어주지만, 인규는 엉뚱하게 도둑으로 몰리게 된다. 이런 과정에서 아버지가 이 사실을 알게 된다.

아버지는 인규의 누명을 벗겨주기 위해 직접 화장실 똥을 퍼내어 시계를 찾기로 작정한다. 아버지는 집까지 30리 길을, 냄새가 나서 기차도 못 타고 걸어오지만, 인규에게 짜증도 내지 않는다. 결국은 시계를 찾아내어 아들의 결백을 증명해주는 아버지.

할머니와 어머니의 따스한 사랑과, 말은 없지만 묵묵히 행동으로 자식에 대한 사랑을 보여주는 아버지의 모습이 아름답다.

가족 간에도 살뜰한 정이 사라져가고 있는 요즘, 30여 년 전의 아버지의 사랑이 새삼스레 감동으로 다가온다. 인규의 가족을 통해서 가정의 소중함과 그 가정을 이루는 가족의 사랑을 느낄 수 있고, 현대 가정의 바람직한 모습에 대해 깊이 생각해보게 한다.

아이와 어른에게 모두 추천하고 싶은 감동적인 이야기이다.

은빛 날개를 단 자전거 | 김혜리 | 산하 | 2001

■ 가족애와 자아 성장을 다룬 이야기

제25회 삼성문학상 수상작. 한국간행물윤리위원회 권장도서. 한국아동문학인협회 추천 도서.

원인 모를 열 때문에 혼수상태에 자주 빠지던 혜령이를 엄마는 동화와 현실을 구분 못한다고 걱정하지만 목사인 아빠는 상상력이 풍부하다고 늘 칭찬해주며 감싸준다.

그런데 언니인 혜란의 실수로 교회 사택에 불이 나서 혜령이 가족은 소나무 숲속에 있는 빈집으로 이사를 간다. 그런데 그 숲에는 귀신이 있다는 소문이 있었고, 혜령이는 흰옷 입은 여자를 보고 놀라서 기절을 하게 된다. 그 여자는 이웃집에 사는 민호의 엄마였다. 민호의 동생을 낳다가 동생이 죽자 그 충격으로 정신이 이상해졌다는 것이었다. 그 말을 듣고 혜령이는 민호가 안됐다는 생각을 한다.

혜령이는 사택 지을 돈을 집사가 가지고 달아났다는 말을 우연히 듣고서 걱정한다. 그런데 집지을 돈을 누군가가 헌금해서 새 집으로 이사를 갈 수 있게 되어 기뻐하는데, 민호 엄마가 물에 빠져 죽게 된다.

아이들은 자라면서 나름대로 성장의 아픔을 겪게 된다. 그렇지만 가족들의 따스한 사랑으로 이런 아픔을 극복해 나가는 과정을, 혜령의 가족과 이웃을 통해 담담하게 보여준다.

가족의 사랑으로 성장의 아픔을 극복하는 이야기로 가족의 소중함을 느끼게 하는 책이다.

내 친구 용환이 삼촌 | 이성자 | 대교출판 | 2002

■ 가족애를 느끼게 하는 이야기

혜원이는 삼촌인 용환이와 같은 반이다. 용환이는 혜원이보다 키도 작고, 나이도 한 살 어린데도 증조할머니는 늘 삼촌을 잘 챙기라는 말을 한다.

어느 날, 막내할아버지의 사업 실패로 할아버지 가족이 혜원이네 집에 들어와 같이 살게 된다. 학교에서 혜원이와 용환이의 사이가 서먹해졌으나, 친구가 혜원이를 놀리자 용환이가 나서서 싸운다. 셋은 선생님한테 야단을 맞지만, 이 일로 혜원이는 용환이를 든든하게 생각하고 가족애를 느끼게 된다. 엄마와 할아버지의 사이가 좋지 않게 되면서, 할아버지와 할머니는 용환이만 놔두고 다른 곳으로 이사를 가게 된다. 그렇지만 용환이는 울지도 않고 잘 참는다.

나이 어린 삼촌에 대해 애틋한 정을 느끼는 혜원이의 마음씨가 기특하고 아름답다.

이 외에도 〈벚나무와 자전거〉 등 모두 8편의 이야기가 실려 있다. 삭막한 현실에서도 우리에게 힘을 주는 존재는 가족이다. 가족에 대한 다양한 이야기를 통해서 가족의 소중함을 깨닫게 된다.

형이라고 부를 자신 있니? | 이성자 | 대교출판 | 2004

■ 한쪽 부모를 가진 아이들의 우정 이야기

이웃에 사는 정훈이와 태석이는 아주 친하다. 정훈이는 엄마가 안 계시고, 태석이는 아빠가 안 계신다. 두 사람은 한 쪽 부모가 없다는 사실에 더욱 가깝게 지내는데, 정훈이 할머니는 아빠에게 재혼하라는 말을 남기고 돌아가신다.

이 일로 정훈이는 아빠의 재혼을 심각하게 생각하다가, 태석이와 비밀스레 일을 꾸미는데…….

우정을 지키려고 애쓰는 정훈이와 태석이의 심리적 갈등이 잘 묘사되어 있다. 한 쪽 부모에 대한 사랑에 목마른 아이들의 현실 대처 능력이 과연 이 정도로 될 수 있을까 하는 의구심이 들긴 하지만, 좌절하지 않고 의연하게 현실을 헤쳐 나가는 모습이 보기 좋다.

힘든 현실에도 불구하고 정훈이와 태석이가 꿋꿋하게 살아가는 모습을 보면, 비슷한 처지에 있는 아이들이 긍정적으로 삶을 바라보는 눈을 가지게 될 것 같다.

엄마의 하루 | 고정욱 | 파랑새 어린이 | 2004

■ 장애아를 가진 가족의 아픔과 사랑

윤성이는 유치원 다닐 때 사고로 뇌에 손상을 입고 장애인이 되었다. 그렇지만 엄마는 포기하지 않고 훈련을 계속 시켜 마침내 윤성이가 혼자 일어설 수 있게 했다.

학교 쉬는 날, 삼촌이 윤성이를 데리고 놀이공원으로 갔다. 그래서 엄마는 오랜만에 자유로운 시간을 가지게 되어 그동안 하지 못했던 집안 대청소를 한다.

윤성이 누나 윤숙이는 사고가 났을 때 윤성이가 신었던 신발 한 짝을 간직하고 있었는데, 자기 잘못이 컸다고 가슴 아파하고 있었다. 윤숙이의 방을 치우던 엄마는 이 사실을 알게 되고 두 모녀는 껴안고 울면서 용기를 잃지 말고 열심히 살자고 말한다.

삼촌과 함께 놀이 공원에 다녀온 윤성이는 목욕을 시켜주는 엄마에게 미안하다는 말을 한다. 그 말을 듣고 엄마는 윤성이보다 딱 하루만 더 살고 싶다는 말을 하며 눈물을 흘린다. 장애아를 키우면서도 좌절하지 않는 엄마와, 그 엄마에게 힘들게나마 마음을 표현하는 아이의 모습이 감동적이다.

장애아도 정상아와 마찬가지로 부모에게는 똑같이 귀한 자식이라는 사실, 아니 어쩌면 더 안쓰러운 존재라는 사실을 느끼게 한다. 그리고 장애아를 가진 가족의 고통을 보면서 장애아에 대한 사회의 인식이나 편견이 하루 빨리 사라져야 한다는 생각이 들게 한다.

아빠의 앞치마 ┃이규희┃교학사┃2004

■ 성차별에 대한 편견을 극복하도록 도와주는 이야기

세영이네 가족은 외할머니와 살고 있다. 부모님이 맞벌이였기 때문에 외할머니가 세영이와 세나를 돌봐주셨다. 그런데 외할머니가 미국에 있는 손자를 돌보러 가버리자, 아빠는 다니던 직장을 그만 두고, 대신 집에서 살림을 하기 시작한다.

아빠는 작가가 되는 것이 꿈이었기 때문에 집에서 아이들을 보살피며 글을 쓰기로 한다. 그런데 주위 시선이 곱지 않았고 세영이는 집에 있는 아빠의 모습이 낯설기만 하다.

어느 날, 아빠가 글을 잘 쓸 수 없다고 절망하는 모습을 우연히 보게 된 세영은 아빠를 돕고 싶어 한다. 세영이는 우연히 고물 장수 할아버지에게 초록색 주전자를 얻어서 아빠에게 선물한다. 소원을 들어주는 요술 주전자라고 하면서……

아빠는 그 주전자 덕분에 거짓말처럼 글을 쓸 수 있게 되었다는 말을 하며 열심히 글을 쓴다. 그 해의 마지막 날, 아빠는 신춘문예에 글을 보내고 가족들과 단란한 시간을 갖는다.

맞벌이 가족의 경우, 아빠도 주부 역할을 할 수 있다는 사실을 보여줌으로써, 성차별에 대한 편견을 극복할 수 있도록 도와주는 책.

나이든 세대와는 차별화된 젊은 세대의 가족 이야기를 통해, 전통적인 성 역할에 대한 고정관념을 깨게 한다. 그리고 융통성 있는 성 역할로 행복한 가정을 꾸려나갈 수 있다는 사실도 아울러 깨닫게 한다.

베짱이 할아버지 | 김나무 | 문학동네어린이 | 2003

- -

■ 가족애와 성장을 다룬 이야기

제3회 문학동네 어린이 문학상 수상작.

영철이네는 대학교 앞에서 문방구를 한다. 늘 바쁜 부모님은 영철이를 돌볼 틈이 없다. 친구가 없어 심심한 영철이는 거리에서 책을 파는 할아버지에게 자주 놀러간다. 할아버지는 영철이의 좋은 말 상대자였다. 그런데 할아버지는 어린 영철이가 보기에도 왠지 슬퍼보였다.

어느 비오는 날, 학교에서 비를 맞으며 걸어 나오는 여학생을 보고서, 할아버지는 분홍색 우산을 꺼내어 영철이에게 갖다 주라고 한다. 그러고는 애써 그 여학생의 눈길을 피하는 할아버지. 궁금해 하는 영철에게 할아버지는 자식을 키울 수 없어서 버린 사람 이야기를 해주지만, 나이가 어린 영철이로서는 그 이야기를 조금도 이해할 수 없었다.

대학 졸업식이 있던 날, 할아버지는 꽃다발을 들고 나타나지만 졸업식이 이미 끝난 뒤였다. 그 이후 할아버지는 다시는 그곳에 나타나지 않았다.

몇 년이 흘러 영철이는 엄마와 차를 타고 가다, 길거리에서 장난감을 팔고 있는 할아버지를 우연히 보게 되는데⋯⋯.

여섯 살 영철이가 5학년이 될 때까지 성장해나가는 과정이 잘 드러나 있다. 그리고 베짱이 할아버지의 모습에서 자식을 사랑하는 부모의 마음을 감동적으로 느낄 수 있다.

베짱이 할아버지를 통해 자식과 생이별한 아버지의 마음을 가슴 아프게 느낌으로

써, 부모의 진심을 깨달을 수 있다.

부모와의 갈등이 있는 아이들에게 권할 만한 책.

우리 아빠는 아무도 못 말려 | 피에르 루키 | 비룡소 | 2000

■ 가족애와 꿈을 다룬 이야기

주인공의 아빠는 시계 수리공이며, 아빠의 꿈은 연극 무대에 서는 것이다. 그래서인지 아빠는 시계를 수리하는 본업보다 연극에 더 관심이 많다. 시도 때도 없이 연극 대사를 연습하다 손님과 맞닥뜨릴 때도 있어 곤란한 경우를 겪을 때가 많은 아빠. 그렇지만 아빠는 꿈을 포기하지 않고 열심히 노력해서 마침내 꿈을 이루게 된다.

아빠의 꿈이 다소 엉뚱하게도 보이지만, 이를 비난하지 않고 곁에서 지켜보는 엄마와 주인공의 따스한 가족애를 느낄 수 있다. 그리고 포기하지 않고 노력하면 결국 꿈을 이룰 수 있다는 사실을 자연스레 느끼게 한다.

다소 엉뚱해 보이는 꿈을 꾸는 사람을 보더라도 비웃지 않아야 하고, 꿈을 가지고 산다는 것이 중요하다는 것을 느끼게 한다. 꿈을 이루기 위해서는 본인의 노력도 중요하지만, 주변 사람의 이해와 사랑이 절대적으로 필요하다는 사실도 깨닫게 한다.

가족의 사랑과 꿈을 포기하지 않고 계속 도전하는 아빠의 모습에서 느껴지는 긍정적인 가족의 모습이 아름다워, 아이들과 어른들에게 다 권하고 싶은 책이다.

깡패 진희 | 장주식 | 문학동네어린이 | 2003

■ 세상의 중심에서 밀려난 이들의 이야기

진희는 부모님이 이혼을 하게 되면서 성격이 삐뚤어져서 '깡패'라는 별명을 가지게 된다. 그렇지만 진희도 부모님이 이혼하기 전에는 그렇지 않았다.

같은 반 친구 솔이는 부모가 이혼하자 친구들에게 놀림을 받는다. 그것을 본 진희는 동병상련을 느끼며 솔이를 보호해준다. 둘은 가까운 친구가 되는데, 진희는 솔이와 이야기하다가 좋은 생각이 떠올랐다. 아빠가 엄마를 때리지 않겠다는 각서만 쓰면 엄마가 돌아올 수도 있겠다는 생각이었다. 그래서 진희는 아빠에게 당장 각서를 쓰게 하고, 그 각서를 가지고 엄마에게 간다. 그것을 읽고 난 엄마는 아빠더러 한 번 다녀가라는 말을 한다.

부모의 이혼으로 고통 받는 아이들의 마음이 잘 드러나 있다. 아이들의 꿈은 거창한 것이 아니라, 그저 온 가족이 다 모여 살았으면 하는 소박한 바람일 뿐인데…….

〈깡패 진희〉를 비롯해, 작가 자신이 밝혔듯이 세상의 중심에서 약간 벗어난 이들의 이야기를 다룬 7편의 단편이 실려 있다.

삶에는 주역과 엑스트라가 없이 모두가 자기 삶의 주인공이라는 사실을 깨닫게 하는 이야기들이 실려 있는데, 소외된 이들의 진솔한 이야기가 읽는 이의 가슴을 촉촉하게 적셔준다. 책을 읽다보면 우리 주변에서 만날 수 있는 이름 없는 존재들에 대해 애정과 관심을 가져달라고 말하는 작가의 바람을 느낄 수 있다. 작가는 세상에 존재하는 모든 것이 다 아름답다고 말하고 싶은 것은 아닐까.

엄마 생각 | 이상권 | 우리교육 | 2001

- -

■ 결손가정의 아픔을 다룬 이야기

탄광 사고로 돌아가신 아버지 때문에 형편이 어려워진 유경이 엄마는 돈을 벌겠다고 시골에 계신 할머니 집에 유경이를 맡겨놓고 훌쩍 떠나버린 후 연락이 끊긴다.

엄마에 대한 그리움으로 사무치는 유경이는 꿈속에서도 늘 엄마의 모습을 찾아헤매이며 눈물을 흘리나, 그리움은 곧 미움과 원망으로 변하고, 이런 유경이의 모습이 가엾고 눈물짓게 만든다.

하지만 유경이에게는 소중한 사람이 있다. 한없이 따뜻한 사랑으로 감싸주시는 할머니와 집에서 기르는 개 평돌이가 바로 주인공이다.

농사일만으로도 힘이 부치는 늙은 할머니의 모습이 안쓰럽기도 하지만 그 큰사랑

앞에 고개가 숙여진다. 결국 아픈 할머니를 따라 도시에 사는 고모네로 이사하게 되는 유경이는 다시 한 번 평돌이와의 이별을 겪으며 상처를 받는다.

책 속의 삽화는 고향의 모습을 그대로 옮겨놓은 듯 정겹고 유경이를 가까이에서 지켜보는 듯한 느낌을 갖게 한다. 철따라 바뀌는 계절의 변화와 생태 묘사가 뛰어난 저자는 이 작품에서도 자연에 대한 묘사를 훌륭하게 표현하고 있다.

뽀뽀쟁이 프리더 | 구두룬 멥스 | 시공주니어 | 2002

■ 할머니와의 사랑을 느낄 수 있는 이야기

할머니의 정을 듬뿍 느낄 수 있는 감동적인 책이다.

할머니와 단 둘이 사는 프리더는 때로는 말썽을 부리며, 어리광을 피우지만 할머니를 너무 사랑해서 뺨에 뽀뽀를 해대며 잘못을 뉘우치는 너무나 사랑스러운 아이이다.

또한 할머니의 손주에 대한 사랑은 혹 어디를 다치지는 않을까, 슬픈 일이 생기지는 않았을까 항상 노심초사하며 돌보아 주는 때로는 유머를 갖춘 멋쟁이 할머니이다.

두 사람의 따듯한 정을 느낄 수 있는 아름다운 동화를 읽고 사랑하는 할머니나 할아버지에게 안부 전화를 걸어 사랑한다고 말하며 뽀뽀를 해드릴 수 있는 기회가 되기를 바란다.

굿바이 월터 오빠 | 헬렌 레코비츠 | 시공주니어 | 2003

■ 아름다운 오누이의 정과 슬픈 부성애에 관한 이야기

폴란드에서 미국으로 이민 온 완다 가족은 경제적으로 어려움에 처했다. 1930년대 대공황 때 방적 공장에서 일하던 아빠가 일자리를 잃었기 때문이다. 폴란드에 살 때는 비교적 유복하게 살았던 가족은 몹시 힘든 생활을 하게 되고, 이런 생활 때문에 아빠는 성격까지 변해버린다. 그래서 아직 나이가 어린 완다의 오빠 월터에게 일을 해서 돈을 벌어오라고까지 한다. 그리고 엄마는 새로운 환경에 적응하지 못해 이웃과 만나지도 않고 집에서만 지낸다. 이런 환경에서도 완다와 월터가 각별히 오누이의 정을 나누는 모습이 아름답다.

그런데 추운 겨울, 월터는 물속에 빠져 있는 가방을 건지려다 익사하게 된다. 어려울 때일수록 더욱 필요한 것이 가족 간의 사랑인데, 부모로부터 따스한 사랑을 받지도 못한 채 월터가 죽어버리자 가족들은 어쩔 줄을 모른다. 오빠의 갑작스런 죽음으로 완다의 가족들이 넋을 잃고 있을 때, 이웃들이 따뜻한 사랑을 보여준다.

상처받은 마음은 결국 사랑으로 치유되듯이 이웃의 도움으로 완다 가족은 서서히 상처를 회복해간다. 아빠는 다시 일자리를 얻게 되고, 엄마도 이웃들에게 마음의 문을 열게 되면서 가족들이 다시 행복을 찾게 된다.

경제적으로 어려움에 빠질 때 인간의 정신이 얼마나 피폐해질 수 있는지, 작가는 완다 가족을 통해 사실적으로 묘사했다. 그리고 아들을 잃고 절규하는 아빠의 모습에서 겉으로 다 표현되지 못한 부모의 사랑에 대해 진지하게 생각하게 한다.

경제적으로나 혹은 다른 어려운 처지에 있는 가족에게 가족의 의미와 어려울 때일수록 더욱 필요한 것이 가족 간의 사랑이라는 사실을 깨닫게 해주는 작품이다.

나의 아빠 닥터 푸르니에 | 장 루이 푸르니에 | 웅진지식하우스 | 2001

■ 아빠의 모순적인 삶을 지켜보며 이해하는 이야기

아빠를 기억하는 유쾌하고 아름다운 이야기인 줄 알고 책을 읽었지만 제목만의 느낌이었을 뿐 조금은 어둡고 당황스럽기도 한 내용이다.

저자가 의사인 아빠에 대해 느꼈던 일화들을 너무도 사실적으로 기록하고 있다.

사회적 지위가 있는 의사 아버지 푸르니에는 가난한 환자나 술집에서는 유쾌하고 지적인 사람이지만 집안에서는 술주정뱅이에 경제적인 무능력, 폭언과 협박을 일삼는 괴팍한 아버지이다.

특히 장남인 저자에게는 사랑의 표현을 전혀 해주지 않는 두려움을 느끼게 하는 아버지의 기억을 담담하게 그리고 있다. 또한 성장한 현 시점에서 아버지를 재해석하며 이해하고 있다.

잃어버린 겨울방학 | 이소완 | 한길사 | 2003

■ 성장의 아픔을 다룬 이야기

영수의 엄마는 아빠와 말다툼을 한 후, 시골 외할머니 댁으로 간다는 쪽지만 남겨놓고 집을 나가버렸다. 엄마가 없는 집의 무거운 분위기를 통해 영수의 답답한 심리 묘사가 치밀하게 잘 묘사된 작품.

영수는 엄마가 그리워 외할머니 댁으로 가지만, 엄마는 뜻밖에도 영수를 냉정하게 대하며 혼자 돌려보낸다. 영수는 엄마에게 자신의 심정을 자세히 말도 못하고 버스 속에서 울면서 돌아온다. 해결되지 않은 현실을 앞으로 영수가 어떻게 감당할 것인지는 독자의 몫으로 남겨둠으로써 여운을 남긴다.

과연 영수는 이런 상황에서 어떻게 대처해야 할까. 성장 과정 중의 고통으로 넘겨버리기엔 영수의 짐이 너무 무겁게 여겨진다.

그동안 흔히 동화에서는 모든 것을 참고 사는 인내하는 어머니가 등장했지만, 이 작품에서는 현실을 미화하지 않고 있는 그대로의 모습으로 보여준다. 자식을 위해서 희생하는 전통적인 어머니상과는 확연히 다른 어머니의 모습에서 잔인함마저 느껴진다.

완고한 아버지와 자신의 삶을 찾고자 하는 어머니 사이에서 방황을 하는 영수. 작가는 영수의 이런 처지를 안타까워하는 독자들도 같이 고민하게 한다. 현대 가정의 한 단면을 통해 가정의 의미를 다시 생각해보게 하는 작품이다.

〈잃어버린 겨울방학〉을 비롯해 사춘기 아이들이 읽어볼 만한, 성장의 아픔을 다룬 단편 〈만우절 연극〉과 〈할머니의 모자〉가 함께 실려 있다.

똥 싼 할머니 | 이옥수 | 시공주니어 | 2004

■ 치매 노인과 가족들의 이야기

새샘이는 매일 옷에다 똥 싸고 오줌 싸고 이상한 말만 늘어놓는 할머니와 같이 살고 있다. 할머니는 누구보다 아들과 며느리, 그리고 손자 손녀를 아끼고 사랑했던 푸근한 할머니였다. 하지만 '치매'라는 병이 할머니를 낯설고 귀찮은 존재로 만들어 버렸다. 치매에 걸린 할머니와 그로 인해 혼란스러워 하면서도 가슴 한 구석 죄책감으로 더 힘들어하는 가족의 모습을 볼 수 있다.

할아버지가 돌아가시고 난 뒤, 시골에 살던 할머니가 새샘이네 집으로 이사를 오셨다. 할머니는 매일 아빠만 찾고, 아빠만 위한다. 옛날에는 '내 강아지' 하며 무조건 예뻐해 주던 할머니였는데 이제 새샘이와 오빠 새롬이, 그리고 엄마는 찬밥 신세이다. 하지만 아무도 할머니의 그런 행동이 치매 때문이라는 것은 몰랐다. 할머니가 이상한 말과 행동을 시작하고 병원에서 치매에 걸렸다는 진단을 받고 나서야 사실을 알았다. 할머니 때문에 몸도 마음도 지친 가족은 할머니를 요양원에 보내게 되지만 요양원에 보낸 문제로 갈등을 겪으면서 결국은 할머니가 집으로 다시 돌아오게 되고 복지관을 다니게 되기까지 가족들의 갈등과 사랑을 그리고 있다.

치매에 걸린 노인과 함께 살면서 갈등을 겪고 있는 어린이와 가족들이 함께 읽었으면 좋겠다.

아주 특별한 우리 형 | 고정욱 | 대교출판 | 2002

■ 장애인이 있는 가정의 고통과 가족애를 다룬 이야기

외동으로 알고 자란 종민이 앞에 어느 날, 형이라는 종식이가 나타난다. 그것도 장애를 가진 몸으로. 종식이는 태어날 때부터 뇌성마비여서 그동안 친척 할머니가 보살펴 왔다. 그런데 할머니가 돌아가시자 집으로 돌아온 것이다.

그렇지만 종민이에게 이런 형의 출현은 너무나 충격적이었다. 종민이는 도저히 형을 받아들이지 못해 가출까지 하게 되지만, 결국 형을 이해하게 된다.

형을 받아들이기로 한 종민이는 세상 사람들이 장애인에 대한 편견이 심한 것을 보고 가슴이 아프다. 형이 겪는 여러 어려움을 보고 형과 더욱 가까워지는 종민. 그렇지만 산책을 하러 갔다가 형의 휠체어가 비탈길로 구르자 형을 구하려다 다치게 된다. 종식이는 동생에게 피해를 주기 싫다며 장애인 복지관으로 들어가는데…….

장애인에 대한 가슴 아픈 편견 앞에서 더욱 단단해지는 형제간의 우애가 아름답다. 장애인에 대한 우리 사회의 편견을 구체적인 사건을 통해 생생하게 느끼게 함으로써, 장애인에 대한 고정관념이나 편견을 깨도록 도와주는 작품이다.

장애인은 다만 몸이 불편할 뿐이다. 인간 자체에 대해 편견을 가지는 일반인들의 인식은 변화되어야 한다. 작가인 고정욱씨 자신이 장애인이어서 그런지 이런 종류의 작품이 주종을 이룬다.

까치 우는 아침 ㅣ 황선미 ㅣ 웅진닷컴 ㅣ 2002

■ 친구, 가족, 동물과의 사랑 이야기

단짝 친구와의 갈등을 그린 〈돌아라 요요〉, 아버지의 실직으로 인해 불안한 가정생활 속에서 언니와 동생의 심리 상태를 그린 〈네 번째 행운〉, 병든 할아버지와 누렁이 간에 이어져 있는 끈끈한 정과 희망을 그린 〈까치우는 아침〉 등 친구, 가족, 사람과 가까운 동물 등 읽는 아이들에게 친숙한 것들을 소재로 삼아 쉽게 공감할 수 있게 쓰여 있다.

아이들의 일상 생활을 엿볼 수 있는 '그들만의 언어'를 적절히 사용하는 작가의 독특한 문체가 돋보이는 작품이다.

몽실 언니 | 권정생 | 창비 | 2001

1984년 첫 출간. 몽실이 가족을 통해 해방 직후에서 한국전쟁 이후의 격랑의 시절을 생생하게 묘사한 작품이다.

밀양 댁은 어려운 생활 때문에 밥이라도 먹으려고 남편을 버리고 몽실이를 데리고 다른 사람에게 개가를 한다. 그리고 남동생 난남이를 낳지만 몽실이는 새 아버지의 폭력으로 절름발이가 된다. 불구가 된 몽실이는 친아버지에게로 돌아오지만 친아버지는 북촌 댁한테 새 장가를 가서 동생을 낳았다. 북촌 댁은 착한 여자였으나 굶어죽는다.

한국전쟁이 터지자 아버지는 군에 갔다가 절름발이가 되어 돌아오고, 밀양 댁은 심장병으로 죽었다. 그래서 몽실이가 구걸을 하면서 엄마와 아버지가 개가해서 낳은 이복형제들을 보살핀다. 아버지는 병이 깊어져 진료 차례를 기다리다 병원 문 앞에서 죽게 되고, 형제들은 뿔뿔이 흩어진다.

삼십 년 후, 꼽추 남편과 결혼해서 남매를 둔 몽실이는 폐결핵 요양소에 입원해 있는 난남이를 한 달에 한 번씩 만나러 간다.

어떤 역경 앞에서도 굴하지 않고 꿋꿋하게 헤쳐 나가는 몽실이의 모습에서 강인한 정신력을 배울 수 있다.

새가 된 아이 | 홍기, 이웅환 | 시공주니어 | 2004

IMF로 실직한 아버지와 그 가정이 가난과 정신적 방황을 극복해가는 과정을 그린 동화이다. 상명이라는 아이를 내세워 자기 내면에 숨어 있는 새를 찾아 달리기를 하는 과정을 표현했다. 해피엔딩으로 끝맺음을 한다.

이 책을 읽으면서 너무나 어른스러운 상명이의 모습에 큰 감명을 받았다. 부모와 떨어져 할머니와 함께 살면서도 밝은 모습을 잃지 않고 살아가는 상명이와 민희, 또 그 아이들이 삐뚤어질까봐 세심하게 정성을 쏟는 선생님과 어머니, 할머니 등 어른과 아이가 한마음이 되어 역경을 극복해 가는 과정이 감동스럽게 그려진다.

우리 누나 | 오카 슈조 | 웅진닷컴 | 2002

■ 장애아를 가진 가족들의 이야기

　장애를 가진 가족의 아픔을 이해하고 장애를 가진 사람들의 생활에 대해 한번 쯤 생각하게 하는 이야기이다. 가족의 관계를 보면 어느 집이나 조금씩 갈등을 가지고 있다. 하지만 그들은 가족이라는 것만으로 이해하고 보듬어 안아 주고 사랑을 준다. 이 이야기 쇼이치네 가족은 누나 히로의 장애로 마음의 갈등을 겪는다. 한참 예민한 쇼이치는 누나의 장애를 친구들에게, 주변 사람들에게 알리고 싶어 하지 않는다. 형제자매간의 장난으로 한 행동들도 다른 가족에게는 통하지만 쇼이치에게는 그렇지 않다. 아무렇지 않게 누나에게 장난삼아 했던 행동이 엄마에게는 커다란 상처가 되어 쇼이치를 원망한다. 그냥 아무 생각없이 한 행동도 엄마 눈에는 누나 히로를 놀리는 것처럼 느껴졌던 것이다. 누나로 인한 불편함과 그런 누나를 당당하게 친구들에게 보여주기 위해서는 쇼이치에게도 커다란 용기가 필요하다는 것을 느낄 수 있다.

　만약 가족조차도 장애인인 가족을 이해하지 못하고 성가시게 생각한다면 어떤 일들이 벌어질까? 아마도 마음 한구석에 커다란 상처를 껴안고 몸과 마음이 불편한 채 생활해야 할지도 모른다. 우리가 장애를 가진 사람들에 대한 선입견을 버리고 우리와 똑같은 사람이라는 생각으로 그들을 바라볼 수 있는 것이 가장 먼저라는 생각을 갖게 한다.

어머니 동화작가들이 들려주는 아주 소중한 사랑이야기
| 소중애 | 청동거울 | 2001

■ 진정한 사랑에 대한 이야기

이 책은 열 명의 어머니 동화 작가들이 지은 동화이다. 부모나 친구, 이웃, 특히 장애인에 대한 사랑을 그리고 있다.

지나치기 쉬운 우리 일상생활에서 진정한 사랑이란 무엇인지를 생각해 보게 하는 교훈적인 동화이다.

어린이들이 이 책을 읽으면서 사랑의 소중함에 대해 잠깐 생각해보는 시간이 되면 좋을 듯하다. 사랑이야기 한 편마다 사랑에 대한 짧은 생각이 붙어 있어 자기 자신과 비교하면서 읽기에 부담이 없는 동화이다.

종이밥 | 김중미 글, 김환영 그림 | 낮은산 | 2002

■ 가난 속에서도 밝고 맑게 자라는 남매 이야기

할아버지, 할머니와 어렵게 살아가는 송이와 철이 남매의 슬픈 이야기지만 애틋한 인간애와 가족애를 느낄 수 있는 책이다. 『괭이부리말 아이들』의 작가 김중미의 작품이다.

부모님을 일찍 여의고 할아버지 할머니와 함께 판자촌에서 살고 있는 송이와 철이 남매. 시장 골목 한 귀퉁이 좌판에서 손톱깎이나 좀약 같은 자잘한 물건을 파시는 할아버지는 천식으로 고생하시고, 시립병원의 청소부인 할머니는 관절염으로 의자에 앉을 때마다 끙끙 신음소리를 내신다. 6살 때부터 철이가 아기인 송이를 돌보았는데 철이가 초등학교에 입학하면서부터 할머니께서 일 나가시며 송이를 방 안에 넣어둔 채 밖에서 문을 잠그셨다. 하교하고 돌아온 철이가 잠긴 방문을 열고 들어가보면 어린 송이는 단칸방에서 혼자 종이 조각을 씹어 먹으며 놀고 있었다. 이런 송이가 초등학교에 입학하기도 전에 송이의 가족은 송이를 절에 보내기로 결정한다.

초등학교에 입학할 날을 손꼽아 기다리며 빨간색 푸우 가방을 사달라고 조르는 송이. 그런 송이가 안쓰러워 자신이 오랫동안 아껴서 모아둔 돈을 모두 털어 푸우 가방을 사주는 어른스런 오빠 철이. 철이는 늘 자신 곁을 찰거머리처럼 붙어 다니며 재잘대던 어린 동생이 떠난다는 것을 마음 아파한다. 어쩔 수 없이 그 가방에 책이 아니라 옷가지를 넣어 절에 보내는 가족의 생활사가 가슴 아프게 다가온다.

공부방에서 아이들을 가르치는 작가 김중미가 실제 경험을 바탕으로 한 작품이기에 더 가슴이 아프고 가족애가 더 뜨겁게 느껴진다.

형제애를 느끼고 싶거나 할아버지와 할머니의 사랑을 느끼고 싶은 어린이에게 권하고 싶다.

까치 아파트 | 박철수, 이은천 | 우리교육 | 2000

■ 자신과 사회를 돌아보게 하는 이야기

'까치 아파트'는 까치집이 한 나무에 층층이 아파트처럼 늘어서 있는 자연과 인간의 닮은 모습을 이야기하고 있다. 이 책의 작가인 박철수는 한의사로 몸 아픈 이들을 치료하면서 꿈을 잃어 가고 있는 청소년들을 위해 12개의 동화를 엮어 마음까지 어루만지고 있다.

12개의 짧은 단편 중 〈까치 아파트〉는 결혼을 하기 위해 집을 짓는 날쌘돌이 까치의 이야기다. 날쌘돌이는 구룡산 기슭의 커다란 미루나무에 멋진 집을 완성하고 사랑하는 까순이와의 보금자리를 마련한다. 날쌘돌이는 다른 까치들이 찾아와 함께 집을 짓자고 요구하는 것을 번번히 거절하지만 꽃뱀이 새끼들을 잡아먹으려는 것을 낯선 까치들이 도와준 사건을 계기로 1층에는 날쌘돌이 가족, 2층에는 낯선 까치 부부, 3층에는 늙은 까치가 나란히 살게 된다.

미감아 여자친구에게 다가서지 못하는 〈다리〉, 하늘의 보라색 별이 도라지꽃이 되었다는 〈도라지꽃이 된 보라별〉, 이웃집 닭을 훔치는 〈닭서리〉 등의 이야기가 잔잔한 감동을 전해준다.

밤티마을 큰돌이네집 | 이금이 | 푸른책들 | 2004

■ 가족의 소중함을 알려주는 이야기

어려운 환경에 처해 있는 천덕꾸러기 오누이의 이야기를 통해 가족의 소중함을 일깨우는 책이다.

문패 대신 낡아빠진 집 담벼락에 크레파스로 삐뚤빼뚤 '오큰돌'이라고 쓰여진 큰돌이네집 가족은 큰돌이와 동생 영미, 듣지도 말하지도 못하는 할아버지와 술주정뱅이 아빠이다.

집을 나간 엄마가 큰돌이 입학식 날 학교에 찾아와 열심히 돈을 벌어 언젠가 데리러 오겠다고 말한다. 약속을 믿고 기다리는 큰돌이는 집에서 오빠를 기다리는 어린 영미를 잘 돌보아 주고 싶지만 버스 차비로 얼음 과자를 사먹고 아빠에게 혼나는 아직 부모의 손길이 필요한 아이다.

큰돌이의 아버지는 술꾼이다. 엄마도 없는 자식을 보다듬고 살피어야 할 아버지는 술을 마시고 꼴도 보기 싫다며 아이들을 내쫓는다. 두 아이가 옆집 외양간에 쪼그리고 앉아 아빠가 잠들기만을 기다리다 서로를 의지해 잠이 든다.

불쌍한 아이들을 지켜보던 쑥골 할머니의 주선으로 영미는 어느 부잣집에 입양되어 떠나가고 난 뒤 뒷산에 핀 찔레순을 보며 동생을 생각하는 큰돌이와 찔레꽃 향기 나는 장미순을 하염없이 꺾어 먹어보면서 오빠를 생각하는 영미를 보니 더욱 마음이 아프다.

동생이 떠난 큰돌이네 집에 큰 변화가 생긴다. 얼굴엔 곰보 자국이 숭숭 난 키 큰 아줌마와 같이 살기 시작하면서 큰돌이는 친엄마가 돌아오지 못할까 두려워 새엄마를 미워한다.

하지만 새엄마(팥쥐 엄마)는 할아버지를 위해 텃밭을 만들어 소일거리를 주고, 집안살림과 뛰어난 손재주를 가지고 집안일을 척척 해내는 알뜰주부이자 마음이 넉넉한 여인이다. 큰돌이는 착한 팥쥐 엄마가 점점 좋아진다.

영미는 양부모의 사랑을 듬뿍 받으며 밤티마을에 대한 기억이 점차 흐려지지만 찔레꽃 향기가 오빠의 모습을 단숨에 되살려 놓는다. 보고싶은 오빠를 위해 친구들의 물건을 훔쳐가며 보물상자에 물건을 쌓아놓는 영미를 지켜보던 양부모는 팥쥐 엄마의 헌신적인 사랑의 전화에 결국 영미를 가족들의 품으로 돌려 보내기로 한다.

혈연으로 이어진 가족과 인연으로 맺어진 가족…… 가족의 의미와 관계에 대해서 생각해 보게 하는 작품이다.

아빠가 내게 남긴 것 | 캐럴 캐릭 | 베틀북 | 2000

■ 아빠의 죽음을 받아들이고 열심히 생활하는 이야기

부모의 죽음이라는 무거운 주제를 훌륭하게 다룬 이야기이다. 슬픔과 아픔이 무엇인지, 진짜 소중한 것이 무엇인지 진지하게 생각하게 해주는 이야기이다.

주인공인 나는 진짜 슬픔의 의미를 아빠의 죽음을 통해 느끼게 된다. 나는 아빠가 돌아가시기 전에 아빠의 손길을 뿌리친 자신의 행동에 괴로워하고 슬퍼한다. 마지막 아빠의 손길이 두 번 다시 만져 볼 수 없는 소중한 손길이라는 것에 가슴 아파한다. 나는 아빠의 아픔을 이해하기란 너무도 어렸던 것이다. 그리고 아빠의 아픔보다 자신의 아픔을 더 이야기하고 싶어 했는지도 모르겠다. 하지만 아빠의 죽음으로 나의 모습은 한층 더 성숙된 모습을 보여준다. 이제는 자신이 아빠의 빈자리를 채워가야 하는 것을 알게 되고 어른스러움을 느끼게 해준다. 상처는 그 상처를 경험한 사람만이 느낄 수 있다. 아무리 말로, 마음으로 이해하려 해도 그 상처를 완전히 이해하기란 쉽지가 않다. 하지만 '나' 자신의 아픔을 우리는 고스란히 그대로 느낄 수 있었다. 그리고 어려운 상황에서 어떻게 처신해야 하고 어떤 마음가짐을 가지고 생활해야 하는지 이 이야기를 통해서 배울 수 있다.

엄마는 파업중 | 김희숙 | 푸른책들 | 2001

■ 사회에서 소외된 사람들의 이야기

초등학교 교사인 저자의 첫 동화집으로 부모님의 사랑, 형제애, 외로운 사람들을 돌아보게 만드는 소중한 느낌을 전해주는 12편의 짧은 이야기를 담고 있다.

책 제목인 〈엄마는 파업중〉은 그 중 한편의 이야기로 가사를 전담하던 엄마가 어느 날 '파업'을 선언하고 아이들의 아지트인 뒤뜰 버즘나무 위로 올라가 버린다.

엄마가 갑자기 집안일 모두를 거부하자 가족들은 불평은 하면서도 큰 불만없이 각자의 일을 하며 엄마가 그동안 얼마나 많은 일을 혼자서 해냈는지 반성한다. 당연하게만 여기던 엄마의 일상을 감사한 마음으로 받아들이게 만드는 내용이다.

〈나는 너를 사랑해〉는 대학교수인 유리 엄마가 명예교사로 하루 동안 1학년 교실에서 겪게 되는 내용이다. 교실 뒤에서 아이들이 수업시간에 장난하고 친구를 괴롭히는 모습을 보자 유리 엄마는 속이 부글부글 끓어 오르며 화가 난다.

하지만 선생님은 매를 들지 않고 아이들에게 말로만 주의를 준다. 수업이 끝나고 돌아가는 아이들을 한 줄로 세운 선생님은 한 명씩 귓속말로 그날의 일을 칭찬해 준다. 오늘 가장 말썽을 피운 혁이도 줄을 서 있다.

'선생님은 저 애에게 뭐라고 할까? 떨리는 마음으로 선생님을 지켜보았다. 선생님은 혁이의 키만큼 키를 줄인 다음 혁이를 꼭 안으며 살며시 속삭였다. "나는 너를 사랑해."

갈 테면 가봐 | 구두룬 멥스 글, 양정아 그림, 문성원 옮김 | 시공사 | 2003

■ 엄마와 아이의 갈등을 그린 이야기

빨간 책표지에 화난 아이가 인상을 쓰며 어디론가 가고 있다. 왜 화가 난 채로 집을 나갈까? 그럼 '갈 테면 가봐!' 누가 한 이야기일까? 당연히 어른일 것이다. 책표지만 봐도 어른과 아이의 한판 승부가 짐작되는 동화이다.

이 책은 어린 시절 누구나 겪어봄직한 사소한 갈등들을 네 개의 짧은 동화로 그려내고 있다. 독일의 유명한 작가 구두룬 멥스가 모두 네 개의 이야기를 옴니버스 형식으로 묶은 것으로 〈갈 테면 가봐!〉, 〈낙타는 왜 모자를 삼켰을까?〉, 〈미스 슈미트〉, 〈엄마를 위한 펭귄〉에 안디, 프리더, 자비네, 프리츠라는 주인공이 서로가 다른 이야기로 사건을 풀어가고 있다.

하기 싫은 일을 시키는 엄마와 아이 사이의 갈등, 동생에게 사랑을 빼앗겼다고 느끼는 오빠의 마법 실험, 자신이 아직 어린이라는 것이 지긋지긋해서 어른이 되는 연습을 했던 일, 엄마에게 선물로 드릴 펭귄 인형을 사려고 아빠에게 속임수를 썼던 아이들의 재치 등을 아이들의 눈높이에서 아이들의 마음과 생활을 잘 그리고 있는 마음 따스한 동화이다.

부모님이 내 마음을 몰라준다고 갈등을 느끼거나 가족의 사랑을 느끼고 싶을 때 읽을 만한 책이다.

목걸이 열쇠 | 황선미 글, 신은재 그림 | 시공주니어 | 2000

■ 맞벌이 부모를 가진 아이의 외로움과 성장이야기

열두 살인 향기는 목걸이 열쇠를 걸고 다닌다. 부모님이 맞벌이를 하기 때문인데, 향기는 3학년 때 엄마에게 목걸이 열쇠를 받았다. 그때 엄마는 더 이상 향기는 아기가 아니라고 했다.

향기는 혼자 문을 열고 들어와 밥을 챙겨 먹을 때 무척 외롭다는 생각이 들고 화도 났다. 그나마 향기에게 유일한 낙을 주는 것은 수탉 삼삼이다. 향기가 처한 현실에서는 어쩔 수 없는 일이지만 향기는 여전히 부모님의 사랑을 받고 싶어하는 어린 아이일 뿐이다.

그렇지만 이런 기대가 번번이 깨어지면서 장래에 비밀경찰이 되고 싶은 향기는, 엄마와 아빠를 체포 1호로 정하고 벌칙을 정한다. 그리고 체포 2호는 환경미화원 아저씨이다. 이렇게 향기는 혼자만의 세계에서 자신을 이해해주지 못하는 어른들을 응징하며 외로움을 달랜다.

그러던 어느 금요일 밤, 향기가 살고 있는 아파트에서 피아노 소리가 울려 퍼지는데 향기가 범인으로 지목된다. 향기가 진짜 범인을 찾아내려고 하는 과정에서 이웃으로 이사 온 진주를 알게 되고 두 사람은 서로 마음을 터놓는 사이가 된다.

향기는 자신의 생일도 기억하지 못하고, 수탉 삼삼이까지 내쫓으려는 부모님에게 복수하기 위해 마침내 가출을 결심한다.

부모가 맞벌이하는 집 아이의 외로움을 사실적으로 잘 묘사한 작품이다. 비슷한 상황에 있는 아이들이 읽으면 공감을 하며 아픔을 삭일 수 있을 것 같고, 부모님의 사랑을 확인할 수 있을 것이다. 그리고 맞벌이하는 부모님에게도 추천하고 싶은 책이다. 왜냐하면 향기를 통해 혼자 집 지키는 아이의 외로움을 잘 이해할 수 있기 때문이다.

영모가 사라졌다 | 공지희 글, 오상 그림 | 비룡소 | 2003

■ 부모와의 갈등으로 상처 입은 아이에 관한 이야기

2003년 황금도깨비상 장편동화 부문 수상작.

수학 학원을 다니면서 친하게 된 영모와 병구는 같은 반이다. 그런데 두 아이에게는 아버지라는 존재의 의미가 다르면서도 아버지 때문에 고통을 받는다는 공통점이 있다.

영모의 아버지는 어릴 때 고생을 많이 해서인지 자신이 이루지 못한 꿈을 영모가 이루어 주기를 바라고 지나친 기대를 하며 폭력을 휘두른다. 영모는 그런 아버지가 싫다. 그렇지만 아버지가 없는 병구는 미운 아버지라도 있었으면 한다.

그런데, 어느 날 영모가 갑자기 사라진 것이다. 영모를 찾아다니던 병구는 고양이 담이의 도움으로 라온제나('즐거운 나'의 순우리말)로 들어간다. 현실이 고달팠던 영모가 선택할 수 있었던 것은 판타지의 세계였다. 그 세계에서 영모와 병구는 자신을 사랑해야 한다는 사실을 깨닫고 결국 현실로 돌아온다.

아동학대, 결손가정, 성적 제일주의 등의 문제를 다루며 상처 입은 아이들의 마음을 섬세하게 묘사하고 있는 이 작품을, 아이들보다 어른들에게 오히려 권하고 싶다. 왜냐하면 영모와 병구를 통해 제대로 저항도 하지 못하고 부모의 대리만족에 휘둘리는 아이들의 심리와 고통을 이해할 수 있기 때문이다.

쌀뱅이를 아시나요 | 김향이 글, 김재홍 그림 | 파랑새 어린이 | 2000

■ 고향에 대한 그리움과 입양아의 정체성에 관한 이야기

순애는 신문에 나온 광고를 보고 깜짝 놀랐다. 그 광고에는 미국으로 30여 년 전에 입양된 혼혈 여인인 마거릿이 고향을 찾는 내용이 실려 있었는데, 그 여인은 자신이 쌀뱅이로 불렸으며 입양 당시에 가져갔던 조개 피리를 간직하고 있다고 했기 때문이었다.

순애의 기억으로는 쌀뱅이는 어릴 적 고향에서 살던 명랑 할매의 손녀딸이었다. 마거릿은 얼굴이 쌀처럼 희다고 해서 쌀뱅이로 불렸던 것이다. 순애는 떨리는 가슴으로 마거릿에게 전화를 하지만 마거릿은 순애를 기억하지 못한다. 그렇지만 일단 서로 만나서 이야기하기로 한다.

마거릿이 내놓은 조개 피리를 보고 순애가 자신이 만들어준 것이라며 피리를 불자 마거릿은 순애를 끌어안았다.

두 사람은 고향을 방문했다. 고향에 들어서자 마거릿은 갑자기 어릴 적 기억을 떠올리며 자신이 살던 집을 찾아냈다. 그 집 흙벽에는 쌀뱅이와 순애가 그려놓은 낙서가 희미하게 남아 있었다.

먼 타국에 입양된 아이들이 어른이 되어서도 고국을 잊지 못하고 찾아오는 것을 보면서 그들에게 고향은 어떤 의미를 가질까 하는 생각을 하게 된다. 이 작품은 입양아 수출국이라는 수치스런 기록을 가지고 있는 우리의 현실에 대해 고민을 하게 하고, 혼혈아에 대한 사회의 편견에 대해 반성을 하게 한다.

〈쌀뱅이를 아시나요〉 외에, 얼굴에 있는 홍점 때문에 열등감을 가지고 있는 소녀 이야기인 〈너무너무 사랑하니까〉, 그리고 고향을 잃고 도시로 들어오면서 도시생활에 적응을 하지 못하는 〈버버리 할아버지〉 등 모두 7편의 단편이 실려 있다.

새 동생 | 배봉기 | 대교 | 2001

■ 입양을 둘러싼 가족간의 갈등에 대한 이야기

초등학교 선생님을 하다가 동주와 정미 때문에 학교를 그만 두신 동주의 어머니는 어린이집을 운영한다. 그러던 어느 날 부모로부터 버려진 윤철이라는 아이가 동주네 집으로 오게 된다. 어머니는 윤철이를 키울 수 없는 형편이어서 할 수 없이 보육원으로 보냈지만 2달 후에 죽었다 는 사실을 알게 된다. 그 일이 있은 후 엄마는 고민을 거듭하다 동주와 정미의 동생을 입양하기로 결심한다. 하지만 남의 씨를 집안에 들일 수 없다는 할아버지 할머니의 반대에 부딪치게 되고, 동주도 처음엔 못마땅해 한다. 그러나 가족들은 점점 새 동생 문주를 진심으로 받아들이게 되고 문주를 통해 가족간의 사랑을 확인하게 된다.

입양문제로 인해 가족간의 갈등을 겪고 있는 어린이들과 부모님들이 읽었으면 좋겠다. 우리나라는 아직도 해외로 많은 아이들이 입양되고 있다고 한다. 요즘 TV를 보면 해외로 입양된 아이들이 어른으로 성장해서 고국으로 돌아와 부모님을 찾는 이야기들을 볼 수 있다. 어른들의 무책임한 행동으로 해외로 버려지는 불행한 일이 더 이상 일어나지 않드록 우리가 따뜻하게 감싸 안을 수 있는 사회를 만들어 갈 수 있었으면 좋겠다.

할머니의 비밀 | 장 프랑스아 샤바스 | 창비 | 2003

■ 증손자와 할머니와의 따뜻한 이야기

80년 가까운 나이 차이가 나는 괴팍한 성격의 할머니와 이기적인 증손자가 한방을 쓰게 되면서 할머니의 일기를 통해 증손자 미키가 할머니의 삶을 이해하게 되는 이야기이다. 미키는 숲에서 평생을 살았던 심술궂고 까다로운 증조할머니가 집에서 떠나거나 세상을 빨리 뜨기를 은근슬쩍 바란다. 어느날 우연히 미키는 할머니의 일기장을 몰래 훔쳐보게 되는데 일기장에서 1920년대에 힘겨운 십대 시절을 보낸 할머니의 삶을 발견한다. 겉모습은 차가워 보이지만 인생에 대한 열정과 자연에 대한 사랑으로 가득했던 페이스 할머니. 할머니의 파란만장한 삶과 할머니의 인생을 이해하고 감정을 공유하는 소년의 모습을 탄탄한 문장으로 그리고 있다.

현재 우리사회는 핵가족으로 인해 조부모에 대한 사랑과 관심이 많이 부족하다. 결혼한 자녀들의 맞벌이로 인해 손주들을 돌보아주는 경우라든가 생신이나 명절 때가 되어야지만 조부모를 만날 수 있는 현실들이 안타깝기만 하다. 이 책을 통해 조부모에게 좀더 관심을 가질수 있기를 바란다.

실험 가족 | 배봉기 | 푸른 책들 | 2003

■ 재혼으로 인한 갈등 이야기

영수는 아빠가 없고 민호는 엄마가 없다. 오래전부터 알고 지내던 영수의 엄마와 민호의 아빠는 아이들에게 석 달 동안만 한가족이 되어 살아보자고 제안한다. 그렇게 '실험가족'이 시작되는데 영수와 민호는 서로 나이는 같지만 겉모습이나 성격은 너무 다르다. 영수는 용돈을 타면 오락실로 달려가는 6학년 2반 짱이고, 민호는 별명이 '꼬마 철학자'로 용돈을 타면 서점으로 향하는 아이다.

너무나 다른 성격 때문에 두 아이는 쉽게 친해지지 않는다. 그렇게 실험가족은 갈등과 화해를 반복하면서 서로를 이해하고 어른들과 더불어 따뜻한 하나의 가족이 되어가는 과정을 이야기하고 있다.

이 책에서는 서로 다른 두가족이 하나의 가족으로 합쳐지기까지 서로의 관심과 사랑으로 새로운 가정을 만들 수 있다는 희망을 주고 있다. 부모님의 재혼으로 인해 혼란스러워하는 아이들에게 권하고 싶다.

■ 다른 나라의 문화를 이해하고, 경험의 폭을 넓히도록 도와주는 이야기

쁘라샨뜨는 개를 몹시 키우고 싶어하지만 그의 부모는 개가 지저분하고 더러운 동물이라며 싫어한다. 그래서 쁘라샨뜨는 상상 속에서 까만 코카스파니엘을 키우기 시작한다. 쁘라샨뜨는 그림자 개에게 먹이를 주기도 했는데 어느 날, 그림자 개가 진짜로 먹이를 먹은 것을 발견하고 무척 즐거워한다. 그렇지만 혼자만의 비밀로 간직하고 있다.

쁘라샨뜨는 친척과 바다에서 수영 시합을 하다가 물에 빠져 죽을 위기에 처하는데 그림자 개 덕분에 살아나게 된다. 그러나 그의 부모는 그 사실을 믿을 수가 없다 .

아이들은 상상을 하면서 자라고 상상의 세계에서 현실의 어려움을 이겨나가며 성장한다는 사실을 환상적인 이야기로 전개하고 있다.

아이들에게 판타지의 세계는 도피처이면서 구원처가 되기도 한다. 부모와의 갈등에서 아이들이 그나마 숨을 쉴 수 있는 공간이기 때문이다. 이런 공간에서 아이들은 아픔을 이겨내고 성장을 한다는 것을 알 수 있다.

아이들에게는 즐거움의 세계를 제공하고, 어른들에게는 아이들의 세계를 이해하도록 도와준다.

〈그림자 개〉 이외에 인도 현대 단편 동화 10편이 실려 있는데, 인도의 신분 제도와 문화를 엿볼 수 있는 많은 이야기들이 아이들의 경험의 폭을 넓혀줄 것이다.

바보 춤 | 박상규 | 사계절 | 2000

■ 이웃과 생명의 소중함을 다룬 단편집

4학년인 덕수는 한글도 아직 못 읽고 구구단도 모른다. 그리고 걷는 모습도 우스꽝스러워 아이들에게 바보로 놀림을 받거나 자주 맞기도 하지만 화를 내지 않는 아이다.

약간 모자라는 듯한 덕수를 아이들이 놀려대지만, 선생님은 따스한 애정으로 덕수

를 돌봐준다. 선생님에게는 모든 아이들이 다 귀한 존재이기 때문이다.

운동회가 다가오자 담임선생님에게 고민이 생겼다. 왜냐하면 운동회 때 단체 무용을 해야 하는데 그런 동작은 덕수가 따라 하기는 힘들기 때문이었다. 한참을 고민하던 선생님은 마침내 묘안을 낸다. 단체 무용을 할 때, 덕수가 아이들을 따라 하는 것이 아니라 아이들이 덕수를 따라 하도록 하는 것이었다.

운동회 날, 덕수는 신나게 춤을 추고 아이들은 덕수를 따라 춤을 추며 재미있어 한다. 이를 구경하던 학부모들도 몹시 즐거워한다. 모두가 즐겁게 운동회를 치르게 한 선생님의 지혜와 제자를 사랑하는 마음이 감동적으로 그려진 작품이다.

덕수를 놀리는 아이들이 나쁘긴 하지만, 덕수 같은 아이를 대하는 어른들의 태도가 보다 성숙하다면 아이들도 그런 어른들의 태도를 배우게 될 것이다. 장애인이나 소외된 이에 대한 편견은 결국 어른들의 책임이 크다는 것을 느끼게 한다.

〈바보 춤〉 이외에 7편의 단편이 함께 실려 있다.

우리들의 노래 | 채지민 | 길벗어린이 | 2001

■ 장애를 극복하려고 노력하는 아이 이야기

소연이는 날 때부터 청각 장애가 있지만 가수가 되고 싶어한다. 소연이는 학교에 다니지 않고 집에서 아이들과 모여 공부를 하는데, 공부방에 나오는 민태도 청각 장애가 있다. 그렇지만 민태는 다섯 살 때 장애가 생겨서인지 자신의 장애를 인정하지 않고 수화도 배우려고 하지 않는다. 같은 장애를 가졌지만 선천적인 장애를 가진 아이와, 후천적으로 장애가 생긴 아이들이 반응하는 태도는 다르다.

공부방에 오는 아이들은 처음에는 장애를 가진 소연과 민태랑 가까이 지내려하지 않는다. 그렇지만 소연이와 글로써 대화를 나누며 장애를 가진 친구에 대해 이해를 하게 되고 마음을 열기 시작한다. 마침내 민태도 마음을 열게 되고, 아이들은 수화로 노래 발표회를 연다.

청각 장애라는 어려움에도 불구하고, 포기하지 않고 가수가 되려고 노력하는 소연이의 모습은 장애를 가진 다른 아이들에게 용기를 줄 것이다. 아이들이 장애인에 대해 편견을 가지는 것은 기성세대의 태도나 사회적 인식 때문이다.

　이 작품에서는 장애인과 정상인들이 편견 없이 서로 어우러져 살아가는 아름다운 모습을 아이들을 통해서 보여준다. 모두가 대등한 사회 구성원으로 살아갈 때, 그 사회는 아름답고 조화로운 사회가 될 것이라는 사실도 자연스럽게 깨닫게 한다. 그리고 책 중간 중간에 간단한 수화방법이 몇 가지 나와 있어 수화에 대한 이해를 돕는다.

그 아이는 히르벨이었다 | 페터 헤르틀링 | 비룡소 | 2001

■ 정신지체아에 관한 이야기

　아동 보호소에 사는 히르벨은 끔찍한 두통에 시달린다. 태어날 때 의사의 잘못으로 머리를 다쳤기 때문이다. 히르벨의 엄마는 히르벨과 함께 살고 싶어하지 않고 가끔 보호소로 만나러 올 뿐이다.

　정신지체아인 히르벨은 알 수 없는 행동을 해서 보호소에서 자주 문제를 일으켜, 다른 아이들이 별로 좋아하지 않아 늘 혼자이다. 그렇지만 히르벨도 진짜 자기 집에 살고 싶은 꿈이 있다. 그래서 좋아하는 카롤루스 의사 선생님의 집으로 들어가서 살고 싶어 꾀병까지 부린다.

　히르벨을 통해 정신지체아의 삶을 생생하게 볼 수 있으며, 히르벨 같은 아이에게는 사랑하는 원장님, 마이어 선생님, 그리고 카롤루스 의사 선생님 같은 주변 어른의 관심이 절대적으로 필요하다는 것을 느끼게 한다. 그리고 아이들이 장애가 있는 친구들을 이해하도록 도와준다.

　일반적으로 사람들은 정신지체아의 정서에는 그리 신경을 쓰지 않는 경향이 있다. 그렇지만 정신지체아도 사랑받고 싶은 본능이 있다. 이들도 자기를 사랑해주는 사람을 따른다. 주위 사람들이 사랑으로 보살펴준다면, 정신지체아들도 삶을 좀 더 긍정적으로 받아들일 것이다. 사랑은 불가능해 보이는 일도 변화시킬 수 있는 것이기 때문이다.

■ 진실과 믿음이라는 주제를 담은 우화집

누군가 나를 믿어 주고 그로부터 사랑을 받을 때 우리는 행복하다. 우리는 그 행복을 영원히 누리고 싶어한다.

왕궁의 보물창고 수문장인 거위 가윈은 자신에게 창고의 열쇠를 맡길 정도로 절대적 믿음을 보내는 왕에게, 역시 그만큼의 사랑을 바치는 충성스러운 신하이다. 그러나 영원히 변하지 않을 아름다운 관계임을 의심치 않던 그들에게 무서운 시련이 닥친다. 창고의 보물이 하나 둘 없어지기 시작한 것.

열쇠는 왕과 가윈 둘 만이 갖고 있고 도둑이 창고로 들어갈 다른 출입구는 없다. 왕의 믿음은 순식간에 신하에 대한 의심으로 바뀌고 자신의 믿음을 배반한 가윈에게 분노하는 왕과 자신의 결백을 믿어주지 않는 왕에게 절망한 신하는 재판정에서 만난다.

절대적이고 순수한 감정은 조금씩 부스러지지 않는다. 그냥 한 순간에 '쨍'하고 깨질 뿐이다. '너는 이 왕국의 수치다.'고 내뱉는 왕의 말과 '나는 너희 모두를 버리겠다.'고 선언하는 가윈이 서로에게 보여주는 극단성은 감정의 칼과 순수함이라는 날이 베어낸 깊은 상처 자국인 것이다.

작가는 왕과 신하의 감정 대립 사이에 삶이 지닌 또 하나의 진실을 슬며시 끼워 넣는다. 그것은 이 모든 소동을 일으킨 진짜 범인인 생쥐 데릭이 겪는 갈등이다.

허영을 위해 창고 벽 사이 틈으로 숨어 들어가 보물을 훔쳐내 아름답게 집을 장식하지만 데릭은 그 방의 아름다움을 나눌 친구가 없다. 누군가와 함께 즐거워 할 수 없고 떳떳하지 못한 아름다움과 기쁨은 어떤 가치를 지니는 것일까. 보물이 가져온 아름다움은 안으로는 데릭의 내면을 갉아먹고, 밖으로는 왕과 신하 사이의 믿음과 사랑을 끊어버리고 말았다. 가윈이 달아난 뒤에도 계속 창고의 보물을 훔침으로써 그의 결백을 증명하자 이번에는 가윈을 의심했던 왕이 괴로움에 빠진다.

작가는 이쯤에서 아이들을 위한 행복한 결말을 준비한다. 가윈은 용서를 구하는 왕과 데릭에게 다시 사랑을 베풀기로 한다. 하지만 가윈은 이제 왕이 보내는 신뢰의 상징인 보물창고 수문장 대신 왕실 건축 설계사가 되기를 결심한다. 믿음과 사랑의 불멸성을 헛되이 고집하기보다는 그것이 유리처럼 약하다는 것을 인정하는 것이야 말로 성숙한 인격만이 할 수 있는 일임을 이야기하는 이 작품은 〈슈렉〉, 〈용감한 아이린〉 등에서 보여준 작가의 실력을 다시 입증하는 수작이다.

수경이 | 임길택 | 우리교육 | 2000

■ 들꽃처럼 맑고 고운 산골 아이들의 이야기

이 책은 외진 산골이나 바닷가, 혹은 석탄을 캐내는 마을에서 들꽃처럼 살아가는 아이들의 이야기를 즐겨 쓴 임길택 선생님의 창작 동화이다.

이 동화는 해체되어 가는 농촌의 풍경도 있고(〈아버지와 양파〉) 학교 밖으로만 빙빙 도는 아이를 교실 안으로 끌어들이려는 선생님의 노력이 돋보이는 〈선생님 저 혜숙인데요〉 등이 있으며 부모보다도 동생들을 돌보거나 집안일을 돕는 데 더 많은 시간을 들여야 하는(〈뻐꾸기 소리〉) 시골 아이들의 고단한 생활을 따뜻하게 때로는 안타깝게 바라보는 책이다. 아이들에 대한 선생님의 애정 어린 사랑을 가득 담은 책이라고 할 수 있겠다.

나는 선생님이 좋아요 | 하이타니 겐지로 | 양철북 | 2002

■ 문제아의 가슴을 열게 한 선생님의 사랑

1978년 국제 안데르센 상 우수작 선정.

이 작품은 하이타니 겐지로를 단숨에 일본 어린이 문학의 대표작가의 반열에 올려 놓았다.

고다니 선생님은 대학을 갓 졸업한 햇병아리 교사인데 담임을 맡은 데쓰조라는 아이 때문에 학기 초부터 골치를 앓는다. 데쓰조는 자기가 아끼는 파리를 친구가 가져갔다고 그 친구의 얼굴을 무참하게 할퀴고 뼈가 드러나도록 손을 물어뜯는 행동을 하는 아이였다.

그런 아이를 어떻게 다루어야할지 몰라 당황한 고다니 선생님은 아다치 선생님에게 의논한다. 아다치 선생님은 학교 교사들 사이에서는 평판이 좋지 않지만, 아이들과는 무척 사이가 좋았기 때문이었다.

여린 고다니 선생님은 아이들 때문에 울기도 많이 울었다. 그러나 끝까지 포기하지 않고 희망과 사랑으로 아이들을 보살핀다.

사랑은 끝없는 인내를 요구하고 마침내 기적을 만드는 것처럼, 고다니 선생님은 파리에게만 자신의 마음을 열어두고 그 이외의 세상에는 문을 닫아버렸던 데쓰조의 마음을 결국 열게 한다. 그리고 학교에서도 맡기를 거부한 장애아 미나코를 스스로 맡겠다고 나선다. 이런 고다니 선생님에게서 참된 교사의 모습을 느낄 수 있다.

문제아의 문제는 아이 자체에 있다기보다 환경 때문이라는 것을 알 수 있으며, 소외받는 아이들의 정서를 잘 이해할 수 있게 해준다.

달팽이의 꿈 | 소중애 | 대교출판 | 2004

■ 자폐아에 관한 이야기

자폐아인 선우는 특수반에 입학하지만, 화가 나거나 속상할 때 교탁 밑에 들어가 달팽이처럼 웅크리고 있는 등의 행동을 하며 잘 적응하지 못한다.

선우는 나이 차이가 많은 누나인 선영이와 아빠를 무척 좋아하지만, 누나는 자폐아인 동생을 부끄럽게 여기고 아빠는 무관심할 뿐이다.

엄마는 보통 아이들에 비해 손놀림이 둔한 선우를 포기하지 않고 희망을 가지고 훈련시킨다. 그렇지만 선우가 힘들어하는 것을 보고 가슴 아파한다.

학교에서 현장 학습 간 날, 산에서 선우와 일영이가 사라져버렸다. 이 소식을 들은 엄마는 그동안 선우에게 따스하게 대하지 못했던 것을 후회하며 산으로 달려간다. 마침 동생을 만나러 왔던 선영이는 선우가 기억력이 좋아서 길을 찾을 거라고 했지만, 엄마는 계속 걱정을 하는데…….

선우를 통해 자폐아의 모습이 잘 그려졌고, 자폐아를 키우면서도 희망을 잃지 않는 선우엄마에게서 눈물겨운 모성이 느껴진다. 그리고 자폐아에 대한 우리 사회의 인식과 자폐아가 있는 가정 내에서의 문제도 생각해보게 한다.

타인의 편견도 문제지만, 선우를 온전히 사랑하고 살펴주지 않는 아빠와 누나 선영이를 보면 어쩔 수 없는 현실의 한 단면을 보는 것 같아서 마음이 갑갑하다.

이젠 비밀이 아니야 | 유정이 | 푸른책들 | 2004

■ 입양아의 정체성을 다룬 이야기

〈할아버지가 아니야〉 외 3편의 작품이 실려 있는데, 모두 입양에 관한 이야기이다.

〈할아버지가 아니야〉는 입양된 아이 '원재' 이야기이다. 가족들의 따스한 보살핌으로 구김살 없이 자란 원재는 자신이 입양되었다는 사실을 알고 있으며 그것을 감추거나 부끄러워하지 않는다. 그렇지만 원재는 아버지의 나이가 많아서 친구에게 할아버지라는 오해를 받을 때는 화가 났다.

어느 날 원재는 친구 생일에 초대받아 갔다가 친구의 엄마가 젊은 것을 보고 부러워하며 친엄마에 대한 그리움으로 가출을 하게 되지만…….

예전에는 입양은 비밀스런 문제라서 부모와 입양된 아이 모두에게 입에 올리기 꺼려하는 금기사항이었다. 그렇지만 이 작품에서는 입양문제를 긍정적으로 다루어 입양에 대한 선입견과 편견을 많이 풀어주고 입양아가 적극적인 태도를 갖도록 도와준다.

입양아와 그 가족이 이렇게 당당할 수 있다면 세상 사람들의 편견도 많이 사라지게 될 것 같다. 세상은 소수의 용기 있는 사람들이 바꾸어가는 것이기 때문이다.

그리고 한 가지 더.

밝은 가정에서 자란 입양아에게도 자신의 정체성이 여전히 문제가 된다는 사실. 이런 점은 입양을 고려하고 있는 가족들이 꼭 알아야 할 부분이라는 생각이 든다.

나와 조금 다를 뿐이야 | 이금이 | 푸른책들 | 2000

■ 정서장애아에 대한 이야기

수아는 정서장애 때문에 도시 학교에 적응을 하지 못하고 엄마의 고향에 있는 시골 학교로 전학을 한다. 같은 학년인 사촌 영무는 처음에 수아가 예뻐서 짝꿍을 하지만 곧 후회한다. 왜냐하면 수아는 '맘대로 병'에 걸려 선생님이 있든 없든 제 멋대로 행동하기 때문이다.

이런 수아에 대해 선생님은 포기를 하고 영무에게 수아를 돌보라고 맡겨 버린다. 수아를 돌보느라 짜증이 난 영무는 수아를 오히려 괴롭히지만, 시간이 지나면서 수아의 장점을 발견하게 된다.

수아가 전학 간 후에야 비로소 선생님은 수아가 모자라는 것이 아니라 다를 뿐이었다고 아이들에게 말한다.

장애아에 대한 시각의 문제는 아이들에게 있는 것이 아니라 어른에게 있다는 사실을 느끼게 하는 작품이다. 수아의 담임선생님과 하이타니 겐지로의 〈나는 선생님이 좋아요〉의 고다니 선생님을 비교해볼 때도 그런 사실을 확인할 수 있다.

작가는 장애아에 대한 편견을 버리고, 있는 그대로 보는 것이 중요하다는 메시지를 남기고 싶었던 것은 아닐까.

딱친구 강만기 | 문선이 | 푸른숲 | 2003

■ 탈북자 가족을 이해하도록 도와주는 책

이 책은 2부로 되어 있다. 1부는 '탈북'이고, 2부는 '숨기고 싶지 않은 비밀'이다.

1부에서는 강만기 가족이 탈북하여 중국으로 넘어갔다가 남한으로 들어오는 과정을, 2부에서는 만기 가족이 남한에서 겪는 생활의 어려움과 만기가 남한에서 자신의 정체성을 찾아 가는 과정을 다루고 있다.

남한의 학교에 전학한 만기는 자신이 탈북자라는 사실이 드러나면 아이들에게 따돌림 당할까봐 비밀로 하지만, 늘 마음이 편하지 않다. 이런 심정을 자신의 일기장에만 썼는데, 그 일기를 민지가 읽고 있는 것을 보고 화를 낸다.

민지에게 화낸 것에 대해 후회를 하고 있던 만기는 학교 수련회 진실 게임에서 자신이 탈북자라는 사실을 털어놓는다. 그렇지만 만기가 걱정했던 일은 일어나지 않았다. 친구들이 의외로 전혀 놀라지 않았기 때문이었다. 이에 대해 만기가 오히려 놀라게 된다.

만기 가족이 겪는 어려움을 보면서 탈북자들에게 필요한 것은 물질적인 것보다 주위의 따스한 관심이라는 사실을 느끼게 된다. 그리고 마음의 문을 여는 용기는 모든 것을 헤쳐 나가게 하는 힘이 된다는 것을 깨우쳐 준다.

바람을 닮은 아이 | 오카 슈조 | 웅진닷컴 | 2005

- -

■ 자폐아를 이해하도록 도와주는 이야기

자폐증을 앓고 있는 다다시는 어느 때이고 자기가 가고 싶은 곳으로 불쑥 가버리기를 좋아한다. 가족이나 학교 선생님은 이런 다다시 때문에 늘 마음을 졸이지만, 정작 본인은 바람처럼 자유롭다. 가출한 다다시는 위험한 고비를 넘기고 집에 돌아오지만 바람이 부는 것을 보고는 다시 한 번 들뜨기 시작한다.

작가는 자폐아인 다다시를 어떤 편견도 없이 있는 그대로 보여줌으로써, 장애인으로서가 아니라 바람처럼 자유로운 영혼을 가진 한 아이를 이해하게 하고 순수한 사랑을 느끼게 한다. 그렇지만 우리의 현실은 이와 다르다. 그래서 작가는 다다시를 통해 사람들의 인식을 바꾸고 싶어 이런 이야기를 쓰지 않았을까 하는 생각이 든다.

장애아에 대한 편견이 없어지는 그런 날은 언제 오게 될까. 장애아에 대한 사회적인 인식에 앞서, 개개인의 사고방식부터 고쳐 나간다면 아주 불가능한 일은 아니라는 생각이 든다.

〈바람을 닮은 아이〉 외에 네 편의 이야기가 실려 있으며, 모두 장애인의 삶을 다루고 있다. 장애인에 대한 작가의 시선이 냉정할 정도로 객관적이어서 독자들이 스스로 자신의 태도를 되돌아보게 만든다.

내 친구 고슴도치 ㅣ 문선이 ㅣ 푸른숲 ㅣ 2004

■ 장애아에 대한 이야기

오른손의 손가락이 4개인 가영이는 학년이 바뀔 때마다 학교에 가기 싫어한다. 아이들이 놀리기 때문이다. 몸의 장애 때문에 마음을 다친 가영이는 몹시 외롭다.

가영이네 위층에는 서린이가 살고 있는데, 서린이는 엄마가 가출해서 아빠와 함께 산다. 알콜 중독자인 아빠는 술만 마시면 서린이를 때리지만 서린이는 이 사실을 아무에게도 말하지 않는다.

이런 사실을 알고 있는 가영이는 서린이를 도와주고 싶어하지만, 서린이는 그냥 내버려두라고 말한다. 서린이의 몸에 난 상처를 보고 눈치를 챈 보건 선생님이 신고를 하게 되는데…….

장애를 가진 가영이가 서린이를 도와주려는 과정에서 오히려 자신의 장애를 극복하게 된다는 이야기. 친구를 배려하는 가영이의 마음씨에 가슴이 따스해진다.

흔히 장애아는 동정의 대상이 되거나 항상 도움을 받는 존재로 인식되는 경우가 많은데, 이 작품에서는 장애를 가진 사람도 다른 사람을 도와줄 수 있다는 사실을 보여준다.

장애아에 대한 편견과 선입관을 깨며, 장애를 가진 아이가 자존감을 가지도록 도와주는 작품이다.

선생님이 모르는 것 ㅣ 발레리 제나티, 알랑 메츠 ㅣ 바람의 아이들 ㅣ 2005

■ 전학 온 친구와의 사이에서 생기는 이야기

고지식하고 엄격한 밀레나 선생님. 하지만 밀레나 선생님은 아이들에게 특별한 선생님이다. 다른 선생님들은 가르쳐주지 않는 많은 것들을 가르쳐주기 때문이다. 하지만 미샤라는 아이가 전학 오면서 선생님은 변해버린다.

불치의 병을 앓고 있는 엄마를 둔 미샤가 가여워서 선생님은 미샤에게만은 한없이 너그럽기 때문이다. 변해버린 선생님과 미샤의 괴팍한 행동 때문에 아이들의 기분은 엉망이 되고, 선생님과 미샤 그리고 반 아이들의 갈등은 커져만 간다.

선생님이 모르는 것. 바로 좋은 선생님이기 때문에 보이는 이 같은 편애가 오히려 아이들과 미샤와의 사이를 갈라놓고 있다는 것이다. 미샤의 딱한 이야기를 들은 주인공 나타샤와 사라는 미샤를 돕고 특별한 선생님을 되찾을 계획을 세운다.

간결하면서도 흡입력 있는 문장으로 읽는 이를 잡아끄는 이 작품은 전학 온 아이 미샤에 대한 밀레나 선생님의 행동으로 인해 벌어지는 소소한 사건들을 통해 어른들이 아이들을 진심으로 위해준다는 것이 무엇인지 깨닫게 한다. 올바르고 현명한 밀레나 선생님도 풀지 못했던 문제를 멋지게 해결해낸 것은 바로 다름 아닌 아이들이었다.

마리산 | 우봉규 | 시공 주니어 | 2001

■ 아름다운 우정 이야기

민우는 강화도 마리산 컨테이너 집에서 아빠와 산다. 엄마가 없어서 외롭지만, 근처 정수사에 몽연 스님과 사는 재희가 있어 많은 의지가 된다. 그런데 몽연 스님과 재희는 강원도 가리왕산으로 떠나게 된다. 재희가 없어 민우는 더욱 쓸쓸해졌는데 아빠는 보름동안이나 연락도 없이 집에 오지 않는다.

어느 날, 아빠를 찾는 낯선 아저씨들이 들이닥쳐 집을 뒤지며 아빠의 행방을 묻고 민우를 괴롭힌다.

새 학기가 시작되고 민우는 급식비도 못내는 생활을 하고 있는데 아빠가 돌아왔다. 그런데 아빠가 이상한 행동을 했다. 밤만 되면 나가고 새벽에 돌아오는 아빠를 민우는 이해할 수 없었다. 그러다가 아빠가 가지고 온 검은 가방 속을 몰래 살펴본 민우는 깜짝 놀란다. 아빠가 밀렵을 하고 있었기 때문이었다.

민우는 아빠가 밀렵하고 있는 것을 신고할 것인가에 대해 혼자 고민하고 있는데, 아빠가 피투성이가 되어 들어온다. 담임선생님 덕분에 아빠는 수술을 받아 생명은 건지게 되지만 경찰에 잡혀간다. 이 소식을 들은 몽연 스님과 재희는 민우를 데리러 오는데……

마리산의 경관이 섬세하게 잘 묘사되어 자연의 아름다움과 소중함을 깨닫게 된다.

그리고 그런 아름다운 자연을 배경으로 펼쳐지는 민우와 재희의 우정도 그 자연만큼
이나 아름답다.

특히 자신의 처지도 그리 행복하지 못한 재희가 민우에 대해 다정하게 대해주는 모
습이 무척 보기 좋다.

가족에게서 위로를 받지 못하는 결손 가정의 아이들은 가까운 친구에게서 위로를
받고 싶어 한다. 그래서 이런 아이들에게는 친구라는 존재가 가족만큼이나 중요한 의
미를 가진다는 사실을 깨닫게 한다.

창가의 토토 | 구로야나기 테츠코 글, 김난주 옮김 | 프로메테우스 | 2001

■ 스스로 생각하고 자연과 하나되는, 열린 교육을 하는 학교 이야기

귀여운 여자아이 그림과 창가의 토토라는 제목만으로도 시선을 끄는 책이다. 이 책
을 읽으면서 오랜만에 가슴이 뿌듯해졌고, 아름다운 어린시절을 떠올릴 수 있었다.

어느 학교에서도 볼 수 없었던 교육방식. 자연적이면서도 아이들에 상상을 키워준
도모에학원. 다른 점보다 이 책에서 교장선생님의 교육철학을 보면서 느낀 점이 크다.

토토와 고바야시 교장선생님에게 점점 빠져들면서, 과외와 학교공부에 지친 아이들
과 그러한 자녀를 둔 엄마라면 꼭 읽어 보면 좋겠다.

사라진 세 악동 | 송언, 김천일 | 한겨레신문사 | 2001

■ 어두운 환경 속에서 가출을 하고, 험한 세상을 깨닫는 이야기

자녀가 가출했을 때 부모들은 '원래 착한 아이가 친구를 잘못 사귀어 이렇게 됐다'
고 말하곤 한다. 과연 친구만의 탓일까.

〈사라진 세 악동〉은 초등학교 6학년 가출 소년들이다. 학교 캡짱 한영웅, 태권도 유

단자 안기대, 그리고 감초처럼 이들 사이에 끼어든 양순모는 함께 수업을 빼먹고 피시방에 갔다가 선생님께 들켜 혼쭐난 뒤 가출을 한다.

가방을 운동장에 묻고 친구의 돈을 빼앗아 학교를 떠난 세 아이들은 육교 위에 나란히 서서 달려가는 자동차를 향해 오줌을 갈기고 전철역의 침침한 동굴 속에서 술도 마신다. 밤새 추위에 떨다가 아침에 지하철을 타고 서울시내를 돌며 몸을 녹이고, 공원에서 신나게 춤을 추다가 지나가는 여고생의 젖가슴을 만진 뒤 도망치고 밤엔 비디오방에 들어가 야한 영화를 본다.

모범생인 '범탱이' 김형석은 선생님의 부탁으로 세 친구가 가출한 사연을 알아보기 전까지는 '본래 그런 놈들'이려니 생각했다. 그런데 알고보니 영웅이는 부모가 별거에 들어간 5월부터 행동이 거칠어졌다. 기대는 가정을 버린 아버지에 대해 반발심으로 가득했다. 세상에서 가장 작은 달동네 셋방에서 아버지와 단둘이 사는 순모는 탈출구를 찾고 있었다.

이들의 아픔을 부모도 선생님도 친구들도 알아주지 않았다. 그래서 순모는 학교 깡패 덕호로부터 자신을 보호해 준 캡짱 영웅이의 꼬붕 노릇을 해도 기쁘기만 하다. 이들은 서로에게 구원자이자 의지처였다.

이들이 거리를 떠돌며 춥고 외로워질 때 가장 많이 떠오른 사람은 풀잎이였다. 표나게 예쁜 얼굴도 아니고, 공부를 썩 잘 한 것도 아니다. 그러나 교실에서 유일하게 따뜻한 눈길로 이들을 대했던 아이였다.

세 악동이 드디어 학교로 돌아온다. 교감 선생님은 경멸의 눈초리로 아이들을 대하지만 풀잎이는 이들에게 크리스마스 카드를 건네준다. 거기엔 이렇게 적혀 있다. "추운 겨울에 얼마나 고생을 했니? 너희들이 돌아와서 정말 기뻐. 메리 크리스마스. 풀잎이가."

양파의 왕따 일기 | 문선이 글, 박철민 그림 | 파랑새어린이 | 2001

- -

■ 집단 따돌림에 관한 이야기

요즘 우리의 교육 현장에서 벌어지는 흔히 '왕따'라고 불리는 '집단 따돌림'에 관한 이야기를 세심하게 그린 작품이다.

이 책에 나오는 주인공 정화는 반에서 인기있는 미희를 사귀고 싶어하고, 그 아이가 속해 있는 '양파' 모임에 들고 싶어하는, 마음이 여리고 우리 주변에 흔히 있는 평범한 아이이다. 결국 미희의 마음에 들어 '양파'에 가입을 하고 신나는 학교생활을 하게 된다. 그러나 곧 미희의 이기적인 성격의 실체를 알게 되고, 왕따를 당하는 친구의 슬픔 때문에 갈등하다가 왕따를 당하는 친구들의 편에 서게 된다. 처음에는 부끄러워하던 병원 이발사라는 아빠의 직업도 당당히 친구들에게 소개한다. 정화가 글짓기 대회에서 쓴 글 중 "오늘의 내가 내일의 왕따가 되어 우울한 하루하루를 보낼 수 있다는 것을 부디 잊지 말았으면 한다"라는 말은 오늘날의 교육 현실을 단적으로 말해 주고 있다.

친구들 간에 참된 우정을 느끼고 싶거나 친구로 인해 갈등을 겪고 있는 어린이에게 이 책을 권하고 싶다.

무서운 학교 무서운 아이들 | 송재찬 | 푸른책들 | 2001

■ 학교 폭력에 괴로워하는 아이들 이야기

같은 반 친구 승호를 괴롭히는 기태를 동균이는 늑대라고 부른다. 동균이는 친구가 고통을 당하는 것을 보고도 모른 척 하고 있는 것이 너무 괴로워 꿈에서도 괴로워하며 힘들어한다.

동균이는 생일날 승호를 초대해서 힘든 마음을 덜어 주려고 기태에 대한 이야기를 조심스럽게 꺼내지만 승호에게 또 다른 상처를 주게 된다.

승호의 마음을 아프게 한 것을 후회하며 동균이는 선생님께 편지를 써서 출석부에 끼워놓고 나오다가 늑대를 만나 골목에서 승호와 같은 수치심을 당하게 되면서 승호의 마음을 다시 한 번 생각하게 된다.

친구와 자신이 당하는 폭력에 분노하면서도 폭력이 주는 위압감 앞에 전전긍긍하며 비겁하게 움츠리고 있던 어느 날 기태에 대한 일이 드러나면서 승호와 기태는 전학을 가게 되고, 선생님도 학교를 그만두게 된다.

모든 것이 끝난 듯 했지만 동균이는 승호를 아프게 한 것은 기태만이 아니라 자신이 그랬다는 것을 말하지 못한 것에 대한 죄책감 때문에 여전히 꿈에 시달리게 된다.

학교에서 폭력을 당하는 아이들과 그것을 지켜볼 수밖에 없는 아이들에게 용기를 내어 그러한 고통에서 벗어날 수 있도록 도와줄 수 있는 책인 것 같다.

영원한 주번 | 김영주 | 재미마주 | 2000

■ 임원이 되고 싶은 아이들의 이야기

초등학교 3학년만 해도 반마다 학급 임원(주번)들이 있다. 임원이 되고 싶어하는 어린이들의 심리를 보면 또래 친구들에게 뽐내고 싶어하는 마음이 크다. 『영원한 주번』에 나오는 친구들도 또래 친구들과 하급생들에게 선생님처럼 명령하고 힘과 권위를 내세우고 싶어한다. 그리고 어린이들은 자신에게 맡겨진 책임을 완수하려는 마음가짐 또한 예뻐보인다. 하지만 주번 활동을 하면서도 아이들 사이에는 보이지 않는 갈등이 있다. 욱이가 주번이 된 날 명찰이 모자라 명찰 없이 주번 활동을 해야만 했다. 명찰 없이 주번 활동 해야 했던 욱이는 이빨 빠진 호랑이나 마찬가지로 권위가 없었다. 바깥 활동을 하면서 명찰이 없다는 이유로 아이들은 욱이의 말을 듣지 않게 된다. 그래서 욱이는 마음의 갈등을 겪게 된다.

지금도 학기초만 되면 임원이 되고 싶어하는 어린이들이 많다. 하지만 학급 임원 활동이 생각만큼 신나는 것만은 아니다. 왜냐하면 그만큼 모범적인 학교 생활을 해야 하고 봉사 정신도 투철해야 하기 때문이다. 그리고 생각처럼 학급운영이 쉽지가 않다. 그런 갈등 속에서도 많은 친구들이 임원이 되기를 원하고 자신의 일에 책임지고 자신이 말하고 행동하는 어린이가 되는 것을 자청한다.

평소 책임감이 부족하고 자신감이 부족한 친구들, 임원 활동을 하면서 여러 상황에 부딪히는 친구들에게 욱이는 많은 생각을 갖게 하는 본보기가 될 것이다.

가방 들어 주는 아이 | 고정욱 글, 백남원 그림 | 사계절 | 2002

■ 장애자와 비장애자의 진정한 우정 이야기

작가 고정욱은 이 책의 머리말에서 앞으로 죽는 날까지 동화라면 장애를 다룬 것만 쓰겠다고 말한다. 고정욱은 장애인을 소재로 한 작품 〈아주 특별한 형〉, 〈안내견 탄실이〉 등을 써서 장애인에 대한 편견을 바로잡고, 모든 사람들이 더불어 살아가는 모습을 따뜻하고 감동적으로 그려내고 있다.

〈가방 들어 주는 아이〉는 장애아를 친구로 둔 어린이들이 진정한 우정을 나누기까지의 과정을 잘 그리고 있는 재미와 감동을 주는 동화이다. 장애아와 비장애아가 다리가 불편해 목발을 짚고 다녀야 하는 영택이와 한 반이 된 석우는 1년 동안 영택이의 가방을 들어다 주는 특별한 임무를 맡게 된다. 날마다 가방 두 개를 메고 학교에 오가는 석우는 마음이 무겁기만 하다. 하지만 영택이와 함께 하는 시간이 계속 되고 이런 저런 일들을 겪으면서 석우의 마음은 차츰 차츰 영택에게 열리게 된다. 석우는 영택이를 장애인으로 받아들이게 되는 것이 아니라 진정한 친구로 받아들이게 된다. 그러면서 친구를 위한 희생과 봉사, 눈물과 땀과 노력, 그리고 무엇보다도 값진 우정이 없다면 이 땅의 장애아들은 훨씬 더 불행할 것 것임을 작가는 말해주고 있다.

이 책은 어린이들뿐만이 아니라 장애인에 대해 편견을 갖고 있는 어른들이 꼭 읽어야 할 책이다.

나쁜 어린이 표 | 황선미 글, 권사우 그림 | 웅진닷컴 | 1999

■ 권위적인 선생님과 말썽꾸러기 어린이의 갈등과 화해를 그린 이야기

〈나쁜 어린이 표〉는 〈마당을 나온 암탉〉의 작가인 황선미가 쓴 동화이다. 이 책은 '건우' 라는 어린이의 눈을 통해 본 교육 현장의 안타까운 실태가 담담하게 그려져 있다.

주인공인 건우는 나쁜 어린이 표를 받지 않으려고 많이 노력하지만 번번히 노란 스

티커를 받게 된다. 건우는 선생님이 왜 그런 일이 생기는지 알아보지도 않고 자기에게 만 나쁜 어린이표를 준다고 생각하여 마음이 좋지 않았다. 자꾸 노란 스티커를 받다 보니 정말로 자신이 나쁜 어린이가 된 것 같은 기분이 든다. 건우는 그런 선생님에게 아무도 몰래 나쁜 선생님 표를 주게 된다. 어느 날, 감기에 걸려 체육 시간에 혼자 교실에 남아 있던 건우는 선생님 책상 위에 있는 나쁜 어린이표를 보고는 그 스티커를 모두 찢어 화장실에 내다 버리고 만다. 뒤늦게 자신의 잘못을 뉘우친 건우는 어떻게 해야 좋을지 몰라 화장실에 숨어 있었는데 결국 선생님이 건우를 찾아내어 그에 대해 함께 얘기하게 된다. 선생님은 건우에게서 나쁜 선생님표가 적힌 공책을 받고, 건우가 스티커를 찢어버린 일은 비밀로 하자고 말씀하신다.

이 책은 어린이의 마음을 어린이의 시각에서 쓴 책이다. 어른들의 잘못된 편견이나 고정된 시각으로 아이들을 볼 것이 아니라 아이들의 입장과 아이들의 눈높이에서 바라볼 수 있도록 노력해야 할 것 같다. 그래서 이 책은 어린이뿐 아니라 아이들의 마음을 알고 싶어 하는 부모님이나 선생님들에게도 권하고 싶은 책이다.

전교 모범생 | 장수경 | 사계절 | 2005

■ 왕따 이야기

까불기 대장에다 공부도 못하고 4학년이 되도록 변변한 상 하나 받아 본 적 없는 해룡이는 구김살 없는 밝은 성격에 친구들과도 잘 지내는 아이이다.

학교에서는 어버이날에 효행상과 모범생 시상식과 무용과 태권도 시범 등의 행사를 연다. 해룡이는 행사 준비를 위해 운동장에서 무용 연습을 해야 하는 것이 싫었다. 그런데다가 좋아하는 짝 지민이가 깃발을 가져오지 않자 해룡이는 자기 깃발을 지민이에게 준다. 장난을 치다가 체육 선생님에게 걸린 해룡이는 깃발을 가져오지 않았다는 이유로 매를 맞다가 이가 부러지고 만다. 화가 난 엄마는 학교로 찾아간다. 교장 선생님은 체육 선생님한테 매를 맞다가 이가 부러지는 일이 발생해서 엄마가 학교로 찾아와 학교가 시끄러워지는 것을 막기 위해 어버이날 행사 때 해룡이에게 전교 모범상을 주게 된다. 이로 인해 말썽꾸러기 해룡이가 전교모범상을 받게 되는 것을 친구들은 비웃으며 따돌리게 되고, 해룡이도 하루하루가 괴롭기만 하다.

폭력적인 교사와 극성스러운 학부모, 교장 선생님의 눈속임 등 어른들의 이기적인 행동으로 마음을 다치는 아이들의 모습은 현재 우리 학교 교육의 심각한 현실을 그리고 있는 것 같다. 더 이상 이기적인 어른들 때문에 아이들이 상처받지 않았으면 좋겠다.

내겐 드레스 백 벌이 있어 | 엘레노어 에스테스 | 비룡소 | 2002

■ 왕따 이야기

완다는 언제나 똑같은 옷만 입는다. 어느날, 세실이란 친구가 진홍색의 드레스를 입고 학교에 왔고, 여자 아이들은 모두 그 예쁜 드레스를 보고 흥분하게 된다. 친구들은 저마다 자신이 가진 드레스를 자랑했고, 항상 같은 드레스를 입고 다니는 완다도 그 친구들 사이에서 한 마디를 던진다. "우리 집에는 드레스 백 벌이 있어."라고…… 그 후로 아이들은 완다를 놀리고 따돌린다.

학교에서 그림 그리기 대회가 있던 날, 여자 아이들은 드레스를 그린다. 그로부터 얼마 후 완다는 학교에 오지 않았고 선생님께서 읽어 주시는 편지를 받고 완다네 가족이 이사를 가게 되었다는 사실을 알게 된다.

그리고 그림 그리기 대회에서 완다가 1등을 했다는 사실도 알게 된다. 크리스마스 무렵 완다로부터 편지가 오고, 완다는 매디와 페기에게 자기가 그린 드레스를 선물한다. 완다가 가진 백벌의 드레스는 결국 친구들의 노는 모습을 혼자 바라보며 그린 그림인 것이다. 매디와 페기는 자신들의 행동이 옳지 않았음을 후회하고, 그림 속의 드레스 입은 아이들이 자신들이라는 걸 알고 완다의 우정을 알게 된다.

이 책에서는 친구에게 따돌림을 당하는 완다, 따돌리는 페기, 이를 방관하는 매디 이 세 아이를 통해 왕따로 인한 갈등과 고민을 이야기 하고 있다. 친구를 괴롭히면 자신의 마음도 편하지 않다는 것을 알게 되는 책이다.

괴상한 녀석 | 남찬숙 | 창비 | 2000

■ 왕따 이야기

　찬이네 앞집에 석이라는 아이가 이사를 왔다. 석이는 놀이터에서 모래장난을 하며 놀고, 엉뚱한 소리를 잘하는 순수하고 낙천적인 아이다. 찬이는 그런 석이를 괴상한 녀석이라고 생각하게 된다. 석이는 또래아이들보다 뛰어나게 공부를 잘해서 학교를 다니지 않는다는 말에 찬이는 녀석 때문에 엄마에게 비교당하는 일이 많아질 것 같아 기분이 좋지 않다. 어느 날 학원을 마치고 집에 오는 중에 불량배를 만나 난처해졌을 때 석이가 나타나 위기를 넘기게 되는데, 찬이는 똑똑한 녀석이 용감하기까지 하다는 생각에 더욱더 화가 나게 된다. 찬이는 그 사건 이후로 녀석의 집으로 찾아가게 된다. 그 날 찬이는 석이가 학교를 휴학한 진짜 이유를 알게 된다. 녀석의 비밀을 알고 난 후부터는 녀석이 좋아지긴 했지만 사실을 알게된 엄마는 석이와 놀지 말라고 한다. 그런데 녀석이 찬이네 학교 같은 반으로 다시 학교를 다니게 된다. 찬이는 학교 수련회 때 도난사고가 생기면서 도둑으로 의심을 받게 되고 그 일로 경태나 다른 아이들이 뒤에서 수군거리고 윤아도 말을 걸지 않는 것이 속이 상했다. 찬이는 윤아에게는 자신이 그런 아이가 아니라는 말을 하고 싶어서 쪽지를 쓰게 되는데…… 찬이가 경태의 주먹에 맞자 녀석이 경태를 한대 때렸는데 이가 부러진다. 그 일로 녀석은 결국 유학을 가게 된다. 찬이는 녀석이 떠나는 마지막 날 눈물을 흘리고 만다.

　학교생활에 적응을 못하고 휴학을 하고 있는 석이와 녀석의 순수함과 낙천적인 성격이 좋아지는 주인공 찬이와의 따뜻한 우정 이야기이다.

5

중학생을 위한
상황별 도서목록과 해제

　다음은 중학생 연구팀에서 도서목록 선정과정을 통하여 정리한 도서목록과 해제이다.

(오른쪽의 숫자는 본 책에 수록된 페이지입니다.)

모랫말 아이들 | 황석영 | 문학동네 | 2001

『모랫말 아이들』은 6·25 전쟁 직후 모랫말을 배경으로 펼쳐지는 저자의 자전적 이야기이다. 사회는 어수선하고, 물질은 늘 부족했지만 철없는 아이들의 생활은 즐겁고, 때로는 자라나는 아픔을 겪기도 한, 그 시절을 지나온 어른이라면 공감할 만한 옛 이야기들이 담겨 있다.

전체가 10개의 짧은 이야기로 구성되어 있는데 한국전쟁 직후인 1950년대 서울 한강변의 '모랫말'. 아직 전쟁의 상흔이 짙게 남은 그곳에서 작가의 분신으로 보이는 소년 수남이가 화자가 되어, '모랫말' 사람들의 이야기를 들려준다.

전쟁 때 중부전선에서 파편을 맞고 바보가 된 인정 많은 상이군인, 전쟁의 화염 속에서 수많은 시체를 불태운 화장터의 화부 아저씨, 낯선 이국땅에서 늙은 고양이를 벗삼아 외로움을 달래는 화교 친이 할머니, 상둣도가 노인의 재취댁과 애틋한 연정을 나누던 삼봉이 아저씨, 기지촌에서 양공주들과 함께 생활하는 수남이의 마음속 애인 영화, 검둥이 병사를 상대로 벌거숭이가 되어 돈벌이를 하는 영화의 엄마, 늘 배고파하며 떠돌아다니는 곡마단의 수줍은 어린 남매, 그리고 수남이를 돌봐주던 태금이 누나. 전쟁통에 미친 여자가 되어 모랫말로 다시 돌아와 동네를 쏘다니던 태금이 누나의 애절한 사연들은 혹독한 현대사의 아픈 풍경이기도 하지만 무한한 삶의 비밀을 품고 있는 모든 유년에 대한 아름다운 송가이기도 하다.

메아리 소년 | 이원수 | 창작과비평사 | 2002

『메아리 소년』은 한국 전쟁이 끝난 1950년대 중반을 배경으로 전쟁으로 고통받는 아버지와 이웃을 둔 '민이'의 이야기를 담은 소설이다.

단란하고 행복했던 중학교 1학년인 민이의 가정은 전쟁으로 인해 완전히 파탄이 나고 민이는 고아가 되고 만다. 어머니는 6·25 전쟁에 나간 아버지 대신 집안을 꾸리다가 병을 얻어 돌아가시고, 전쟁 후 집으로 돌아온 아버지는 새어머니를 들인다. 그러나 아버지는 전쟁터에서 의용군으로 끌려간 친동생을 죽인 '슬픈 애국자'로 늘 죄의식에 빠져 자주 정신 이상 증세를 보인다. 술집을 하면서 생계를 도맡은 새어머니는 민이를 친아들처럼 여기지만 결국 몰래 집을 뛰쳐나가고 그 후 아버지마저 돌아가셔서 다시 고아가 된 민이는 여러 어려움을 겪게 되지만, 새어머니와 이웃 사람들, 학교 친구들, 동네 동생들의 관심과 사랑으로 새로운 삶을 향한 희망을 품게 된다. 전쟁터에서 아우를 총으로 쏘아 죽이고 정신병을 앓게 된 아버지, 총살당한 남편을 잊지 못해 역시 정신을 놓아버린 아주머니, 식구를 모두 북에다 두고 내려와 힘겹게 살아가다 엉뚱하게 간첩으로 몰려 고초를 겪는 정님이 외삼촌 등 직접적인 전쟁 피해자와 어려운 살림을 꾸려가는 새어머니, 반공이 국시였던 시절 바른말을 했다는 이유로 학교에서 쫓겨난 담임선생님 등 간접 피해자들, 주변에서 일어나는 많은 일들을 중학생 민이의 눈에 보이는 그대로 그려 뼈아픈 전쟁의 상흔과 시대상황을 잘 나타내고 있다.

나의 아빠 닥터 푸르니에 | 장 루이 푸르니에 | 웅진닷컴 | 2001

『나의 아빠 닥터 푸르니에』는 의사이자 자선가이며 동시에 알코올 중독자였던 아버지의 삶을, 가까이에서 들여다보아야 했던 한 소년의 기록이다.

어린 나이에 젊은 아빠를 잃어야 했던 소년은 장례식이 끝난 후 누군가 내민 담배를 받아 들고 불을 붙인 다음 연기를 깊숙이 들이마신다. 기침과 눈물과 연기 속에서 아빠를 묻어야 했던 열다섯의 소년은 그보다 더 많은 나이가 되어서야 비로소 자기 안의 그를 불러낸다. 주인공인 닥터 푸르니에는 지은이 장 루이 푸르니에의 아버지이다. 많은 담배를 피워대고 매일 술에 취해 있으며 집에서는 엄마를 죽여버리겠다고 소리를 지르는 악당 아버지. 집보다는 카페에서 친구들과 술을 마시는 걸 더 좋아하고, 항상 재미있는 이야기로 주위 사람들을 웃기는 만담꾼. 의사로만 보자면, 가난한 환자들에게 돈도 받지 않는 오히려 영수증을 끊어주며 의료비를 환급 받도록 도와주는 좋은 사람. 이 모두가 지은이가 아버지를 바라보며 느낀 아버지의 모습이다.

소리는 질렀지만 폭력을 휘두른 적이 없고, 가끔 아내와 아이들을 위해 선물을 사오기도 했던 아버지를 보며 푸르니에는 미워할 수가 없다고 했다. 이 책을 읽다보면 좋든

싫든 아버지는 그리움의 대상일 수밖에 없다는 것과 우리들의 아버지는 나약한 또 하나의 인간이었다는 걸 알게 된다.

누가 내 치즈를 옮겼을까? | 스팬서 존슨 | 진명 | 2000

『누가 내 치즈를 옮겼을까?』는 고전적인 우화 형식으로 쓰여졌는데 여기에는 두 마리의 생쥐와 두 명의 꼬마가 각자 커다란 의미를 가지고 우리에게 다가온다. 이들의 이야기는 다른 책에서는 쉽게 찾아볼 수 없는 통찰력과 변화의 커다란 줄기를 쉽게 설명해 주고, 변화의 필요성을 인식하고 이에 성공적으로 대처하는 방법을 제시해 주고 있다.

'치즈'란 우리가 생활 속에서 얻고자 하는 직업, 인간관계, 재물, 근사한 저택, 자유, 건강, 명예, 영적인 평화 그리고 조깅이나 골프 같은 취미활동까지를 모두 아우르는 개념이다. 두 마리의 생쥐 스니프와 스커리, 두 명의 꼬마 햄과 허가 자신의 치즈를 찾지 못한 사람들에게 치즈를 찾을 수 있도록 도와주게 될 것이다.

'변화는 항상 일어나고 있다, 변화는 치즈를 계속 옮겨 놓는다.'

직장생활에서 위기를 맞은 사람들에게는 그 위기에서 벗어나 새로운 분야에서 성공을 맛볼 수 있게 도와줄 것이다. 또한 가벼운 마음으로 위기와 변화에 관해 토론하기에 적합한 소재를 제공해 준다. 분명한 메시지와 일상생활 곳곳에서 발견할 수 있는 등장인물의 성격은 읽는 이에게 색다른 교훈을 전해준다.

연탄길 | 이철환 | 삼진기획 | 2000

『연탄길』은 실화를 바탕으로 씌어진 이야기들로 이 책에 등장하는 사람들은 대부분 실제 인물들이다. 저자가 그들로부터 직접 듣고 함께 눈물을 흘렸던 사연들이므로 더욱 공감할 수 있고 감동까지 선물해 준다.

이 책에 실린 이야기들은 비록 가난하지만 마음은 넉넉한 우리 이웃들의 이야기이다. 저자는 수 년 동안 노량진에서 학원강사 생활을 하면서 학생들을 통해 듣고, 자신이 직접 보았던 이야기를 사실적인 묘사로 그려냈다. 저자는 자신의 이러한 작업들이 '인간의 존엄성을 깨닫게 해주었다'라고 말한다.

이 책을 읽으면 저자가 누구보다도 따뜻한 시선과 깊은 마음으로 우리 이웃들을 관찰하고 있음을 알 수 있다. 공동화장실 앞에서 줄을 서서 본능과 싸워야 하는 산동네 사람들의 희망 이야기, 질병이나 장애가 있는 자식과 함께 고통을 나누는 가족의 이야기, 작은 것이라도 나눔으로써 기쁨을 얻는 친구 사이의 이야기, 시련이 닥쳐도 변하지 않는 남녀간의 사랑 이야기 등에서 진한 감동과 함께 현재의 자신을 돌아보게 하는 계기를 얻게 될 것이다.

자신의 몸을 태우고 그것도 모자라 사람들이 눈길에 미끄러지지 않고 내려가도록 길이 되어주는 연탄처럼 세상의 길이 되어 줄 것이다. 그 길은 염화칼슘을 뿌린 인공길이 아니라 우리 이웃들의 사랑과 정성이 듬뿍 담긴 연탄길이다.

오페라 읽어주는 남자 | 김학민 | 명진 | 2001

『오페라 읽어주는 남자』는 사랑을 소재로 많이 알려진 오페라 중 일곱 편을 골라 대강의 줄거리를 소개하며 그 작품 속에 등장하는 다양한 사랑의 유형을 소개하고 있다. 각 등장인물들이 어떻게 사랑을 표현하고 있는지, 관객들에게 이를 전달하기 위해 어떤 장치들을 사용하고 있는지 등을 알려준다.

오페라를 접해보지 않은 사람에게는 그냥 이야기책으로 느껴질 것이고, 오페라를 본 경험이 있는 사람이라면 이야기를 읽으면서 장면 장면을 떠올리게 될 것이다. 책 속의 그림과 사진들이 읽는 재미를 더해주고, 시각적인 이해에도 많은 도움을 주고 있다.

서로 적대적인 양국의 공주 이졸데와 기사 트리스탄의 사랑이야기인 바그너의 〈트리스탄과 이졸데〉는 로미오와 줄리엣을 떠올리게 한다.

본능적인 사랑에 충실한 짚시여인 비제가 만들어낸 〈카르멘〉, 주인공 카르멘은 그야말로 본능적인 사랑에 충실하여 몸과 마음이 끌리면 주저하지 않고 달려간다.

두 쌍의 연인이 등장하는 모차르트의 〈코지 판 투테〉, 요한을 사랑한 슈트라우스의 〈살로메〉, 아름다운 여인을 아내로 맞은 흑인 장군 오델로이야기인 베르디의 〈오델로〉, 플레이보이 모차르트의 〈돈지오반니〉, 초야권에 얽힌 이야기인 모차르트의 〈피가로의 결혼〉 등 일곱 개의 작품을 통해 여러 유형의 사랑이야기를 들려준다.

TV 동화 행복한 세상 | 이미애 | 샘터 | 2002

『TV 동화 행복한 세상』은 짧은 시간 동안 보여지는 이야기를 통해 가슴 뭉클한 감동을 전해주는, 내 가족과 이웃의 이야기로 꾸민 감성 애니메이션같은 이야기이다. 현란한 색채와 빠른 움직임, 선정성과 폭력이 난무하는 요즘, 도심 속 오아시스와 같은 역할을 하는 작품이라 할 수 있다.

이 책은 이미 TV에서 시청자가 보내온 사연들을 바탕으로 매일 다른 이야기가 약 5분 동안 방영되었으며 방영된 스토리가 책으로 출간된 것이다.

가족간의 사랑과 생활 속에 묻혀진 보석 같은 이야기들이 가족 간에 대화의 시간을 제공하며, 어린이들을 위해서는 인성교육과 정서함양교육 자료로도 활용되고 있다. 한국 특유의 색채와 참신한 표현 기법들이 시도되어 한국인의 감성과 가치관이 잘 나타나 있다.

2003년 서울특별시 문예진흥기금 지원대상 작품이며, 온 가족이 함께 볼 수 있는 가족극이기도 하다. 어른들에게는 어린시절의 '운동회', '수업시간' 그리고 '점심시간' 장면 등을 통해 향수를 불러내게 한다.

학생들은 이 책을 통해 가족과 이웃 사랑의 소중함과 순수한 행복의 의미를 발견하고 자신보다는 타인을 먼저 배려하는 마음을 배울 수 있게 될 것이다.

정민 선생님이 들려주는 한시 이야기 | 정민 | 보림 | 2002

『정민 선생님이 들려주는 한시 이야기』는 이해하기 어려운 한시를 재미있게 풀어 쓴 이야기로 한시에 대한 흥미를 갖게 해준다.

한시라고 하면 왠지 오래되고 어렵다고 느껴진다. 그리고 고리타분하고 보수적이라며 선입견을 가지기도 한다. 그래서 자세히 알기도 전에 한시에 대해서는 다른 시들에 비해서 거부감을 가지고 있다. 몇 백년이나 몇 천년 전에 쓰인 우리 선인들의 사상이나 생각을 꿰뚫어보고 이해하기란 쉽지 않은 게 사실이다. 이렇게 이해하기 어려운 시를 정민 선생님이 들려주는 한시 이야기에서는 쉽게 풀이를 해주고 있다. 책의 제목부터 짧지 않은 이 책에서 시는 많은 내용을 함축하고 있어야 한다고 제시한다. 그리고 시는 간결하게 표현하는 것이라고 쉽게 여겨졌던 생각부터 바꾸게 해주며 이 책을 읽어 내려가다 보면 이렇게 어려운 한시도 재미있게 읽을 수가 있구나하고 감탄하게 된다.

이 책의 구성을 보면 깨끗한 우리말로 정갈하게 번역한 한시 43수와, 이 시들 속에 숨은 뜻을 하나하나 친절하고 재미있게 풀어쓴 글을 담아, 어린 독자에게도 시를 쉽게 읽는 법에 대해서 가르쳐 주고 있다.

사금파리 한조각 | 린다 수 박 | 서울문화사 | 2002

『사금파리 한조각』은 도예가가 되기를 원하는 고아 소년 목이의 이야기이다. 꿈을 이루기 위해 소년 목이는 힘겨움을 이겨내고 고통도 참아내며 두려움을 용기로 돌아세운다. 배경은 12세기 고려시대 도자기 마을인 도공들이 많이 사는 줄포라는 작은 마을이다.

거지 신세지만 자기의 노력이 없이 얻는 일을 부끄럽게 여기던 고아 소년 목이가 줄포 최고 도공 민 영감 댁에서 도자기 굽는 일을 도우다가 왕실에 바칠 상감 도자기를 선보이기 위해 송도에 다녀오는 과정을 그리고 있다. 그 힘든 과정을 거치며 거지 목이가 민 영감 밑에서 일할 제자가 되기에 이르고 마침내 상감청자를 완성하게 된다.

이 책은 총 2권으로 되어 있는데 1권은 목이가 민 영감 밑에서 일하게 되면서 도예의 길에 몸을 담게 되는 일, 아버지처럼 자신을 보살펴 주던 사려 깊은 두루미 아저씨에게 삶의 도리를 배워가는 일에 대해 그리고 있다. 2권에서는 목이가 도예가가 되는 과정을 생생하게 묘사해 놓아 생동감이 있고 재미를 더해 준다.

목이는 도공 민영감 도자기 관찰─나무(가마에 불을 지필 때 쓰임)─진흙─수비(불순물을 걸러내는 기술)─운반(도자기를 왕실까지 운반하는 과정에서의 장인정신)─민영감의 도공기술 전수(목이가 형필이로 바뀜)의 과정을 밟고 장인의 길로 들어서게 된다.

목이가 자신의 꿈이 훌륭한 도자기를 굽는 자신의 모습이라는 것을 깨닫고 갖은 어려움을 헤쳐가며 그 꿈을 장인정신으로 이루어가는 모습이 읽는 사람들에게 감동을 줄 것이다.

사슴벌레 소년의 사랑 | 이재민 | 사계절 | 2003

『사슴벌레 소년의 사랑』은 제1회 사계절문학상 수상작으로 작가가 중학생 시절에 겪은 특이한 경험에서 비롯된 자전적 소설이다. 1970년대 중반 서울 근교의 농촌을 배경으로 한 소년의 풋사랑을 그렸다. 이성에 눈 떠 가는 소년의 심리와 자연에 대한 섬세한 묘사가 적절하게 조화를 이루고 있다.

중학교 1학년생인 은수는 가려움증으로 애를 먹다가 한 약수터의 약수가 효험이 있다는 이야기를 듣고 어머니와 함께 약수터를 찾는다. 그곳에서 우연히 9살 연상인 순희 누나를 알게 된다. 순희 누나는 폐병환자로 서울에서 내려와 이곳에 요양 중이다. 시간이 지나면서 은수는 지금껏 느껴보지 못한 새로운 감정을 느끼게 된다. 새삼스레 외모가 신경 쓰이기도 하고 누나의 은밀한 부분을 엿보고 싶은 욕망에 사로잡히기도 한다. 은수의 첫사랑은 너무나 투명하고 풋익어서 어른들은 빙그레 웃고 지나칠지도 모른다. 그러나 청소년기에 학교 선생님이나 이웃 오빠나 누나를 마음에 두고 가슴앓이를 해 보지 않은 이는 거의 없을 것이다. 작가는 수상 소감에서 '오늘의 청소년들에게 우리가 점점 잃어버리고 있는 순수한 자연과 인간의 세계를 보여주고 싶다'고 밝혔다.

이성에 눈떠 가는 소년의 심리를 따라가는 섬세한 눈길과 자연에 대한 묘사가 조화를 이룬다. 특히 군더더기 없는 문장으로 투명할 만큼 맑은 서정성을 이루어 낸 점이 돋보이기도 한다.

폰더씨의 위대한 하루 | 앤디 앤드루스 | 세종서적 | 2003

『폰더씨의 위대한 하루』는 미국에 이어 한국에서도 베스트셀러로 선정된 책이다. 이 책은 7명의 현자를 통해 7개의 가르침을 바탕으로 그 동안 자신이 가지고 있던 세상에 대한 원망을 버리고 적극적으로 살아가면 결국 성공한다는 내용을 담고 있다. 여기서 7명의 현자는 트루먼 대통령, 솔로몬 왕, 체임벌린 대령, 콜럼버스, 안네 프랑크, 링컨 대통령, 가브리엘 대천사인데 이 위대한 사람들을 인용하여 흥미롭게 내용을 구성했다.

주인공 데이비드 폰더는 위험에 처한 회사를 구하기 위해 밤낮을 가리지 않고 열심히 일을 한다. 하지만 그의 의지와는 상관없이 회사에서 쫓겨나고, 담보로 잡혔던 집도 잃고 하나뿐인 딸아이도 병원에 입원하는 등 나쁜 상황에 처하게 된다. 자신의 의지와는 관계없이 악화되어가는 상황으로 인해, 폰더씨는 세상을 원망하고 자살까지 생각하게 된다. 하지만 우연하게 시간을 초월하는 여행을 하면서 역사 속의 현자를 만나게 되고, 그들이 가지고 있는 인생에 대한 철학과 좌우명을 배우게 된다. 즉 그들이 인생을 살면서 자신이 꼭 지녀야 할 중요한 좌우명이라 생각하는 7가지를 그들의 일상을 통해서 깨닫게 해준다. 그 중요한 7가지는 각각의 사람들이 살아가는 현재의 모습이 결코 우연이 아닌 모두 자신이 선택한 것이고, 앞으로 주어진 세상 역시 자기 스스로가 선택을 해야 한다는 것이다.

당신들의 대한민국 | 박노자 | 한겨레신문 | 2001

『당신들의 대한민국』은 박노자라는 러시아인이 우리나라에 귀화하기까지의 일들과 그가 한국사를 전공하고, 우리나라에 있으면서 겪었던 일들, 그리고 그의 사상과 생각들을 적어놓은 글이다.

두 개의 조국을 가진 유럽인에 의해 객관적으로 쓰여진 이 글은 한국의 치부에 대한 설명서라 할 수 있다. 여기서 '당신'이란 표현은 한국이 조국이면서도 조국이 아닌 자신의 상황과 또한 객관성을 유지하고픈 저자의 의도이다.

박노자의 비판은 색안경을 끼고 보는 것이 아니라 좀 더 나은 삶을 향한 건강한 비판이므로 한번쯤 생각해볼 만한 내용이라 할 수 있다.

한국 사회에 뿌리 깊이 박혀 있는 개발 독재의 잔재, 폭력, 진보라 하는 사람들 속의 전근대성, 외국인 노동자 등 익히 한 번 쯤은 들어봤을 현상에 대해 하나하나 비판하며 또한 외국의 경우를 비교하며 제시한다. 우리가 보통 이야기하는 외국인 노동자의 고생은 빼앗긴 월급과 어이없이 당하는 폭력, 보상 없는 산재와 관료의 괄시 등 물리적인 피해를 의미한다. 폭력과 산재로 목숨을 잃고 건강을 잃는 사람들이 지금도 많다는 사실을 고려하면, 그 물리적인 피해를 결코 쉽게 볼 수 없다는 것은 자명하다. 그러나 자본주의적 약육강식의 논리가 아직 뿌리를 내리지 못한 나라에서 그 논리가 이미 상식화한 한국으로 오는 노동자들의 문화적인 충격과 정신적인 피해도 같이 고려해야 할 것이라는 바람이 들어있다.

칼의 노래 | 김훈 | 생각의 나무 | 2004

『칼의 노래』는 이순신 장군의 이야기인데 책의 초점은 전쟁의 흐름을 바꾸어 놓은 '위대한 불패장군 이순신'이 아니라 '인간 이순신'에 맞춰져 있다. 원래 이순신을 상징하는 것은 해전사에 길이 남을 명량해전, 거북선 그리고 백의종군 등이다. 이 세 가지는 다음과 같이 연결되어 신화를 만든다. 모함에 의해 역적으로 몰렸다가 백의종군

한 이순신이 거북선을 가지고 명량해전에서 크게 승리하여 마침내 나라를 구한다. 이른바 영웅이 탄생하는 순간이다. 여기에 민족적 감정까지 덧씌워지면 이순신은 더 이상 역사적 인물로 남지 못한다. 어찌해볼 도리가 없는 신화의 주인공이 되는 것이다. 그는 영원한 생명을 얻는다.

하지만 소설에서는 참혹한 전쟁, 고통받는 백성들 앞에서 무력해질 수밖에 없는 개인. 눈 앞의 적, 눈에 보이지 않는 적과의 전투에서 오는 긴장과 스트레스에 누운 자리를 식은 땀으로 적시며 보내는 밤. 죽은 아들을 꿈에서 보며 어린 아들의 배냇향을 그리워하는 아버지. 전쟁이라는 거대한 역사의 소용돌이 앞에 선 개인 이순신에 주목된다. 이렇게 끊임없는 그의 내면의 목소리에 귀를 기울이다보면, 애국심으로 똘똘 뭉친 장군 이순신보다, 애국심이라는 차원을 뛰어넘어 더욱 고차원적이고 고매한 무언가를 가진 인간 이순신을 만나게 된다.

열두 살에 부자가 된 키라 | 버더 섀퍼 | 북21 을파소 | 2001

『열두 살에 부자가 된 키라』는 키라 부모가 재정 문제에 부딪히자 키라가 아르바이트와 펀드를 통해 많은 돈을 벌어 부모의 빚까지 갚게 되는 과정을 그린 경제동화이다. 키라는 작은 빌라에서 살다가 큰 주택으로 이사오게 된다. 하지만 큰집으로 이사올 때 빚을 낸 키라 부모님은 큰 재정문제에 부딪히게 된다. 그러던 중 키라는 자기 집 앞에 다쳐 쓰러져 있는 개를 발견하고, 그 개를 치료해주고 이름을 머니라고 짓는다. 머니와 즐거운 나날을 보내던 어느 날, TV광고를 보고서 키라가 좋아하는 그룹의 CD를 전화로 주문하려고 할 때, 정말 엄청난 일이 벌어진다. 머니가 말을 했던 것이다. 그런데 더욱 더 놀라운 것은 머니가 그 이름처럼 돈에 대해 상당한 지식을 가지고 있다는 것이다. 그렇게 해서 성공일기를 쓰고, 자신의 소원을 이루기 위해서 소원상자를 만들었다. 그리고 머니가 들려준 미국의 다일이라는 아이의 성공기와, 사촌 마르셀의 경험을 듣고 자신이 돈을 벌어나가기 시작한다. 그리고 여기서 키라가 얻은 교훈은 자신이 좋아하는 것을 할 때 돈을 잘 벌 수 있다는 것이었다.

얼마 후, 키라는 머니의 전 주인 골트슈테른 씨를 방문하게 되는데 키라는 마음 한편으로는 걱정을 한다. 그러나 다행히도 골트슈테른 씨는 키라가 계속 머니를 돌봐주기를 원하고 있었고, 골트슈테른 씨가 돈에 대해 굉장한 전문가라는 것을 알게 된다. 부모님께도 골트슈테른 아저씨를 만나 재정문제에 대해 상담에 보라고 권해 드린다. 그리고 골트슈테른 아저씨에게서 돈에 대해서 배우게 된다. 골트슈테른 아저씨를 만나 부모님의 재정 문제도 해결되고, 자신의 돈 관리 방법을 다른 아이들에게도 알려주기 위해 발표회를 연다. 그리고 키라는 골트슈테른 아저씨와 어린이의 투자를 도와주는 회사를 만들기로 한다. 아이들에게 돈의 귀중함을 알게 하며 경제에 대한 올바른 개념을 심어주는 이야기이다.

흑설공주 이야기 | 바바라 G. 워커 | 뜨인돌 | 2002

『흑설공주 이야기』는 무조건 아름답기만 한 동화에 대하여 비판과 바람직하지 못한 점을 꼬집고 있는 페미니즘적인 이야기이다. 제목에서부터 알 수 있듯이 이 책은 우리가 읽어오던 백설공주를 전혀 다른 시각으로 해석하고 있다. 우리가 읽어오던 동화에는 어린 아이들의 생각에 부정적인 고정관념을 심어 줄 수 있는 부분들이 많이 있다. 여성들의 외모 지상 주의, 계모는 무조건 나쁘다 등의 고정관념이 그 예이다. 이 책은 고전 동화에 세뇌되어 여성은 무조건 예쁘면 된다 또는 계모는 모두 나쁘다 라는 생각을 바꾸어 놓는다. 어린 시절 읽던 동화에서 여성의 역할은 오로지 자신의 몸을 치장하는 것이며 예쁘지 않은 여성에게는 행운, 행복 그리고 사랑은 없다고 하는 생각을 심어주고 있다. 하지만 이 책은 이러한 잘못된 고정관념을 깨주게 된다.

이 책의 왕비는 백설공주에서처럼 악인으로 묘사되어 있지 않다. 백설공주는 얼굴이 눈처럼 희고 고와서 지어진 이름이지만 흑설공주는 검은머리를 가지고 있어 지어진 이름이다.

이 책의 저자인 바바라 G. 워커는 국제적으로 권위를 인정받고 있는 여성학자이다. 그리고 철학적으로 여성들의 평등 투쟁을 논의할 수 있는 독특한 경력의 소유자이다. 1993년 미국 휴머니즘 협회에서 ‘올해의 여성 휴머니스트’로 선정되기도 했고, 1995년 펜실베니아대학으로부터 ‘역사를 만든 여성들 상’을 수상한 바 있다.

노빈손의 버뮤다 어드벤처 | 박경수 | 뜨인돌 | 2001

『노빈손의 버뮤다 어드벤저』는 200년 전에야 비로소 인간들에게 모습을 드러낸 미지의 땅 남극에서 벌어지는 노빈손의 또다른 모험이야기다. 시간여행을 통해 노빈손은 1백여 년 전 영웅시대의 남극에 도착, 목숨을 걸고 남극을 탐험했던 섀클린, 아문센, 스코트와 같이 동행하면서 좌충우돌 어드벤처를 펼쳐 나간다.

남극 점령의 역사, 남극의 지질, 생태, 환경, 자원, 기후 등은 물론, 남극 생존법, 남극에서만 볼 수 있는 환일 현상과 오로라 등의 원리를 재미있게 설명하고 있다. 또한 이우일의 기발한 일러스트가 글의 재미와 과학원리의 이해를 한층 더 높여주고 있다.

여자친구 말숙이와 함께 놀이공원에 간 노빈손의 티격태격 이야기를 통해 롤러코스터, 바이킹 등 놀이기구에 응용된 과학의 원리를 재미있게 들려준다. 롤러코스터는 어떻게 연료도 없이 그렇게 빨리 달릴 수 있을까? 공중에서 거꾸로 도는 열차는 왜 떨어지지 않을까? 바이킹을 탔을 때 가슴이 울렁거리는 이유는 뭘까? 범퍼카는 어떤 원리로 움직이는 걸까? 파도풀에서 왜 바람도 없는 파도가 일어날까? 등 평소에 궁금했음직한 과학을 재미있게 들려주는 교양 학습서이다.

아우를 위하여 | 황석영 | 다림 | 2002

『아우를 위하여』는 작가가 30년 전에 발표했던 작품들로 작가 자신의 유년 시절부터 청년기까지의 기억과 느낌의 파편들을 되살려 낸 이야기들이다.

지금까지 일반 성인 독자만을 만나왔던 작가는, 이미 발표했던 작품이지만 삶을 깊이 있게 들여다보기 시작한 자신의 청소년기 시절의 고뇌가 잘 배어난 이 작품들을 지금의 우리 아이들에게 다시금 들려 줄 수 있는 기회를 갖게 된 데 출간 의의를 두었다고 한다. 〈아우를 위하여〉, 〈지붕 위의 전투〉, 〈남매〉, 〈입석 부근〉 등 네 가지 단편을 묶은 이 책은 성장해 가는 우리 청소년들에게 내면에 있는 자아와 세상을 함께 키워갈 수 있는 힘을 줄 것이다.

입대한 동생에게 보내는 편지 형식의 〈아우를 위하여〉는 화자가 초등학교 11살 때의 아름다운 교생 선생님에 대한 첫사랑 이야기이다. 교생 선생님을 사랑하면서 진보의 의미와 사랑의 가치를 배우게 된다.

〈입석 부근〉은 '서 있는 돌의 근처' 란 뜻으로 수많은 어려움과 마주하고 있는 우리의 삶의 공간을 의미한다. 이 소설은 주인공이 암벽을 오르면서 수많은 고민과 갈등을 겪는 심리 소설이다. 〈지붕 위의 전투〉에서 지능이 모자라는 말더듬이와 〈남매〉에서의 곡마단 소녀는 자신을 희생해 사랑을 실천하는 주인공들이다. 여기에 실린 소설 네 편은 고통의 극복과 사랑이라는 주제를 담고 있다.

13살 토니의 비밀 | 주디 블룸 | 유진 | 1999

『13살 토니의 비밀』은 아버지가 갑자기 벼락부자가 되어 부자 동네로 이사가게 된 초등학교 6학년 토니의 이야기이다. 토니는 부자가 된 이후로 이해할 수 없는 어른들의 세계에 부딪히게 되는데 이 책에서는 갑자기 벼락부자가 되어 부자 동네로 이사간 소년의 갈등과 심리를 잘 그려내고 있다.

주인공 토니는 자기 용돈을 벌기 위해 신문을 배달하는 13살의 평범한 소년이었다. 그런데 토니의 아버지가 전기 카드리지라는 발명품 덕분에 갑자기 부자가 되고, 한 회사의 공동 경영자로 신분이 상승하게 된다. 그전에는 할머니가 요리를 하고, 엄마가 직장에 다니고, 형과 형수는 교육자로서 자신감에 차 있었다. 형수가 아기를 가지면서 엄마와 형은 아르바이트를 해야 했으며, 그 때문에 아버지는 지하의 작업실에서 발명품을 만들기 위해 많은 시간을 보냈었지만 새로운 집으로 이사를 가면서 갑자기 토니의 주위 사람들이 변하기 시작한다. 이사를 갈 때에도 지금까지 사용하던 물건들을 거의다 버리고 간다. 그리고 아버지는 자신의 트럭을 팔아치우고 새 차를 타고 다니게 되고, 엄마는 주위의 부유층 생활에 지대한 관심을 가지고 그들과 어울리기 위해 노력한다. 그리고 용돈을 벌기 위해 신문배달을 하겠다는 토니에게 앞으로는 절대 그런 일을 하지 말아야 한다며 지금까지 받아보지 못한 금액의 용돈을 토니에게 안긴다. 이웃집의 '예의 바른' 소년은 심심해서 남의 집에 장난전화를 끊임없이 해대고, 물건들을 훔치는 일을 한다. 그리고 이웃집 친구의 아름다운 누나는 사춘기를 맞이한 토니에게 동경의 대상이지만 연상의 여인에게는 이미 애인이 있다는 것을 뒤늦게 발견하기도 한다. 열린 창문을 통해 쌍안경으로 그녀의 모습을 지켜보기도 한 토니의 호기심은 호기심으로 끝나게 된다.

이 책을 통해 사춘기에 접어든 아이들은 변화되어 가는 심리와, 갑작스러운 환경의 변화를 겪었을 때 나타날 수 있는 현상에 대해서 미리 알게 될 것이다.

문제아 | 박기범 | 창작과비평사 | 1999

이 책 속에는 가슴을 찡하게 하는 이야기들, 사람 사는 냄새가 묻어 나는 이야기들 10편이 실려 있다. 〈문제아〉 이야기에서는 없는 집 아이가 어떻게 선생님에 의해서 문제아로 낙인 찍혀 가는지를 눈물나게 사실적으로 보여준다. 공장 이야기를 소재로 한 〈손가락 무덤〉이나 〈아빠와 큰 아빠〉, 그리고 박래전 열사의 이야기인 〈겨울꽃 삼촌〉은 특히나 무거운 분위기가 풍긴다.

하지만 이런 이야기만 있는 건 아니다. 〈문제아〉에서처럼 아이들이 겪을 수 있는 아주 현실적인 이야기를 다룬 〈독후감 숙제〉나 〈전학〉 같은 이야기도 있다.

〈독후감 숙제〉에서는 독후감 숙제를 매개로 집이 어려워 돈이 많이 드는 학교의 행사에 참가도 못 해보고, 오히려 선생님한테 구박을 받게 되는 현실을 보여준다. 더불어 엄마와 아이의 화해의 모습까지 잔잔하게 보여주고 있다.

또 〈전학〉은 엄마가 아이를 좀 더 나은 학교에 보내기 위해서 주소를 바꿔 동네 아이들과는 다른 학교에 다니게 된 아이의 이야기다. 살고 있는 곳은 산동네 서민들의 집인데, 주소를 바꾸다보니 부자동네 아파트촌의 학교에 다니게 된 것이다. 학교 수준은 좀 나을지 몰라도 아이는 괜히 찔리고 집과 전화번호까지 속이는 게 힘들었다. 결국 교통사고를 당하면서 원래 학교로 전학을 가게 된다.

이 책의 작품들은 이렇듯 모두 무거운 주제를 다루고 있지만 독자들에게는 여러 가지 생각을 하게 해주고 있다.

돼지가 철학에 빠진 날 | 스티븐 로즈 | 김영사 | 2001

『돼지가 철학에 빠진 날』은 영국 옥스퍼드 대 철학박사 학위를 취득한 스티븐로즈가 자신의 모교와 런던 대에서 청소년과 일반인들을 대상으로 강의한 내용을 정리한 것이라고 한다. 이 책에서는 독자에게 철학적 의문을 던지면서 재미있는 비유와 대화체, 익살스런 삽화들을 보여주며 철학의 근본적 문제들을 훈련해 가는 과정을 보여주는 철학 워크북이라 할 수 있다.

모두 8장으로 구성되어 있는데, 각각 나는 어디에 있을까? 진정으로 존재하는 건 무엇일까? 똑같은 강에 두 번 뛰어들 수 있을까? 옳고 그름의 기준은 어디에 있을까? 고기를 꼭 먹어야 할까? 이 세계는 가상 현실이 아닐까? 정신이란 무엇일까? 신은 존재할까? 등 8개의 문제를 다루고 있다.

"프레드와 버트는 마을 반대편에 사는데 둘은 서로 만난 적이 없다. 어느 날 밤 화성인들이 와서 두 사람을 수술해서 두뇌를 바꿔 놓았다. 이제 누가 프레드이고 버트인가. 그냥 몸만 바뀌었을 뿐이라고 말한다면 개인의 동일성은 그 사람의 몸 전체가 아니라 두뇌가 될 것이다.

이번에는 화성인들이 두뇌스캐너를 이용해서 프레드와 버트의 기억과 성격적 특질만 바꿔놓았다고 하자. 이 경우도 두뇌가 뒤바뀐 경우와 똑같은 현상이 벌어진다. 그러고 보니 개인의 동일성은 몸도 두뇌도 아닌, '기억과 성격적 특질'이라고 말할 수 있게 되는 걸까……."

청소년들은 이 책을 읽는다면 그동안 가지고 있었던 의문들이 수수께끼가 풀리듯 술술 풀리게 될 것이다.

우리 누나 | 오카 슈조 | 웅진닷컴 | 2002

『우리 누나』는 다운증후군, 정신지체아 등의 장애인을 주인공으로 한 여섯 편의 단편 〈우리 누나〉, 〈잇자국〉, 〈멍〉, 〈목걸이〉, 〈귀뚜라미〉, 〈워싱턴 포스트 행진곡〉을 모은 책이다.

글을 쓴 오카 슈조 선생님은 일본의 도쿄 도립 특수학교에서 몸이 불편한 아이들을 가르치며 장애아들의 현실을 있는 그대로 담아 이야기를 쓰고 있다.

〈우리 누나〉는 창피하고 성가시기만 한 장애인 누나를 동생이 한 인간으로 점차 아끼고 사랑하는 과정을 자세하게 보여주고 있다.

다운증후군을 앓고 있는 열일곱 살의 누나를 친구들은 못난이, 뚱보, 바보라고 놀려대지만 주인공은 신중하고 똑똑하고 친절하고 재미있는 누나가 좋기만 하다.

레스토랑에서 누나는 복지사업소에서 받은 4월분 첫 급여로 가족들에게 맛있는 음식을 사주려 한다. 아침 9시부터 오후 4시까지 허름한 복지사업소의 작업대에서 양주병을 담는 상자를 만들어 번 돈이 삼천 엔이다. 저녁식사 값으로도 부족한 돈이지만 가족들 앞에 자랑스러워하는 누나와 그런 누나를 사랑스런 눈길로 바라보는 가족들 모두 행복하기만 하다.

누나가 번 돈으로 외식을 한 이후 동생은 누나를 마치 동물원의 원숭이처럼 바라보는 친구들 앞에 당당하게 우리 누나는 장애인이라고 밝히게 된다.

선천적으로 장애를 갖고 태어나는 사람도 있지만 현대에는 교통사고나 환경오염, 전쟁 등으로 후천적인 장애를 안고 있는 사람도 아주 많다. 나는 과연 장애인들을 어떤 시선으로 보고 있는지 이 책을 읽으며 스스로 생각해 보고 오늘 건강한 삶을 살 수 있다는 것에 감사해야겠다.

밥이 끓는 시간 | 박상률 | 사계절 | 2001

『밥이 끓는 시간』은 『까치학교』, 『바람으로 남은 엄마』, 『나비박사 석주명』, 『인권변호사 조영래』, 『풍금치는 큰 스님 용성』, 『봄바람』, 『진도 아리랑』, 『풍경 소리』 등의 작품을 쓴 박상률의 작품이다.

순지네는 아빠의 실직과 함께 불행이 닥쳐오기 시작한다. 순지는 엄마, 아빠와 동생 순둥이와 함께 살아간다. 자장면 한 그릇에, 닭 한 마리에 행복했던 시절도 있었지만 아빠가 일하던 회사가 문을 닫게 되면서 모든 것이 힘들어지기 시작한다. 아빠 대신 돈을 벌겠다며 파출부 일을 시작한 엄마는 어느 날 뺑소니차에 치인 후 실어증과 우울증에 시달리고, 엄마 병원비로 모은 돈을 모두 써버린 아빠는 술을 마시고 들어와 엄마를 때리기 일쑤이다.

그러던 중 엄마가 병원 옥상에서 뛰어내려 자살한다. 그 후 남은 세 식구가 오순도순 살아가던 것도 잠깐, 새엄마가 들어온다. 그러나 아빠는 공사장에서 사고를 당해 손가락을 잃어버리고 새엄마는 막내 동생을 낳고서는 어디론가 사라진다.

엄마의 사망, 새어머니의 가출, 새어머니가 낳은 순달이, 할머니의 죽음 등이 한참 학교를 다니며 공부하기에 바쁜 순지를 가만두지 않는다.

아빠가 일자리만 구하면 모든 소란과 불행과 비정상적인 것이 사라지리라는 기대감, 특히 엄마의 침묵까지 풀어지리라는 기대감, 순지는 그 기대감이 실제로 이루어지길 바라며 무턱대고 빌고 또 빈다.

부지깽이로 아궁이 속을 들쑤셔 불의 세기를 적당히 조절하고 엄마가 했던 것처럼 밥이 끓는 동안 반찬을 만드는 순지는 이젠 엄마대신 그 시간 속에, 밥이 끓는 시간 속에 들어가 있다. 할머니의 집으로 마침내 돌아온 초라한 아버지에게 밥을 지어주는 순지의 모습에서 밥이 끓는 시간에 잊었던 행복을 찾게 된다.

IMF 이후 실직, 명예 · 조기 퇴직, 사오정(회사에서는 45세가 정년), 삼팔선(회사에서 38세를 넘기가 힘들다) 등의 말이 유행하기 시작했다. 이유 없이 엄마 아빠가 미워질 때, 왜 나만 힘들지 라는 생각이 들 때 읽으면 늘 함께 있어주는 부모님에 대한 든든함과 공부할 수 있는 환경에 정말 감사할 것이다.

아르네가 남긴 것 | 지크프리트 렌츠 | 사계절 | 2002

이 책은 뛰어난 언어 재능과 글 솜씨, 예민한 감수성과 순수함을 지닌 열두 살 소년 아르네에 대한 이야기다. 아르네는 가족들의 비극적인 죽음으로 고아가 되어 아버지의 친구 집에 맡겨져 생활하다 결국에는 사회에 적응하지 못하고 자살하고 만다.

책은 한스가 아르네의 유품을 정리하는 것으로 시작된다. 12살의 아르네를 자신의 친구로 받아들이는 17살의 한스와 부모님들, 하지만 라르스를 비롯한 친구들은 아르네를 자신들과 다르다는 이유로 결코 받아들이지 않는다.

아이들끼리의 비밀스런 공모가 자신 때문에 수포로 돌아가고 모든 책임과 비난이 자신에게 쏟아져 더 이상 사람과의 관계에 대한 '희망'이 보이지 않자, 아르네는 믿었던 사람들에게의 배신과 자신을 친 가족처럼 보살펴 준 한스 가족에 대한 미안한 마음으로 배를 타고 나가서는 돌아오지 않는다.

5살의 나이 차이에도 불구하고 아르네를 친구로 받아들인 한스처럼 다른 사람들은 왜 아르네를 받아들이지 못했을까? 혹시 내 주변에는 이런 예민한 아이가 없는 지, 아픔을 감추고 있는 아이는 없는지, 아르네의 유품을 정리하는 한스와 함께 우리도 타인의 삶을 있는 그대로 바라볼 수 있는 눈을 키워야겠다. 가까이 있는 친구의 소중함을 느끼고 싶을 때 읽으면 좋은 책이다.

바람의 딸, 우리 땅에 서다 | 한비야 | 푸른숲 | 1999

이 책은 지난 6년 간 현대문명의 손길이 닿지 않는 전세계 65여 개국의 오지를 찾아 다녔던 여행가 한비야가 전라남도 해남 땅끝 마을에서 강원도 통일전망대까지 800km (2,000리)에 이르는 우리 땅을 49일 간 두 발로 걸어 다니며 쓴 여행기다.

"아버지, 나 다 크면 세계일주 꼭 할 거예요."라고 말한 초등학생의 꿈이 이루어졌다. 오대양 육대주를 누비고 다닌 한비야가 우리나라 국토종단으로 세계여행을 마무리한 것이다.

전라남도 땅끝 마을부터 강원도 통일전망대까지 2천리 길!

여자 혼자 다니면 안 된다, 시집이나 가라, 무슨 영화를 보려고 하느냐 등의 민박집 할머니의 말씀 속에서 우리나라만의 푸근함을 느끼고 퉁퉁 부은 발을 따뜻한 물에 담그며 스스로를 달래기도 한다.

그녀가 걸은 좁은 국도, 때론 비바람에, 우박에, 입산금지 팻말에, 민간인 통제구역에 그녀가 오롯이 통일전망대까지 도착할 수 있었던 것은 그녀 스스로의 믿음이었다.

"너무 거창해서 엄두가 나지 않는 일도 첫 마음 변치 않고 꾸준히 하면 바라던 것을 얻을 수 있다. 내겐 뛰는 재주도, 나는 재주도 없다. 그저 한 발짝 한 발짝 걸었을 뿐. 낙

숫물 한 방울 한 방울이 바위를 뚫고, 나무 한 그루 한 그루가 푸른 숲을 이룰 수 있다는 것을 이제 나는 믿는다.”는 작가의 말이 무척 인상 깊다.

내일도 모레도 아닌, 오늘 한꺼번에 많이씩이 아닌, 한 번에 한 걸음씩 그 꿈을 향해 걸어 나가길 빌며 소중한 꿈을 이루고 싶은 사람들에게 이 책을 권한다.

우포늪엔 공룡 똥구멍이 있다 | 손호경 | 푸른책들 | 2003

이 책은 우포늪 언저리에서 어린 시절을 보낸 지은이의 경험을 토대로 우포늪을 공룡으로 믿고 있는 세 아이의 모험과 우정을 재미있게 그려낸 책이다.

이 책의 공간적 배경은 자연의 원시성이 고스란히 간직되고 있는 우포늪이다.

할아버지와 함께 우포마을에 살고 있는 푸름이에게는 옆집에 사는 마루만 알고 있는 비밀이 있다. 바로 우포늪에 공룡이 산다는 것. 서울서 전학 온 선호는 두 아이의 생각을 비웃지만, 셋은 친구가 된다. 하지만, 아이들과 다르게 어른들은 쉽사리 생각의 차이를 좁히지 못한다.

우포늪 전체를 거대한 공룡으로 만들고 푸름이와 마루가 공룡 똥구멍을 매일 지켜보며 공룡이 방귀 끼기만을 기다리며 아름다운 추억들을 만든다.

“공룡아, 공룡아, 잠꾸러기 공룡아! 아직도 자나? 어서 일어 나래이. 어서 일어나, 방귀 한번 뀌어 보래이.”

소아마비로 늘 집에 있어야만 하는 마루와 일하러 떠난 아버지를 기다리며 할아버지랑 단 둘이 사는 푸름이, 백과사전을 운운 하는 수호가 만들어가는 우포늪에서의 우정은 개발이라는 이름으로 자연이 파괴되어가는 요즘, 아련한 추억처럼 아름답기만 하다.

자연을 그저 있는 그대로 봐주는 것, 자연을 말 그대로 자연인 채로 놔주는 의도적인 ‘무관심’이 가장 필요하다고 작가는 힘주어 말하고 있다.

친구가 그리울 때나, 여행을 떠나기 전, 도시에만 사는 친구들이 읽어보면 좋은 추억을 만들 수 있을 것이다.

소녀의 마음 | 하이타니 겐지로 | 양철북 | 2004

이 책은 『나는 선생님이 좋아요』로 유명해진 하이타니 겐지로의 작품으로 부모의 이혼으로 또래보다 일찍 세상의 비밀을 알아 버린 소녀 '가스리'의 성장기를 그리고 있다.

눈에 띄는 것은 이야기의 진행이 대부분 대화체이고 그들이 나누는 대화가 꾸밈없고 진솔한 우리들의 이야기라는 것이다.

가스리라는 여자아이의 눈을 통해서 작가는 현대 가족의 모습과 인간관계, 의사소통의 문제들을 담아내고 있다. 타고난 예술가로서 자유인으로 살고 싶어 하는 아빠, 늘 사랑에 목말라하며 가스리와 사사건건 티격태격하는 미대교수 엄마, 무뚝뚝하고 매사에 비판적이지만 사실은 인정 많고 속 깊은 남자친구 우에노 등의 인물들과 부딪히고 갈등하며 가스리는 성장해 간다.

부모의 이혼을 보며 성장하는 가스리, "아빠, 부모의 이혼이 자녀를 불행하게 한다고 말하는 사람들이 많지만, 내 생각은 달라. 세상에는 부모가 헤어져서 불행한 아이도 많지만, 부모가 헤어지지 않아서 불행한 아이도 그만큼 많잖아. 이런 말을 하면 아빠 엄마한테 미안하지만, 나는 아빠 엄마를 통해서, 아빠 엄마의 이혼을 보고 성장했다고 할 수 있어."라고 말하는 가스리의 말처럼 세상에는 부모와 헤어져서 불행한 아이도 많지만 부모가 헤어지지 않아 불행한 아이도 그만큼 많은 것이 현실이다.

저마다 다른 방식으로 삶을 살아가는 타인을 어떻게 바라볼 것인지, '인간의 조건'이 무엇인지 등의 질문을 스스로에게 던지며 부모의 잦은 다툼이나, 별거, 이혼 등으로 마음 아픈 친구들이 읽었으면 좋겠다.

어느날 내가 죽었습니다 | 이경혜 | 바람의 아이들 | 2004

이 책은 동화 작가 이경혜가 처음으로 쓴 중학생 소설이다.

책은 유미의 절친한 친구 재준이가 오토바이 사고로 죽자 재준이 어머니의 부탁으로 유미가 재준이의 일기장을 보는 것으로 시작된다. 일기장을 펼치자 나오는 '어느 날 내가 죽었습니다. 내 죽음의 의미는 무엇일까요?'라는 충격적인 첫 마디!

일기장에는 자주 죽음을 상상하던 재준이의 생생한 감정들이 들어 있다.

부모의 이혼으로 유미는 마음의 문을 닫아버린다. 엄마도 재혼을 하고 아빠도 재혼을 한다. 새로 전학 온 학교에서 유미는 튀는 행동으로 선생님들과 친구들의 따돌림 속에서 진한 외로움을 겪는다. 당찬 유미와 달리 그의 친구 재준이는 엄마의 천식이 도질까봐 하기 싫은 학원도 억지로 다니고, 기대가 크신 아빠에게 따귀를 맞는 등 소심한 미소년이다.

유미 어머니의 "현재의 학교 교육은 고양이고, 금붕어이고, 뱀이고, 코끼리고 모두 모아다가 각자 잘 하는 걸 하는 게 아니라 그 모든 동물들을 똑같이 만들게 하는 교육이다. 고양이더러 물속에서 헤엄도 치고, 똬리도 틀고, 코로 물도 뿜으라고 요구한다."라는 말이 꽤 인상적이다.

요즘의 청소년들은 교육이라는 사각의 틀 안에서 정신없이 공부와 싸움하고 있다.

재준이가 평소 하던 '시체놀이'처럼 우리 청소년들은 정말 죽는 연습을 하고 있는 건 아닌지, 놀이가 문화를 반영한다면 10대들의 이유 없는 죽음에 어른들은 분명 또렷한 대답을 내놓아야 할 것이다.

일상이 지루하다고 생각될 때, 죽고 싶다는 생각이 들 때, 고리타분한 어른들이 싫어질 때 이 책을 읽으며 자신에게 격려의 말을 스스로 해보았으면 좋겠다.

가시고기 | 조창인 | 밝은세상 | 2000

이 책은 백혈병 아이를 돌보는 아버지의 진한 사랑을 담고 있는 책이다. 똑똑한 다움이는 책에서 본 가시고기가 아빠 같다고 생각한다.

엄마 가시고기는 알들을 낳은 후에 어디론가 달아나 버리지만 아빠 가시고기는 혼자 남아서 알들을 먹으려고 달려드는 다른 물고기들과 목숨을 걸고 싸우고 먹지도, 잠을 자지도 않으면서 열심히 알들을 보호한다. 깨어나 무럭무럭 자라난 새끼들은 어느 날 엄마처럼 제 갈 길로 떠나버린다. 홀로 남은 아빠 가시고기는 돌 틈에 머리를 박고 죽어버린다.

　아들의 백혈병 치료를 위해서 집도 팔고, 주위 사람들에게 고개 숙여 돈을 빌리고, 비굴한 시를 쓰고, 심지어는 자신의 장기까지 매매하려는 '아버지'라는 존재 앞에 저절로 목이 메이고 고개가 숙여진다.

　이 책은 서로가 각자의 일에 바빠 대화 할 시간이 없는 세상 모든 아버지와 아이들이 읽었으면 좋겠다.

지구촌 환경 이야기 ㅣ 최 열 ㅣ 청년사 ㅣ 2002

　이 책은 자연 환경을 깨끗이 하기 위한 활동을 하는 환경운동연합의 사무총장인 최열의 '자연 사랑' 이야기다.

　도시의 하늘은 파란색일 때보다 회색일 때가 더 많고, 강은 뿌옇고 땅은 아스팔트로 변해 사람들의 먹거리도 오염되고 말았다. 최열은 이 책에서 전 세계의 환경 문제를 짚어 보면서 어떻게 환경 문제를 해결할지 그 실천방법을 이야기하고 있다.

　우리가 흔히 먹는 라면에는 라면의 면발을 쫄깃하게 만드는 인산, 면발을 먹음직스럽게 하는 여러 가지 식용색소, 기름이 변하는 것을 막는 산화방지제가 들어 있다. 게다가 스프는 화학 조미료 덩어리라고 할 수 있다. 결국 식품회사는 가공 식품을 먹음직스럽게 보이도록 만들고, 유통 기간을 늘리려고 식품 첨가물을 넣는 것이다.

　특히 어린이들이 좋아하는 햄버거, 아이스크림, 과자, 라면, 햄 등은 화학물질인 식품 첨가물이 대량 들어 있다. 식품 첨가물을 덜 먹기 위해서는 첨가물이 들어간 가공식품을 덜 사먹는 방법밖엔 없다.

　작가는 "이렇게 환경이 병든 것은 그 동안 어른들이 자연을 함부로 대했기 때문이야. 그런데 왜 너희에게 환경 문제를 이야기할까. 환경을 오염시킨 것은 어른들인데 말이지. 그건 너희도 언젠가는 어른이 되기 때문이야. 어렸을 적 버릇은 어른이 되어서도 계속된단다. 너희가 지금부터 지구와 친구가 되어서 친구가 어디가 아픈지를 알고, 아픈 친구를 위해서 어떻게 살아야 하는지를 익히지 않으면 어른이 되어서도 병든 지구를 치료할 수 없어."라고 말하며 작은 실천을 이야기 하고 있다.

밥 먹기 싫어서 인스턴트 음식을 사먹는 아이나, 군것질을 좋아하는 아이들에게 이 책을 권한다.

다이고로야 고마워 | 오타니 준코 | 오늘의 책 | 2001

이 책은 사진작가 오타니 에이지가 세 딸과 팔다리가 없는 기형 아기 원숭이를 돌본 이야기다.

일본 각지를 돌아다니며 야생원숭이들을 찾아 사진을 찍는 오타니 에이지는 야와지 시마 섬의 원숭이 센터에서 다이고로를 만났다. 다이고로는 체중 300그램의 원숭이로 뒷다리는 아예 흔적도 없고 앞발은 팔꿈치에 약간 붙어 있다. 오뚝이처럼 생긴 이 원숭이를 집으로 데리고 와 강하게 살라고 다이고로라는 이름을 붙여주고 친자식처럼 키운다.

가사상태로 버려진 다이고로를 아이들은 동생을 대하듯 함께 자고 목욕하고 장난을 친다. 기형의 작은 몸으로 기고 걷고 텔레비전 채널을 트는 다이고로는 늘 엄마를 차지하려는 막내이고 엄마의 젖을 빠는 사랑스런 가족이 되었다.

일본의 고도 성장기에 자연과 인간을 무시하는 공업개발계획, 화력발전소, 원자력발전소 등으로 공해문제가 심각해졌다. 비단 다이고로의 문제만은 아니겠지만 렌즈를 통해서 생명의 존엄을 가르쳐주고 죽은 다이고로를 가슴에 묻고 살아가는 가족들의 모습에서 생명의 존귀함에 다시 한 번 눈뜨게 된다.

이 책은 자신이 쓸모없는 존재라고 생각될 때, 살기 싫을 때, 이유 없이 화가 날 때 읽어 보았으면 좋겠다.

오체 불만족 | 오토다케 히로타다 | 창해 | 1999

'사지절단증'이라는 기괴한 병에 걸린 채 세상에 태어난 오토다케 히로타다가 삶을 주체적으로 당당하게 살아나가는 모습을 보여준다.

일반 책들은 책 제목이나 책 표지의 짧은 소개글이 책의 전체적인 인상을 좌우하지만 오체불만족이라는 이 책은 오토다케 히로타다의 사진 한 장만으로도 충분히 책을 표현하고 있다. 표지 사진에는 손도 다리도 없는 오토다케가 밝은 모습으로 자신보다 훨씬 큰 휠체어를 타고 횡단보도를 건너고 있다.

선천성 사지절단으로 태어날 때부터 팔과 다리가 없이 태어났지만 어머니는 "어머, 귀여운 우리 아기……" 하며 놀라움이 아니라 기쁨으로 아이의 탄생을 기뻐했고 선생님은 오토다케를 응석받이로 만들지 않고 엄하게 대해 주셨고, 친구들은 반 구성원의 한 사람으로 자연스럽게 오토다케를 받아주었다.

'장애가 있긴 하지만 나는 인생이 즐거워요'라며 오토다케는 모든 사람이 주어진 생명을 헛되이 낭비하지 않고 그 생명을 최대한 활용해서 살아가기 위해서라도 '자기다움'을 잃지 않고 자신에게 긍지를 갖고 살아가야 한다고 힘주어 말하고 있다. 비록 오체는 불만족이지만 그의 인생은 대만족인 오토다케를 통해서 우리의 삶도 되돌아보는 시간을 가졌으면 좋겠다.

이 책을 자신의 외모 때문에 고민하는 친구나, 자신의 가정환경에 불만이 많은 친구, 자신감이 부족한 친구, 성적 때문에 괴로워하는 친구들에게 권한다.

화 | 틱낫한 | 명진 | 2002

틱낫한은 베트남의 승려이자 시인, 평화운동가로 열여섯의 나이에 불가에 입문하여 평생 구도자의 길을 걷고 있다. 베트남 전쟁 당시 죽어가는 동포들을 위해 전세계를 순회하며 전쟁을 반대하는 연설과 법회를 열고, 불교평화대표단 의장으로서 파리 평화회의를 이끌었다.

달라이 라마와 함께 세계 불교계의 큰스님으로 존경받는 틱낫한은 그 어느 것도 화를 푸는 근본 해결책은 아니라고 말한다. 함부로 떼어낼 수 없는 신체장기처럼 화도 우리의 일부이므로 억지로 참거나 제거하려 애쓸 필요가 없다고 한다.

오히려 화를 울고 있는 아기라고 생각하고 보듬고 달래라고 충고한다. 화가 났을 때는 남을 탓하거나 스스로 자책하기보다는 자신의 마음을 다스리는 것이 가장 시급한 일이라는 것이다. 그러기 위해서는 어떠한 자극에도 감정의 동요를 받지 않고 늘 평상심을 유지하는 방법을 알아야 한다.

만약 우리들의 집에 불이 났다면 우리는 무엇보다 먼저 그 불을 끄려고 해야 한다. 하지만 우리는 대부분 방화범의 혐의가 있는 자를 잡으러 가기 바쁘다.

틱낫한은 우리에게 우리 안의 불을 끄기 위한 매우 효과적인 방법으로 의식적인 호흡, 의식적으로 걷기, 화를 끌어안기, 우리의 지각의 본성을 깊이 들여다보기, 타인의 내면을 깊이 들여다봄으로써 그 사람도 많은 고통을 당하고 있으며 도움을 필요로 하고 있음을 깨달을 수 있다고 말한다.

인생에서 '관계'보다 중요한 건 없다. 여자들은 화를 너무 참아서 병을 얻고 남자들은 화를 표현하는 방법을 몰라서 폭력적으로 변한다. 그렇게 자신과 남을 가장 고통스럽게 하는 것이 '화'이다. 화를 다스리기 위한 방법들을 실천함으로써 의식적으로 우리의 마음 밭에 기쁨, 사랑, 즐거움, 희망과 같은 긍정의 씨앗이 자랄 수 있도록 노력해야겠다.

부모님과 다투었을 때, 친구와 말싸움 했을 때, 속상할 때, 화가 날 때 이 책을 읽고 자신 안에 있는 긍정의 씨앗들을 살펴보기 바란다.

손과 눈과 소리와 | 하이타니 겐지로 | 양철북 | 2003

이 책은 하이타니 겐지로의 물, 손, 눈, 소리, 친구의 5개의 짧은 단편 소설 모음이다.

하이타니 겐지로는 17년 동안 교사 생활을 한 뒤, 교실에서 접했던 어린이들의 생명력을 그린 작품들을 발표하여 일본뿐 아니라 세계 여러 나라에 소개되었다.

일본인으로 살아가야 하는 재일동포의 설움을 표현한 '물 이야기', 오키나와의 고통을 잊고 사는 일본인들에게 경종을 울리는 '손', 대동아공영권을 주장하며 침략 전쟁을 일삼았던 일본 제국주의의 흔적들을 더듬으며 쓴 '눈', 언어 장애를 지닌 특수반을 맡은 교사의 눈을 통해 아이들의 소리에 귀 기울이는 '소리', 학생들의 목소리가 교사에 닿지 않는 학교 현장을 고발한 '친구' 등이 수록되었다.

특히 일본인 작가가 일제강점기시절의 한 수영 선수의 설움을 이야기하는 '물'은 국경을 초월한 인간애를 가슴 찡하게 보여주고 있다.

작가의 말 중에서 "막걸리에 흠뻑 취해서 서로 기분 좋게 헤어졌습니다. 그런데 그 사람이 마지막으로 한 말에, 나는 피가 얼어붙는 것 같았습니다. 즐거운 시간이었습니다. 정말 오랜만에 일본말로 이야기를 했습니다. 지난 30여 년 동안 나는 단 한 번도 일본말로 이야기한 적이 없습니다. 그것이 일본과 일본인에 대한 그 사람의 저항이었던 것입니다."라는 부분은 일본과 한국의 극복되지 않는 과거사 문제를 다시 한 번 생각해 보게 된다.

일본에 관심이 많은 친구나 이유 없이 일본인을 싫어하는 친구들에게 권한다.

세계가 만일 100명의 사람이라면 | 도넬라 메도스 | 국일미디어 | 2002

이 책은 환경학자 도넬라 메도스(Donella Medows) 박사가 쓴 신문 칼럼이 e메일을 통해 퍼지면서, 종내에는 출판까지 된 책이다. 원래는 "세계가 만일 1,000명의 사람이라면"이란 글인데 메일 전달 과정에서 '100명'으로 바뀌었다.

책은 세계 인구를 100명이라고 보면 그중 20명은 영양실조이고 1명은 굶어죽기 직전이지만 다른 15명은 비만이고 또 6명만이 전체 부의 59%를 차지하고 있으며 그들은 모두 미국사람이라고 말하고 있다.

75명은 먹을 양식을 비축해 놓았고 비와 이슬을 피할 집이 있지만 나머지 25명은 그렇지 못하고 17명은 깨끗하고 안전한 물을 마실 수조차 없다. 자가용을 가진 사람은 100명 중 7명 안에 드는 부자이고 2명만이 컴퓨터를 가지고 있다.

이런 식으로 63억이라는 추상적인 숫자를 100으로 압축해 읽는 즉시 세계 상황을 통찰할 수 있도록 도왔다.

늘 엄청난 수치에 통계로 나온 자료들을 소홀히 다루었는데, 100이라는 숫자로 실감 나게 표현해 주어 저절로 고개가 끄덕여지는 책이다.

이 책은 하루하루가 무의미하다고 생각될 때, 나만 힘들다고 생각될 때, 외국여행을 하기 전에 읽었으면 좋겠다.

얼굴 빨개지는 아이 | 장 자끄 상뻬 | 열린책들 | 1999

이 책은 시도 때도 없이 얼굴이 빨개지는 특이한 병(?) 때문에 따돌림 받고 외로워하는 아이가 역시 시도 때도 없이 재채기를 쏟아내는 아이를 만나면서 키워가는 우정을 이야기하고 있다.

마르슬랭에게는 큰 고민이 있다. 시도 때도 없이 얼굴이 빨개진다는 것.

친구들은 항상 묻는다. '왜 그렇게 얼굴이 빨갛니?' 대답하기 귀찮은 마르슬랭은 혼자 노는 걸 더 좋아하게 된다. 그래서 늘 혼자다.

외톨이인 마르슬랭에게는 어디에서고 '아아츄' 재채기를 해대는 르네 라토라는 친구가 생긴다. 마르슬랭과 르네는 서로 닮은 모습을 보면서 그때까지 아픔이었던 서로의 특징들을 우정 안에서 즐거움과 신나는 나날로 이어가지만 르네가 이사를 가게 된다. 시간이 흘러 어른이 된 마르슬랭, 여전히 얼굴이 자주 빨개진다.

어느 날 우연히 길에서 끊이지 않는 재채기 소리를 듣게 되고 그 재채기 소리의 주인공 르네를 다시 만난다. 이제 어른이 된 두 사람의 우정은 더욱더 깊어진다.

콤플렉스를 갖고 있지만 우정과 사랑으로 서로의 아픔을 달래며 성장해 나가는 두 사람의 우정이 하얀 지면에 각자의 색깔을 상징하는 빨간색과 노란색으로 그려지고 있다.

내가 싫어질 때, 나의 외모 때문에 고민될 때, 친구와 다투었을 때 읽으면 좋겠다.

아들의 행진곡이 들려온다 | 구리 료헤이 | 청조사 | 2003

이 책은 『우동 한그릇』의 작가 구리 료헤이의 또 다른 작품이다.

겐이라는 늦둥이 외아들을 둔 경찰관은 교통사고로 아이를 잃게 된다. 자신과 같은 불행을 막고자 주변 사람들의 미움에도 불구하고 혹독하게 교통사고를 단속한다. 겐이 죽은지 1년 후 겐의 아버지는 아침 여섯시부터 여덟시 반까지 달려오는 자동차 한대 한 대를 향해 제복을 입고 경례를 붙인다. 처음에는 겐의 아버지를 괴롭히려고 국도 운전수들이 크락션을 울리고 배기가스를 내뿜고 도망가지만 점차 운전자들도 마음의 빗장을 연다. 겐 아버지의 이런 행동은 죽음의 12번 국도를 교통사고 부상자 제로의 날을 만들어냈고 학생들과 주민들의 자발적인 참여를 이끌어냈다.

아직도 구리 료헤이는 구연회장을 돌아다니며 "규칙을 지켜 교통사고를 당하지 않도록 하는 것도 커다란 효도입니다. 또한 어른들은 무한한 가능성을 간직하고 있는 아이들의 목숨을 교통사고의 소용돌이에서 지켜 줍시다."라고 외치고 있다.

이 외에 가족의 소중함을 일깨워주는 〈빨간 카네이션, 하얀 카네이션〉이 함께 실려 있다.

나만 힘들다고 생각할 때, 우리 가정에만 나쁜 일이 생긴다고 생각할 때 읽으면 주변 사람들과 함께 이겨내는 지혜를 얻을 수 있다.

참 맑은 이야기 | 법정 | 동쪽나라 | 2002

이 책은 법정 스님이 쓴 글 중 어린이와 청소년에게 들려주고 싶은 이야기만을 가려 뽑아 만든 책으로 읽으면 읽을수록 마음이 맑아지고 지혜로워지는 서른한 편의 이야기를 담았다.

법정 스님은 70년대 말 모든 공직을 버리고 송광사 뒷산에 스스로 불일암을 지어 칩거한 후 글로써 중생제도에 임했다. '선택한 가난은 가난이 아니다' 라는 청빈의 도를 실천하며 '무소유' 의 참된 가치를 널리 알렸다.

특히 〈오르막길과 내리막 길〉에서는 "만일 우리가 평탄한 길만 걷는다고 생각해 보세요. 10년 20년 한 생애를 늘 평탄한 길만 간다고 생각해 보세요. 그 인생이 얼마나 지루하겠습니까? 힘들지만 오르막길로 가야 합니다. 오르막길로 가야 뭔가 뻐근한 삶의 저항 같은 것도 느끼고, 창조의 의욕도 생겨나고, 또 새로운 삶의 의지도 지닐 수 있습니다. 오르막길을 통해서만 우리는 거듭 태어날 수 있는 것입니다."는 삶에 대한 훈훈한 메시지가 잔잔한 감동을 준다.

가정이나 학교 문제로 힘들 때, 누군가에게 기대고 싶을 때, 뭔가 허전할 때 읽으면 작은 글들이 마음을 가득 채워 줄 것이다.

신경림의 시인을 찾아서 2 | 신경림 | 우리교육 | 2002

『신경림의 시인을 찾아서 1』이 과거의 시인들을 대상으로 삼았다면, 이 책 2권은 김지하부터 안도현, 조태일, 도종환, 고은 등에 이르기까지, 현역으로 활동 중인 시인 23명을 소개했다.

김지하 : 치열한 삶, 진정한 사고, 깊은 사색의 시인, 정희성 : 낮고 작은 목소리의 높고 큰 울림, 김종길 : 유가적 전통의 아름다움, 김준태 : 빛고을에 빛을 더하는 새로운 서정, 이상국 : 소의 시에서 탈속의 시로, 양채영 : 풀꽃과 노새의 시인, 도종환 : 부드러우면서도 곧은 시인, 민 영 : 저자에 뒹구는 구도의 시인, 조태일 : 크고도 다감한 시, 남성적이면서 섬세한 시, 강은교 : 허무와 신비와 감수성의 시인, 황명걸 : 실험과 참여를 넘나든 시인, 이선관 : 시를 가지고 세상의 불구를 바로잡는 시인 등으로 친분이 있는 시인들의 모습들을 사실적으로 이야기하고 있다.

신경림은 1955년 '문학예술'에 시「갈대」,「묘비」등이 추천되어 등단했다. 만해문학상, 한국문학작가상, 이산문학상 등을 수상했다. 2005년 현재 동국대학교 석좌교수이며 시집으로는 『농무』, 『새재』, 『남한강』 등이 있다.

한 편의 시를 제대로 이해하기 위해서는 시뿐만 아니라 시인의 인생, 사상, 삶의 조건 등을 굵은 포물선 그리듯 가늠하여 읽어 나가야 한다는 저자의 생각이 깔려 있다.

신경림은 "시가 감동을 주는 것은 그것이 삶에 깊이 뿌리박고 있기 때문으로서, 삶과 동떨어진 시는 결코 감동을 주지 못한다는 사실도 깨달았다. 시에 있어서 아름다움이란 삶에 뿌리박은 데서 비로소 오는 것이란 생각도 하게 된 것이다. 물론 나는 사람과 시는 일치한다는 따위 케케묵은 주장을 할 생각은 없다. 그러나 역시 시는 진실과 가장 가까이 있을 때 울림이 크고 빛이 나는 것은 틀림이 없었다."라고 시인과 시를 함께 이야기한 부분이 인상적이다.

국어시간 메마른 학교 교육만으론 시의 세계를 제대로 이해할 수 없다. 훌륭한 선배인 신경림 시인과 함께 시인과 시의 세계 속으로 여행을 떠난다면 멋진 시의 세계를 맘껏 느낄 수 있다.

교과서 속의 시가 식상해질 때, 문학기행을 할 때, 시에 담긴 작가정신이 궁금할 때 이 책을 읽어보았으면 좋겠다.

엄마, 힘들 땐 울어도 괜찮아 | 김상복 | 21세기북스 | 2004

이 책은 중학교에서 도덕을 가르치고 계신 선생님이 학생들에게 수행평가로 "칭찬일기"를 쓰게 하고 그 과정과 소감을 적은 짧은 일기를 만화형식으로 재미있게 만든 것이다.

그 내용은 칭찬 상황, 칭찬한 말, 부모님의 반응, 활동에 대한 나의 생각을 적는 것으로 칭찬일기는 부모님 모르게 적어야 한다. 처음에는 수행평가로 마지못해 부모님을 칭찬하던 아이들이 부모님의 작은 행동에도 칭찬하게 되었고, 부모님도 차츰 아이들의 마음을 이해하고 자랑스러워하시며 행복한 가정에 기뻐하셨다.

"열심히 일하시는 아빠가 자랑스러워요." "엄마는 웃는 얼굴이 너무 예뻐요." "넉넉하게 나온 배가 좋습니다." "부모님이 계시는 그 자체가 사랑스럽습니다." 등의 칭찬의 말들이 가족들의 마음을 조금씩 열게 했고 무엇보다 가정의 소중함을 새롭게 인식하게 했다.

집에 들어가기 싫을 때, 부모님과 다투었을 때, 집안 분위기가 썰렁할 때 이 책을 읽고 용기를 내어 부모님에게 칭찬을 한다면 더 큰 감동을 받을 수 있을 것이다.

애들아 너희가 나쁜 게 아니야 | 미즈타니 오사무 | 에이지21 | 2005

이 책은 마약상인에게 옆구리를 찔리고 조직폭력배의 사무실에서 손가락을 잘려 가면서도 거리에서 아이들을 만나는 일을 계속해온 덕에 "일본에서 가장 죽음 가까이에 서 있는 교사"라고 불리는 미즈타니 오사무의 이야기다.

"저, 원조교제했어요." / 괜찮아.

"저, 친구 왕따시키고 괴롭힌 적 있어요." / 괜찮아.

"저, 학교에도 안 가고 집에만 처박혀 있었어요." / 괜찮아.

어제까지의 일은 전부 괜찮단다.

"저, 죽어버리고 싶어요."

"하지만 얘들아, 그것만은 절대 안 돼. 우선 오늘부터 나랑 같이 생각을 해보자."

폭주족, 원조교제, 마약복용, 근친상간 등이 아이들을 내몰고 있는 현실에서 작가는 거리의 아이들에게 그냥 함께 있어 주고, 대화를 나누고, 전화를 걸면 달려 나가는 조건 없는 어른 친구이다.

등교거부, 마약중독, 성매매, 자살 등을 생각하며 아이들이 보내온 메일에 하나하나 답하고, 전화 상담을 하고, 전국 각지에서 부모들을 대상으로 강연회를 열고 있는 지은이의 바쁜 일상과 그 속에서 만난 아이들의 이야기가 소개된다.

나의 삶이 벼랑끝이라고 생각될 때 이 책을 만난다면 작가의 "괜찮아"라는 따뜻한 음성이 들려올 것이다.

보름달의 전설 | 미하엘 엔데 | 보림 | 2005

『보름달의 전설』은 『모모』, 『끝없는 이야기』의 작가 미하엘 엔데가 청소년과 성인을 위해 쓴 철학 그림책이다. 또한 이 책은 철학적 사유가 담긴 글과 사실적이면서도 초현실적인 '비네테 슈뢰더'의 그림이 빚어낸 감동적인 예술 작품이라고 평가되고 있다.

사랑하는 여인에게 상처받은 후, 세상을 등지고 진리와 영원을 추구하며 성서 연구에만 전념하는 성자와 세상에서 욕망만 쫓아 온갖 잔혹한 짓을 일삼다가 성자를 만나게 된 도둑. 둘은 스승과 제자가 된다. 그 둘 중에서 누가 진리를 깨달을 수 있을까?

진리와 영원을 추구하던 성자가 천사로 둔갑한 미물에게 현혹당하자 진리는커녕 자신의 죄를 회개조차 않던 도둑이 그를 구하게 된다.

이 책은 진정한 진리는 어디 있으며, 진정한 깨달음은 어디에 있는지, 결코 쉽지 않은 답에 대한 질문을 던지고 있다.

자아에 대한 성찰을 시작하는 청소년들에게 무거운 철학적 화두를 던짐으로써 내면을 들여다 볼 수 있는 계기를 만들어 줄 수 있을 것이다.

운하의 소녀 ㅣ 티에르 르냉 ㅣ 비룡소 ㅣ 2002

『운하의 소녀』는 '청소년기의 성폭력' 이라는 무거운 주제를 담은 청소년을 위한 소설이다.

사라의 담임선생님은 20년 만에 얼어붙은 운하를 보면서 20년 전의 슬픈 기억을 떠올리고, 한편 사라는 미술 선생님과의 은밀한 관계를 혼자 비밀로 간직한 채 서서히 자신을 망가뜨려가기 시작한다.

성폭력으로 인해 아픔을 안고 사는 사라와 그 고통을 함께 공유하고 치유하기 위해 노력하는 담임선생님. 두 사람의 관점에서 절제된 내용과 간결한 문체로 성폭력이라는 주제의 심각성에 대해서 잘 전달해 주고 있다.

사라는 미술 과외 선생님으로부터 성폭행을 당했다. 사라의 담임선생님은 20년 전 삼촌으로부터 성폭행을 당했으며, 아직도 그 고통에서 벗어나지 못한 채 살아가고 있다. 어린 시절의 성폭력이 한 사람의 성장에 얼마나 큰 고통을 안겨 주는지 알 수 있는 대목이다.

이 책은 아이들에게 가해지는 성범죄가 단순히 물리적이며 신체적 피해만을 준다는 인식에 변화를 주고 있다. 미처 어른들이 헤아리지 못한 아이들의 심리적 고통에 초점을 맞추었다. 마음의 상처를 어떻게 치유해 주어야 하며, 성폭력으로부터 어떻게 아이들을 지켜야 하는지에 대해 깊이 생각하게 한다.

국어시간에 시 읽기 | 배창환 엮음 | 나라말 | 2000

『국어시간에 시 읽기』는 오랜 교단생활로 학생들의 심리를 누구보다도 잘 알고 있는 선생님으로서 학생들이 쉽게 공감할 수 있는 시를 보여주자는 의도에서 만든 책이다.

'시'가 갓 피어나는 감수성에 단비의 역할을 한다고 생각하는 역자는 '시' 자체는 분석과 시험의 대상이 아니라, 사람의 삶을 노래하고 슬픔과 기쁨을 담는 그릇이라고 말하고 있다.

또한, 역자는 '나는 이 시모음집이 학생들 가슴 속 잔잔한 시의 연못에 던지는 하나의 돌멩이가 될 수만 있다면 그것으로 크게 만족할 것이다.'라며 이 시집을 엮어낸 진짜 이유를 말하고 있다.

책의 구성은 시의 주제에 따라 분류하여 학생들이 쉽게 읽을 수 있도록 되어 있다. 자아와 삶, 이웃과 역사 등 다양한 주제로 분류된 시를 읽으면서 가슴 벅찬 감동으로 시집을 움켜잡을 수 있을 것이다.

아버지의 편지 | 정약용 | 함께읽는책 | 2004

『아버지의 편지』는 조선 후기의 실학자인 다산 정약용 선생이 유배지에서 고향에 있는 두 아들에게 보낸 편지글이다.

유배지에 홀로 떨어져 자식들을 돌볼 수 없게 된 아버지는 오로지 편지만으로 자녀들과 대화하고 훈육하고 있다.

오랜 기간 가족을 떠나 있을 수밖에 없는 아버지의 애절한 사랑이 묻어나는 편지가 읽는 이로 하여금 가슴 뭉클함을 느끼게 한다.

학문의 태도에 관련된 독서의 필요성과 공부에 대하여, 생활인의 태도에 관련된 인간의 윤리와 실천에 대하여 아버지 다산은 차분한 어조로 가르치고 있다.

본문에 이런 구절이 나온다. "마음의 힘은 사람을 부지런하고 민첩하게 하고 지혜롭게 하며 어떤 일이든 이루게 하는 것인바, 진실로 마음을 굳건하게 먹고 한결같이 곧게 앞을 향해 나아간다면 큰 산이라도 옮길 수 있지 않겠느냐?" 책을 읽는 아이들에게 큰 용기를 심어줄 수 있는 구절이 될 것이다.

이 책은 아이들이 가져야 할 좋은 인성과 함께 예나 지금이나 변치 않는 올바른 학문과 삶에 대한 구체적인 실천 방안을 제시해주고 있다. 부모님의 사랑과 은혜를 되돌아볼 좋은 계기가 되고, 스스로 성장할 수 있는 기회가 될 것이다.

아름다운 단독 비행 | 임정진 | 두산동아 | 2002

『아름다운 단독 비행』은 초경량 비행기 최연소 단독 비행에 성공한 13세 소녀의 실화를 근거로 한 이야기이다.

이 글의 실제 주인공은 '안나영'이라는 당찬 소녀이다. 나영이는 가난한 가정환경과 주위의 따가운 시선을 떨치고, 자신과의 싸움을 통해 하늘을 난 국내 최연소 여자 초경량 비행기 조종사이다.

돌아가신 아버지에 대한 그리움과 엄마의 바람에 보답하기 위해서 노력하는 모습이 참 아름답게 보인다. 수줍고 내성적이던 나영이가 세상을 향해 큰 날개를 펼치고 하늘을 날아올라 '아름다운 단독 비행'의 나래를 펼친 것이다.

자신의 꿈을 이루기 위해서 쏟는 노력과 실천 과정에서 느끼고 깨닫게 되는 것들이 어쩌면 꿈을 달성하는 것보다 더 중요하다는 것을 배울 수 있을 것이다.

국어시간에 수필 읽기 | 윤영선 엮음 | 나라말 | 2000

『국어시간에 수필 읽기』는 서울 상경중학교 국어교사로 재직 중인 현직 교사가 청소년의 눈높이에 맞는 쉽고 감동적인 내용의 수필을 여러 편 엮어 놓은 책이다.

아이들의 국어 시간을 재미없게 만드는 여러 가지 것들 중에서 단연 빠질 수 없는 것은 바로 도저히 공감하기 힘든 교과서 속 어른들의 수필이다. 따라서, 중학생이 보는 책에는 중학생이 읽고 감동을 받을 수 있는 글이 실려야 한다는 것이 역자가 이 책을 만들게 된 동기이다.

수필은 작가의 개성이 묻어나는 글이다. 이 책에는 또래 아이들의 글에서부터 소설가, 시인 등 사회 각 분야에서 열심히 일하시는 분들의 글도 있다.

막 사춘기에 접어들어 자신의 존재감과 타인에 대해서 생각하기 시작한 청소년들에게 주위 사람들의 다양한 삶의 모습을 보여 줄 수 있는 책이다. 때로는 깔깔 웃고, 때로는 가슴이 저려 눈물을 흘릴지도 모른다. 그러면서 '이런 것이 사람 사는 진실한 모습이다'라고 느낄 수 있을 것이다.

공부하다가 간간히 읽으면 좋겠고, 책을 좋아하는 아이들이라면 순식간에 한 권을 다 읽어버릴지도 모르겠다.

로빈슨크루소 따라잡기 │ 박상준, 박경수 │ 뜨인돌 │ 1999

『로빈슨크루소 따라잡기』는 「신나는 로빈손」어드벤처 시리즈 중 제1탄이다. 로빈손은 멋진 해외여행을 꿈꾸며 비행기에 올랐다. 그러나 얼마쯤 갔을까. 갑자기 비행기가 굉음과 함께 '에어쇼' 하듯 흔들리고, 로빈손은 공포에 질려 떨다가 그만 기절해버리고 만다. 눈을 떠보니 도착한 곳은 무인도. 미지의 세계를 그리다 뜻밖에도 무지의 세계로 떨어진 그대. 과연 슬기롭게 살아남을 수 있겠는가?

이런 만약의 상황을 가상하며 읽는 재미가 솔솔한 책이다. 누구나 한번쯤은 무인도에서 고독하게 살아 보고 싶다며 소설 속 '로빈슨 크루소'를 꿈꾸어 보았을 것이다. 특히나 청소년기에는 끝없이 넓은 세상에서 혼자 살아갈 수 있는 담력을 길러보는 것도 좋으리라 생각한다.

풍요로운 물질문명에 젖어서 물질의 소중함을 모르는 현대인들 모두 낭비와 호화의 생활을 하는 것인지도 모르겠다. 육체적인 생존의 문제 앞에서는 정신적인 방황은 어쩜 한낱 사치일지도 모르겠다는 생각을 해 볼 수 있는 기회가 될 것이다.

혼자 있는 상황과 과연 살아날 수 있을까?라는 상상을 하다보면 자신에 대해서 깊이 있게 성찰할 수 있는 좋은 계기가 될 것이다.

중학교 1학년 | 수지 모건스턴 | 바람의 아이들 | 2004

『중학교 1학년』은 『조커』의 작가 수지 모건스턴 특유의 재치와 유머 그리고 그 속에 담긴 뼈 있는 말들이 발랄한 문체 속에 빛나는 작품이다.

이 작품은 프랑스 내 최고 베스트셀러가 되었으며, '프랑스 셍 브노아 상'을 수상했다. 또한 '여성인권문학상'의 수상작이기도 하다.

중학교 입학 통지서를 받은 마르고는 이제 어엿한 중학생이 될 것이다. 아이에서 청소년으로 탈바꿈하는 과정에서 느끼게 되는 기대감과 두려움을 아주 잘 묘사하고 있다. 중학교에 입학하기 위해서 준비해야 하는 사소한 것들. 증명사진을 찍어야 하고, 예방 접종 증명서를 찾아야 하고, 학교 준비물을 사야 하는 등 챙길 게 한두 가지가 아니다. 막상 중학교에 들어가서의 생활도 만만치가 않다. 시험과 친구들과의 관계, 학교생활의 전반적인 사항들을 아주 상세하게 묘사하고 있다.

중학교라는 새로운 세상 앞에서 느끼게 되는 막연한 두려움과 궁금증을 날려버릴 책이다. 물론 프랑스와 우리나라의 상황이 조금은 달라 이질감을 느낄 부분도 다소 있지만, 아이들의 심리를 잘 묘사했고, 그런 심리를 미리 읽어 볼 수 있다는 점에서 크게 문제가 되지 않을 것이다.

황토 | 김남중 | 아이세상 | 2003

『황토』는 어린이의 눈을 통해 '동학농민운동'을 다루고 있는 즉, 어린이가 동학혁명의 주인공인 이야기이다.

동학혁명이라는 역사적 사건을 다룬 동화이지만 극적 재미가 있고 인물들이 생동감 넘치는 책이다. 동학혁명을 거치면서 가족을 잃고 나약해진 소년 황토가 장년이 되어서 삼일만세운동에 나가는 모습은 감동적이다. 들풀 같은 민중의 작은 힘이 모여서 역사의 저변에 흐르고 그것이 오늘날까지 이어져 왔음을, 그래서 오늘의 내가 존재한다는 것을 깨닫게 해주는 책이다.

역사 속에는 사람이 있다. '이 책을 읽는 이들도 앞으로 백 년을 못 넘기고 역사의 한 부분이 될 것이다. 백 년 전 사람들이 우리에게 무엇을 주었듯 우리도 백 년 후 사람에게 줄 무언가를 지금 만들고 있다. 그것은 과연 무엇일까?'라는 작가의 말처럼, 현재의 나만을 보는 좁은 시야에서 과거를 알고, 현재를 정확히 보고, 미래를 내다 볼 수 있는 넓은 시야를 가진 아이가 될 수 있도록 도와줄 좋은 책이다.

역사라는 것이 단순히 교육교과목에 포함된, 그래서 억지로 배우고 암기해야 하는 과목이 아니라, 사람을 읽고, 사람에 대한 예의와 도리를 배울 수 있는 것임을 알려줄 것이다.

미노스 | 안니 M. G. 슈미트 | 바람의 아이들 | 2004

『미노스』는 네덜란드에서는 고전이 된 판타지 동화로 우리나라에는 2002년 부천 판타스틱 영화제에서 동명 영화로 먼저 소개된 작품이다.

매일 고양이 이야기만 써서 해고당할 위기에 놓인 숫기 없고 소심한 신문 기자 토마는 정의롭고 선량한 사람이지만 세상은 그를 알아주지 않는다. 그러나 고양이들만은 그를 인정하고 도와준다.

생화학 연구소 쓰레기통에서 무엇인가를 잘못 먹어서 사람이 된 고양이 미노스가 겉과 속이 다른 유명 인사 말베르를 고발하는 기사를 써서 해고당할 위기에 처한 토마를 도와준다. 그런 일을 계기로 수줍고 소심한 토마는 자신감을 회복하고 당당하게 자립하게 된다.

인간 사회에서는 영원히 약자일 수밖에 없는 미노스와 고양이들이 바르고 순박한 토마를 도와주고, 이기적인 인간들에게 보내는 풍자와 해학이 유쾌하게 펼쳐지고 있다.

깡통소년 | 크리스티네 뇌스틀링거 | 아이세움 | 2001

『깡통소년』은 어느 날 바톨로티 부인 앞으로 잘못 배달된 깡통 속에서 여덟 살짜리 남자 아이 콘라트가 나오면서 펼쳐지는 독특한 내용과 뛰어난 상상력의 묘사가 어우러진 작품이다.

작가 크리스티네 뇌스틀링거는 독일 어린이 문학상, 오스트리아 국가상 등을 수상했으며, 1984년에는 안데르센 상을 수상한 바 있다.

한 번도 자식을 길러본 적 없는 바톨로티 부인과 한 번도 인간 세상에서 살아 본 적 없는 콘라트가 겪는 좌충우돌 실수연발인 생활이 펼쳐진다.

뒤죽박죽이고 불규칙적이며 게을렀던 바톨로티 부인의 생활패턴은 깡통이 배달된 그날부터 달라진다. 누군가를 돌봐야 한다는 책임감에서부터 출발하여 결국에는 엄마의 정을 일깨워주게 된다.

그런 과정에서 사람으로 살아가기 위해서는 음식과 옷 또는 잠자리 같은 물질적인 것 말고도 사랑과 이해, 남을 배려하는 착한 마음이 절대적으로 필요하다는 것을 바톨로티 부인도 콘라트도 배우게 된다.

인간이 참치 통조림처럼 공장에서 마구 만들어진다는 기발한 상상을 해봄으로써 자신의 유일성을 다시 한 번 생각해보고, 그래서 더욱 소중한 자신을 발견할 수 있을 것이다.

아무도 네 인생을 대신 살아주지 않는다 | 필립 체스터필드 | 뜨란 | 2003

『아무도 네 인생을 대신 살아주지 않는다』는 저자가 네덜란드 헤이그에서 대사로 근무하는 동안 아들에게 자신이 경험으로 터득한 인생의 지혜를 적어 보낸 편지들을 1774년에 한데 엮은 것이다.

아버지가 전해주는 최고의 인생지침서로써 전 세계 1,000만 자녀들의 삶을 바꿔놓은 베스트셀러작품이기도 하다.

저자는 글을 통해서 젊은 시절이 얼마나 소중한지 거듭 강조하며, 후회 없는 삶을 살아가길 간절히 당부한다. 더불어 자신의 인생에서 주체적이며 능동적으로 행동하여 자기 인생의 최고 경영자가 되기를 거듭 강조하고 있다. '나는 할 수 없어'라고 생각하면 정말 그 일을 할 수 없다. 그러나 '아냐, 나는 할 수 있어'라고 자신감을 갖고 노력하면 무엇이든지 해낼 수가 있다. 노력하는 사람만이 원하는 것을 얻을 수 있다. 자신의 힘을 길러라. 빛나는 삶을 펼쳐 나가겠다는 뜻을 품어라. 그리고 무엇을 하든지 적극적으로, 역동적으로, 창의적으로 하라고 끝없이 당부하고 있다.

머잖아 사회라는 변화의 물결 속에서 경쟁하며 살아갈 수밖에 없는 아이들에게 강한 신념을 심어 줄 책이 될 것이다.

그리운 매화향기 | 장주식 | 한겨레아이들 | 2001

『그리운 매화향기』는 우리나라 경기도 남양반도에 있는 매향리의 1951년 봄부터 2000년 봄까지 일어난 실제 이야기이다.

매향리는 지금도 가보면 정말 시끄럽다. 비행기가 날마다 날아와서 폭탄도 쏘고 총도 쏘기 때문이다. 마치 전쟁터 같다. 6. 25전쟁이 끝났지만 매향리에서는 아직도 전쟁이 끝나지 않은 것이다. 미군 사격연습장이 들어섰기 때문이다.

주인공 진수는 비행기 조종사를 꿈꾸던 평범한 소년이었다. 그러나 포탄을 가지고 놀다가 폭발하는 사고를 당한다. 그 사고로 한쪽 눈을 잃어버리고 자신의 꿈마저 잃어버린 채 고향에서 살아간다.

매향리는 봄이면 집집마다 매화꽃이 만발하여 그 향기가 온 마을에 넘치던 아름다운 마을이었다. 어른이 된 진수는 미국이 앗아간 고향을 되찾고 다시 한 번 고향에서 매화향기가 흩날리기를 바라는 소박한 마음으로 미군과 투쟁을 시작하게 된다.

매향리의 역사는 우리의 부끄러운 현대사의 한 단면이다. 이 땅의 역사가 얼마나 참혹하고 비참할 수 있는지 이 책은 아주 담담하면서도 절절하게 보여주고 있다.

나무 | 베르나르 베르베르 | 열린책들 | 2003

『나무』는 『개미』, 『뇌』 등 국내에서 좋은 반응을 얻어 온 프랑스 작가 베르베르의 최근작이다.

이 책은 관습적인 사고방식을 탈피하고 세계를 새롭게 바라보게 해주는 스무 개의 기발한 착상과 환상적인 이야기를 담고 있다. 〈내겐 너무 좋은 세상〉에서는 자명종, 실내화, 커피 메이커 같은 모든 물건이 로봇으로서 자각하고, 욕망을 가지며, 말을 할 수 있다. 〈바캉스〉는 사람들이 타임머신을 타고 시간여행을 떠나는 것이 바로 바캉스인 세상을 그렸다. 〈조종〉에서는 제멋대로 행동하는 왼손 때문에 골치를 앓는 한 사내의 이야기를 하고 있다. 이렇듯, 기발한 상상력이 돋보이는 책이다.

도대체 그런 상상력은 어디서 나오는 것일까?라는 의문을 가지게 된다. 공부하는 것만이 세상의 전부가 되어버린 틀에 박힌 생활 속에서, 상상력 한 번 펼쳐보지 못하고, 창의력마저 고갈되어 가는 요즘 아이들에게 그 어떤 책보다도 신선한 아이디어를 제공해 줄 수 있을 것이다.

루나레나의 비밀편지 | 안명옥, 황미나 | 동아일보사 | 2003

"이 땅의 모든 딸들에게 드립니다"라는 메시지를 담고 있는 『루나레나의 비밀편지』는 산부인과 안명옥 교수와 만화가 황미나의 공저로 10대 소녀들을 위해 나온 책이다.

성장기에 나타나는 신체적인 변화와 그에 따른 관리에 대한 가이드 역할을 해준다. 초경을 시작하는 소녀들에게 생리에 관해서 단순한 상식보다는 의학적 상식을 제공하고 있어서 초경과 성장기 신체의 변화를 이해하는 데 많은 도움을 준다.

성과 몸의 변화에 대한 막연한 궁금증과 호기심에 대해서 건전한 방법으로 해소해 줄 수 있을 것이다. 더 나아가서는 무엇보다도 소중한 자신의 몸을 자각하게 되고, 자신을 아름답게 지킬 수 있는 것도 바로 자기 자신임을 알게 될 것이다.

스켈리그 | 데이비드 알몬드 | 비룡소 | 2002

『스켈리그』는 카네기 상과 휘트브레드 상을 수상한 작가 데이비드 알몬드의 작품이다.

마이클은 지긋지긋한 문제들로 주위가 엉망진창이다. 갓 태어난 여동생은 아파서 곧 죽을 것만 같고, 부모님은 여동생의 일로 온통 정신이 팔려 있다. 마이클에게는 모든 게 당황스럽고 절망적이다. 그러던 어느 날, 차고에서 거미줄과 죽은 청파리들이 덕지덕지 달라붙은 채 어둠 속에서 죽어가고 있는 '그', 스켈리그를 만난다. 마이클은 더럽기 짝이 없는 스켈리그의 회복을 돕는 과정을 통해서 세상의 아름다움을 발견하는 법을 배워간다.

작가는 청소년들에게 세상을 살다보면 즐겁고 기쁜 날 못지않게 힘들고 어려운 시절도 겪어 나가야 한다는 것을 전해주고 싶어 하는 것 같다. 또한 스켈리그에게서 천사의 날개를 본 것처럼 눈에 보이는 것만이 전부가 아니며 지금의 고통과 슬픔만이 삶의 전부가 아니라고 말하고 있다.

아무리 어렵고 힘든 상황에 처할지라도 그 속에서 아름다움을 볼 수 있는 사람에게는 희망이 다가오는 법. 어려운 일에 부딪혔을 때 돌아가거나 숨어버리는 나약한 사람이 되지 말고, 강한 신념으로 극복해 낼 수 있는 법을 배울 수 있을 것이다.

행복한 청소부 | 모니카 페트 | 풀빛 | 2000

『행복한 청소부』는 음악가와 시인들의 거리 표지판을 닦는 청소부 아저씨의 이야기이다.

자신의 직업을 자랑스럽게 여기면서 자기가 맡은 거리와 표지판을 열심히 청소하던 아저씨. 어느 날, 자기가 청소하는 표지판에 적힌 유명한 음악가와 작가에 대해서 아무 것도 모르고 있다는 사실을 깨닫게 된다. 그날부터 아저씨는 표지판에 적힌 음악가와 작가에 대해 조사하고 공부하게 된다. 시간이 흘러 아저씨는 일을 하면서 자기 자신에게 음악과 문학에 대해 스스로 강연을 했고, 많은 사람들이 그 강연을 들으러 아저씨 주위로 몰려들어, 유명해지게 된다. 심지어 대학에서도 아저씨에게 강연을 해달라고 부탁을 한다. 그러나 아저씨는 청소부 일을 계속하겠다며 정중히 거절을 한다.

물질의 풍요로움과 사회적인 성공을 중요시하는 현대사회에서 '행복이란 무엇인가?', '행복이란 과연 어디에서 오는가?', '삶에서 가장 중요한 것은 무엇인가?', '맛있는 음식을 먹고, 좋은 옷을 입고, 하고 싶은 일을 하는 것이 행복인가?' 등 행복의 조건과 기준에 대해서 깊이 있게 생각해보게 한다.

아우슈비츠 | 파스칼 크로시 | 문학세계사 | 2003

『아우슈비츠』는 2차 세계대전 중 '아우슈비츠' 수용소에서 살아남은 생존자들의 증언이 생생히 살아 있는 실화를 바탕으로 재구성 된 책이다.

책 표지의 어두운 배경과 공포와 슬픔을 느끼는 듯한 핏기 없는 소녀의 얼굴이 마치 공포영화를 연상하게 한다. 그래서 아이들의 손에 쉽게 다가가지 못할 것 같기도 하다. 만화 기법의 이 책은 글보다는 그림이 먼저 눈에 들어온다. 가스실에서 고통과 공포에 질려 죽어 가는 사람들의 모습은 처음에는 너무 충격적일 수도 있다. 그러나 본문을 읽어가면서부터는 알 수 없는 슬픔과 분노, 그리고 연민과 사랑을 느끼게 된다.

우리는 아우슈비츠의 비극을 어떻게 이해할 수 있을까? 남녀노소를 구분하지 않고 자행된 학살의 현장을 청소년들도 알아야 하지 않을까? 그리고 전 인류의 역사를 통해서 다시는 반복되어서는 안된다는 것을 강하게 인식할 수 있을 것이다.

작가는 말한다. '각각의 민족에겐 고유의 민족성이 있다는 단순하고 지극히 당연한 사실을 사람들에게 깨우쳐 주고 싶다.' 라고.

길 위의 소년 | 페터 헤르틀링 | 소년한길 | 2002

『길 위의 소년』은 많은 아이들이 쉽게 공감할 수 있는 이야기일 것이다. 왜냐하면 엄마 아빠가 싸워서 불안할 때나 집안 분위기가 답답하고 갑갑할 때는 집에서 벗어나고 싶다는 충동으로 공감대가 형성될 것이기 때문이다.

주인공 테오는 학교에서는 전혀 문제가 없는 아이이다. 그러나 집에만 들어오면 달라진다. 그 누구와도 대화를 나누려 하지 않고 오로지 방에서 상상하며 지낸다. 그 이유는 부모님의 잦은 싸움과 아버지의 폭력 때문이다.

이런 가정환경 속에서는 자연히 가족 간의 대화는 있을 수 없다. 테오는 그런 집에서 벗어나고 싶어서 가출을 결심하고 실행에 옮겼다가 다시 집으로 돌아온다. 가출한 후의 생활 또한 쉽지만은 않다. 그렇지만 마음이 따뜻한 사람들도 만나게 된다. 타인과의 진실한 대화를 통해서 닫혀 있던 테오의 마음도 서서히 열리게 되고, 가정의 소중함을 깨닫게 되면서 서서히 성장해간다.

가정의 불화 속에서 가출을 결심하는 아이의 심리를 아주 잘 묘사하고 있으며, 가출 후의 세상 모습도 객관적이며 현실적으로 잘 나타내고 있다. 이 책은 건강하지 못한 가정 속에서 상처받고 방황하는 아이의 모습을 잘 보여주고 있다. 또한 어른들에게는 가정과 자녀를 돌아볼 계기를 마련해 줄 것이다.

있는 그대로가 좋아 | 중학생 67명 | 이상석 편 | 보리 | 2005

『있는 그대로가 좋아』는 1982년에서 1984년 편자 이상석이 부산에 있는 중학교에서 교편을 잡고 있을 당시 학생들이 쓴 시를 엮어낸 책이다.

20년 전의 아이들이나 요즘의 아이들이나 그들이 느끼는 삶과 고민은 크게 다를 바 없다고 생각하는 편자는 이 책을 낸 까닭이 씩씩하고 당당하게 자신을 드러내며, 따뜻한 눈으로 이웃과 세상을 돌아보는 그 당시 아이들의 시가 요즘 아이들에게도 힘이 될 것이라고 믿기 때문이라고 한다.

책은 모두 3부로 나뉘어져 있다. 1부 '석 달 남은 입시'에서는 중학생들의 솔직한 생각과 삶이 담긴 시들이, 2부 '가난이 무슨 죄란 말인가'에서는 가난하지만 열심히 살아가는 식구들의 이야기가 있으며, 마지막 3부에는 몸으로 일하며 힘겹게 살아가는 동네 사람들의 이야기 '자갈치 아지매'가 실려 있다.

모리와 함께 한 화요일 | 미치 앨봄 | 세종서적 | 2002

■ 개인의 가치와 도덕 문제 / 삶의 세계와 가치 추구

이 책은 시한부 생명을 살고 있는 모리 슈워츠와 그의 제자 미치가 모리가 세상을 떠나기 전 서너 달 동안 매주 화요일에 만나 인생을 주제로 가진 수업 내용을 적은 글이다. 사회학과 교수로 사지를 쓰지 못하다가 결국 숨쉬기도 힘들어지는 루게릭 병이라는 희귀한 병을 앓으면서 죽음을 앞둔 환자 모리는 살아있는 우리들에게 살아있음의 의미, 죽어감의 의미를 들려준다. 우리는 인생의 마지막 순간까지 최선을 다하는 모리를 통하여 진정한 삶의 가치, 훌륭한 삶으로의 방향을 제시받을 수 있으며, 우리가 살고 있는 현재의 삶이 얼마나 진지하고 의미 있는가를 깨우칠 수 있다. 누군가의 스승이고자 하는 사람, 인생의 길을 밝혀줄 스승 한 분을 모시고 싶어하는 사람, 자기의 삶에 최선을 다하지 못하는 사람들에게 큰 깨우침을 주는 책이다.

어느 날 문득 일상으로부터 탈출하고 싶을 때 떠나는 자와 남는 자의 마지막 수업에 당신을 초대한다.

조화로운 삶 | 헬렌 니어링 | 보리 | 2000

■ 인간다운 삶의 자세

헬렌 니어링과 스코트 니어링 부부는 서구 문명이 그 누구에게도 안전한 삶을 보장

해주지 못한다고 생각해 뉴욕을 떠나 버몬트라는 시골로 내려간다. 그들은 자연 속에서 서로 돕고 기대며, 자유로운 시간을 실컷 누리면서 저마다 좋은 것을 생산하고 창조하는 삶을 머릿속에 그리고 있었다. 두 사람은 조화로운 삶을 살기 위한 원칙을 세운다. "삶은 만족감을 얻어야 한다."는 원칙을 기준으로 삼고 생활에 필요한 모든 것을 땅에서 얻는다는 건강한 철학을 끝까지 잃지 않았다.

단순하면서 충족된 스무 해의 삶의 기록이 각박하고 인공적인 시대를 살아가는 현대인에게 신선한 충격을 던져주는 책이다.

데미안 | 헤르만 헤세 | 민음사 | 2000

우리는 성장하고 있다. 때로는 어둠의 세계에 유혹 받기도 하고, 첫사랑을 하면서 영혼이 성숙하기도 하며, 우정을 통해 자신을 발견하고 또 아름답게 완성하려 한다.

이 소설을 통해 우리는 증오보다 사랑, 전쟁보다 평화가 더 아름다움을 알게 될 것이다. 내면의 자기를 찾는데 가장 혼란스러운 시기에 있는 청소년들이 마음속의 '선'과 '악'을 받아들이고 제대로 인식한다는 것은 매우 어려운 일이다. 왜냐하면 누구나 자신의 마음에 있는 '악'을 부정하려 하기 때문이다. 이럴 때 징클레어에게 보낸 데미안의 편지로 그 답을 찾아보자.

'새는 알을 깨고 나온다. 알은 새의 세계이다. 태어나려는 자는 한 세계를 파괴해야만 한다. 새는 신을 향해 날아간다. 그 신의 이름은 아프락사스다.'

주인공 징클레어는 프란츠 크로머를 통해 어둠의 세계를 알게 되어 자기 소외와 부정에 빠지게 되나 데미안을 통하여 자아를 발견하게 되고 감정과 이성의 조화로운 통일, 신중함 그리고 절제된 태도에 대하여 생각하게 된다.

내 생애 단 한번 | 장영희 | 샘터 | 2000

이 책의 대부분은 저자의 생활반경과 체험 속에서 우러난 것들이다. '글은 곧 사람이다'라는 등식을 대비하지 않더라도 이 책에는 한 개인의 이야기라고 하기에는 너무 파장이 큰 우리네 삶의 체취와 감상들이 반듯하고 따뜻하게 녹아있다. 이 책의 주요 테마는 '생명의 소중함', '희망', '신뢰'의 메시지다. 삶의 곳곳에서 마주치는 편린들을, 그리고 우리가 결코 잊어서는 안될 삶의 중요한 가치들을 감동적으로 엮어내고 있다. 시종 밝고 경쾌하며 친근한 내용으로 일관된 이 책에는 교수라는 호칭에 안 맞게 장난치기 좋아하고, 틈만 나면 공상에 빠지는 천진난만한 소녀 같은 저자의 모습이 고스란히 담겨 있다. 반면 늘 어려운 사람들 편에 서는 정의로움과 작은 것들의 가치를 소중하게 여길줄 아는 참된 인간의 마음이 깨끗하게 투영되어 있다.

때때로 고된 시간들을 희망의 계기로 전환해 주고, 사고의 능력을 키울 수 있게 도와주는 책이다.

그리운 메이 아줌마 | 신시아 라일런트 | 사계절 | 2003

사랑하는 사람이 세상을 떠난 후 남겨진 사람들이 어떻게 그 절망감과 괴로움을 이기고 살아가는가에 대한 소설이다.

작가는 사랑하는 사람을 잃은 상실감을, 사랑하는 사람을 잃을지도 모든다는 불안감을, 상처와 아픔을 바깥으로 쉽게 내뿜지 못하는 주인공의 감정을 격렬하게 내뿜지 않고 절제하며 보여준다. 상처는 삶을 황폐하게 만들지만은 않는다. 생채기를 감싸안는 법을 터득하여 오히려 슬픔의 무게를 사랑의 두께로 바꾸어 놓을 수 있다는 사실을 소박하지만 아련한 문장으로 전하고 있다.

고아인 서머는 친척집에서 얹혀 살다 메이 아줌마 눈에 띄여 아줌마의 양녀가 된다. 편안하고 즐거운 나날을 보내던 서머는 메이 아줌마가 돌아가시자 자신이 또 버림받을까 두려워하며 자신의 감정을 드러내지 못하고 안으로만 숨긴다. 청소년들에게 죽음에 대한 문제와 삶의 모습을 생각하게 해주는 작품이다.

가만 있어도 웃는 눈 | 이미옥 | 창작과비평사 | 1999

아버지의 실직으로 위기를 맞은 중산층 가정의 이야기로 새롭고 낯선 풍경에서 기죽지 않고 오히려 열린 세상을 발견해 나가는 두 형제의 동심을 그렸다.

실직을 새로운 기회로 받아들이는 사고방식을 가진 부모와, 엄마의 나약한 모습을 그대로 받아들이고 위로해 주는 아이들, 서로 친구 같은 관계를 건강한 가족의 표상으로 설정하고 있다.

투명 우주캡슐을 탄 것 같은 기분이 들던 강변아파트 17층에서 어둡고 눅눅한 반 지하 집으로 이사한 새록이 초록이 형제는 이 동네에서 새롭게 알게 된 푸근하고 친근한 사람들의 얼굴에서 '가만히 있어도 웃는 눈'을 가졌다는 공통점을 발견한다.

우리도 얼마나 웃으면 저런 눈을 가질 수 있을까?

하루아침에 거지가 된 왕자 같은 기분을 느끼는 아이들에게 "세상은 한 권의 책이라는 말이 있어. 우리가 사는 이 세상에서 우린 새롭고 낯선 동네라는 책을 읽고 있는 거야. 늘 넓은 아파트와 좋은 환경만 읽으면 재미없잖아. 편식하면 안 되는 것처럼 세상을 골고루 읽어보렴." 하고 말하는 엄마의 마음이 무척 감동적이다.

나는 나를 경영한다 | 백지연 | 다우 | 2000

한국방송대상 앵커상을 수상했고 정보화 사회를 이끌고 갈 여성, 여대생이 가장 닮고 싶어하는 여성으로 선정되기도 한 저자 백지연이 당당하고 건강한 삶의 자세로 시원시원하게 자신의 소신을 들려준다.

언론의 선정적 보도가 항상 여성에게 더 가혹한 현실에서 주눅들지 않고 자기 삶의 주인으로서 당당하게 서서 그 소신을 들려주는 모습은 처절하리 만큼 아름답다. 특히 결혼관과 이혼에 대한 이야기, 육아에 관한 제안들, 여성의 성공에 대한 백지연 만의 독특한 시각 등이 제시되어지고 있는 부분은 신데렐라 콤플렉스에 젖어 있을지도 모르는 많은 여학생들에게 실제적이고 힘있는 도움이 되어 줄 것이라 생각된다. 소신을 갖고 살아가기가 점점 힘겨워지는 세상, 그렇지만 오히려 당당하게 맞설 때 자기다움을 찾아갈 수 있음을 우린 이 글을 통해 느낄 수 있다.

최근 출간된, 타인을 설득하고 세상을 변화시키기 위해서는 먼저 내 안의 나를 먼저 설득해야 한다는 『자기 설득 파워』를 함께 읽어가면서 스스로 열정과 목표를 불어넣을 수 있기를 바란다.

신화가 된 여자 오프라 윈프리 | 자넷 로위 | 청년정신 | 2002

1998년, 오프라 윈프리는 힐러리 클린턴에 이어 두 번째로 미국에서 가장 존경받는 여성으로 뽑힌 인물이다. 그녀가 미국인들에게 얼마나 커다란 영향력을 발휘하고 있는지를 알려주는 대목이다.

그녀는 최초의 흑인 앵커이자, 보그지의 패션모델이었고, 'The Oprah Winfrey Show'로 존경과 사랑을 받는 방송인이며, 미국에서는 '오프라 현상'이라는 말까지 만들어졌을 정도로 엄청난 영향력을 지니고 있는 여성이다.

이 책에서는 그녀의 시시콜콜한 사생활 이야기나 스타덤에 오르기까지의 과정에 초점을 맞추지 않았다. 자신이 살아오면서 배웠던, 그리고 우리에게도 도움이 될 수 있는 경험과 교훈을 집중적으로 다루고 있다.

오프라 윈프리가 역경을 어떻게 극복하고 성공을 일굴 수 있었는지, 그리고 엄청난 명성을 누리고도 어떻게 삶의 진실된 모습을 잃지 않고 유지해 왔는지를 담고 있는 감동서이다. 2005년 6월 16일 미 경제지 '포브스'가 선정하는 세계에서 가장 영향력 있는 100대 명사 가운데 지난해 3위에 이어 1위로 뽑히기도 했다.

쥐 1, 2 | 아트 슈피겔만 | 아름드리미디어 | 2002

2차 대전 당시 나치의 유태인 학살의 참혹함과 그 비극의 한복판을 걸어나온 유태인의 고통스런 삶을 그린 만화이다. 아우슈비츠 수용소에서 기적적으로 살아난 아버지가 뉴욕에 거주하는 만화가 아들에게 들려준다. 그 극한의 고통과 참혹한 역사가 남긴 후유증을 전후세대인 아들은 치밀하고 끈질기게 13년 동안 만화로 기록했다.

나치에게 학대받던 시절의 여러 생활 이야기와 강제수용소에서 벌어지는 억압받는 이들끼리의 불신과 믿음, 속임수와 몰인정과 인정을 잘 묘사했고, 아버지와 전쟁을 겪지 않은 아들과의 갈등도 잘 나타나 있다.

유태인을 쥐로, 나치를 고양이로 상징한 이 만화는 나치의 광기 어린 인종주의, 살아야 한다는 본능으로 인해 인간이기를 포기했던 유태인들, 그 역사의 그림자가 빚어낸 후유증을 세밀히 묘사하여 엄숙하리만큼 감동을 주는 작품이다.

반쪽이 세계 오지를 가다 | 최정현 | 한겨레신문사 | 1999

삶의 또 다른 활력소를 주는 반쪽이의 오지기행, 이색 문화체험!

"야, 천국이 따로 없네"라는 말이 절로 나오는 곳. 나는 바로 그런 곳에 다녀왔다. 여행의 힘은 일상생활을 탈피해서 다른 지역의 문화를 보고 자신을 되돌아보면서 그 차이와 같음을 확인하고 우리의 삶의 지표를 때로는 수정하고 곧추세워보는 것이 아닐까.

'어떻게 살아야 하는가' 라는 질문이 쉼없이 나오는 현장에서 나는 이삭을 줍듯이 여행이 준 선물을 조금씩 챙겼다.

반쪽이와 함께 떠나는 세계 오지의 문화와 이색탐험을 재미있는 만화로 그린 책.

10여컷 안팎의 만화 속에 색다른 풍경이 담겨있는 책이다. 샌프란시스코를 비롯해 도미니카 공화국, 아마존강, 브라질, 피지, 뉴질랜드, 베트남, 남아프리카 공화국 등 세계를 여행했다.

청소년 토지 1-12 | 박경리 | 이룸 | 2003

'토지'는 저자 박경리의 온 역량을 쏟아부었다고 할만한 대단한 역작이다. 작품 전체가 21권에 이를 정도로 대작인 이 작품은 배경에 있어서도 방대한 스케일을 자랑한다. 시간적으로는 동학 혁명에서 시작하여 8. 15 해방에 이르기까지의 시기를 다루고 있으며 공간적으로는 작게는 경상남도 하동의 평사리 마을, 크게는 한반도 전역과 일본, 만주까지가 그 배경이다.

작게는 최참판 댁의 몰락과 부활을 중심으로 하는 평사리 주민들의 탄생과 성장과 사랑과 죽음이 크게는 일제 36년의 암흑기를 살아내야만 했던 우리 민족의 치열한 삶의 모습이 총체적으로 드러나 있다.

특히 월선과 용이, 김 환(구천)과 별당 아씨, 무엇보다도 최 참판댁 하인 출신의 길상과 양반의 뼈를 물려받은 당찬 서희와의 사랑이 가슴을 친다.

엄청난 분량의 대하 소설이기에 읽고 난 후에 뿌듯함이 있고 선조들의 삶의 모습을 선연하게 그려볼 수 있는 계기를 마련해 준다.

아낌없이 주는 나무 | 쉘 실버스타인 | 선영사 | 2002

처음 읽었을 때보다 두 번 세 번 읽었을 때 더 큰 감동을 주고 배움을 주는 책이다. 홀로 서 있는 나무에게 한 소년이 찾아와 친구가 되면서 나무는 소년을 사랑하고 소년은 나무를 사랑해서 나무는 참 행복해 한다. 시간이 흘러 소년이 자라면서 나무는 혼자 있는 시간이 많아졌고 쉬기만을 원하는 노인이 되어서 돌아온 소년에게 늙어버린 자신의 밑둥에서 쉬게 할 수 있게 되어 기뻐한다.

아무 것도 받는 것 없이 자신이 사랑하는 사람에게 조금이라도 줄 수 있는 것에 그저 기뻐하는 나무를 보면서 우리는 진정한 우정이나 사랑의 의미를 느낄 수 있다.

친구를 괴롭히고 점점 이기적이고 정이 메말라 가는 현실에서 아낌없이 주는 나무와 같은 사랑과 우정을 나누고 싶은 학생들에게 한 번 읽어보기를 권한다.

'평범한 아버지, 남편으로 안정된 생활을 하던 중년의 증권 브로커 스트릭랜드는 어느 날 느닷없이 화가가 되겠다' 며 가족과 직업을 모두 버리고 맨몸으로 집을 나가 버린다. 가족도 버리고 은인도 버린 채 오로지 그림에만 매달리던 스트릭랜드는 타히티 섬으로 가서 원주민 여자를 아내로 삼고 예술에 몰두하다가 걸작 벽화를 남기고 나병으로 죽는다.

서머셋 모옴을 전 세계에 널리 알린 결정적인 작품『달과 6펜스』는 제1차 세계대전이 끝난 이듬해인 1919년에 출판되어 대단한 인기를 끌었다. 세계 대전을 통해 인간과 인간 문명에 깊은 염증을 느낀 젊은 세대에게 영혼의 세계와 순수의 세계에 대한 동경을 불러일으켰기 때문이다.

화가 폴 고갱의 삶을 모델로 해서 쓰여진 이 소설에는 예술에 사로잡힌 한 영혼의 악마적 개성과 예술 편력이 거칠게 때로는 열정적으로 그려져 있다. 가까운 현실 문제를 떠나 모든 이에게 내재되어 있는 보편적인 욕망, 즉 억압적 현실을 벗어나 마음이 요구하는 대로 자유롭게 살고 싶은 욕망을 느낄 때 후련하게 나를 달래 줄 수 있을 것이다.

마지막 한 번을 더 용서하는 마음 | 도종환 | 사계절 | 2000

시인이자 중학교 교사인 도종환의 교육에세이로 학교교육에 관한 스무가지 단상들을 담은 책이다.

저자에게도 아이들을 가르친다는 것은 결코 쉬운 일이 아닌가 보다. "존나 밥맛 없다"고 선생님을 욕하는 아이들, 수업시간에 선생님에 대한 욕을 적은 노트를 돌리는 아이들 앞에서 인내심은 바닥나게 마련이다. 자신의 아들마저 인사를 제대로 하지 않는 것을 보면서 부끄러워진다. 그러나 저자는 책 속에서 계속하여 '그래도 사람 대 사람으로 만나려는 노력을 기울이기를 게을리해서는 안 된다' 고 주장한다. 저자는 아이들을 '길들이는 것'이 아니라 '기르는 것'이 교육이라고 마음을 다잡고 되려 자신의 종아리를 때리는 것이다. 다행히, 책 속에 풀어놓은 저자의 경험 보따리를 보노라면, 이런 노력은 작으나마 결실이 되어 돌아오는 것으로 보인다. '마지막 한 번을 더 용서하는 마음'. 선생님의 마음이 행간에 뜨겁게 살아 있다.

생생한 교실에서의 경험이 살아 있어 가르치는 이들에게 큰 공감을 일으킬 만하다.

감자 반지—이미애의 행복한 동화 세상 | 이미애 | 은행나무아이들 | 2002

아이들과 어른이 함께 읽어도 감동 받을 수 있는 이야기 24편이 실려 있다.

"단단하고 매끈한 유리구슬처럼 여간해서 더러워지지 않는 아이의 마음과 또 그런 동심을 긴 세월 긁히지 않고 깨지지 않게 간직하며 살아가고픈 어른의 마음, 정말이지 그런 '늙지 않는 마음'과 만나기를 갈망했다"는 작가의 말에서, 엄마가 읽고 아이에게 줄 수 있는 동화, 누구나 두루 읽어도 좋을 무공해 유산소 같은 동화임을 금세 알 수 있다.

이 글을 읽다 보면, 무심코 다락방을 정리하다가 초등학교 때 소중하게 간직했던 엽서 나부랭이며, 전학간 친구에게 보내려던 편지 한 장, 알록달록한 생일선물들을 만나 단박에 어린 시절의 '나'로 돌아가는 느낌이 든다.

짧은 동화와 동시들이지만, 오래 동화를 써 온 작가의 시적 감수성과 탄탄한 구성력을 느낄 수 있다. 부모와 아이가 함께 꿈을 잃지 않고 사는 세상을 만들고 싶다는 희망으로 빚어낸 동심의 세계가 아름답다.

관계 | 안도현 | 문학동네 | 2002

관계는 존재의 수평적, 수직적 확장 또는 공생과 부활의 메시지를 담고 있는 철학집이자 우화집이다.

도토리와 낙엽의 공생을 그린 표제작 〈관계〉를 비롯하여 이 책의 각각의 이야기는 사람과 사람 사이, 꽃과 열매 사이, 갈매기와 바다 사이, 그리고 사람과 만물 사이의 조화로운 관계를 시인 특유의 해맑은 눈빛으로 펼쳐 보이며 삶이 무엇인지, 사랑이 무엇인지를 일깨운다. 공생을 꿈꾸는 선량한 마음, 가슴 한 구석이 텅 빈 듯한 현대의 삶에서 우리가 미처 발견하지 못한 인생의 소중한 가치를 섬세하게 그리고 있다.

보잘 것 없는 사물들조차 제각각 귀중한 존재의 의미를 갖고 있으며, 사람과 사람 사이이거나 자연과 사람간이거나 하다 못해 자연과 자연간에도 필연적인 관계의 의미와 절대의 섭리가 작용하고 있음을 깨우쳐 주는 작품이다.

꼴찌에게 보내는 갈채 | 박완서 | 세계사 | 2002

초판에 있었던 "원태 간직하거라, 엄마가" 라는 헌사가 외동아들의 죽음으로 지워졌다. 대신 '내가 걸어온 길' 에서 아들을 잃은 애통함을 실어 독자들의 마음을 안타깝게 한다.

대표작 〈꼴찌에게 보내는 갈채〉를 비롯하여 45편의 작품이 실려 있다. 우리 주위에서 스러져 가는 소박한 자연 풍경, 다사로운 정이 가득한 사람들에 대한 이야기를 읽고 있노라면 격렬하지 않으면서도 쉽게 떨칠 수 없는 슬픔과 안타까움을 오래오래 생각하게 된다.

각 글마다 마지막에 표기된 발표연도를 참고하여 우리 사회가 고민하고 변화해 온 모습을 들여다보자. 아마 독자들은 저자의 날카로운 혜안과 따뜻한 인정을 맛볼 수 있을 것이며, 세상 사는 이치를 속 깊게 파악해 볼 수 있을 것이다.

내가 겪지 못한 어떤 것에 대한 신비감과 또 '내 부모님의 기억 속에도 이런 추억들이 자리잡고 있겠구나.' 라는 생각으로 뭔가를 알았다는 그 기쁨, 이제는 엄마를 이해할 것 같은 깨달음을 얻을 수 있을 것이다.

생명이 있는 것은 다 아름답다 | 최재천 | 효형출판 | 2001

저자는 살아 있는 모든 것들에 관심을 가졌던 유년기부터 지금에 이르기까지 오랜 시간 동안, 줄곧 개미와 꿀벌, 거미와 여러 종류의 새들, 물고기들을 관찰하고 그들의 세계를 아주 가까이에서 지켜보았다.

동물과 인간에 대한 이야기가 담겨 있는 이 책에서 '개미박사'로 알려져 있는 저자는 개미들의 사회를 아주 사실감 있게 표현하고 있으며, 이 외에도 우리들이 미처 알지 못했던 여러 동물들에 대한 재미있고 흥미로운 사실들을 담아내고 있다. 또한 인간의 본성과 인간 사회에 관한 이야기를 풍부하게 전해주고 있다. 그는 동물 속에서 인간의 모습을 보았고, 동물의 세계를 통해 인간의 세계를 투영하였다.

동물들이 사는 모습을 알면 알수록 그들을 더욱 사랑하게 되는 것은 물론 우리 스스로도 더 사랑하게 된다는 믿음으로 작가는 이 글들을 썼다고 한다.

'알면 사랑한다'는 믿음이다.

6

분석독서

1. 논술력 향상을 위한 분석독서

　책을 읽기 전의 활동으로는 독서 흥미 및 동기 유발과 배경지식 활성화를 들 수 있다. 따라서 이 때에는 학생의 발달과정에 맞는 읽을거리를 선별하여 읽게 하며, 독서의 방법을 습득할 수 있도록 돕는 것이다. 학생들은 이와 같은 읽기 전 활동을 통하여 독서행위의 주체성을 갖게 되며, 목적을 가지고 독서를 하게 된다. 또한 읽을 자료를 찾는 즐거움을 맛보며, 능동적이고 적극적인 독서의 주체가 되는 것이다.

　김승환은 독서자료 분석제공이 독서활동에 미치는 영향 연구를 통하여 독서 후 활동을 활성화하기 위하여 과제도서에 대한 분석식 독서 자료를 작성 · 제공하여 이들 자료가 대표적인 독서 후 활동이라고 할 수 있는 독서 감상문 쓰기, 독서발표, 독서토론, 독서 감상 만화그리기 4개 분야에 어떠한 영향을 미쳤는지를 조사하였다(김승환. 2003). 연구 결과 독서 감상문 쓰기에 가장 도움이 컸으며, 다음으로 독서토론 활동 분야, 다음으로 독서발표 분야에서도 좋은 반응을 보였다. 그러나 독서 감상 만화 그리기 분야는 크게 도움 되지 않은 것으로 나타났다. 활발한 독후활동 지도를 위하여 분석식 독서 자료의 작성을 통해 책을 읽기 시작하는 학생들의 흥미와 관심을 불러 일으키고 책을 끝까지 읽도록 하여 감상의 수준까지 데리고 갈 수 있다면 활용해 볼 만한 작업이라고 생각한다. 실증적인 연구 결과에 의하면 텍스트의 내용에 대한 배경지식을 가진 학생과 그렇지 못한 학생 사이에는 텍스트에 제시된 정보의 이해 정도 및 기억 정도에 있어서 차이를 보인다(Hall, 1990; Simonsen & Singer, 1985). 또한, 독서지도의 과정에서 독서 자료의 내용과 연관하여 학생들이 이미 보유하고 있는 기존지식을 활성화할 필요가 있다.

2. 분석독서 작성의 실제

　분석독서는 독자가 어떤 책을 읽으려고 할 때, 읽기 전에 그 책에 대한 정보를 미리 제공해 주는 방법이다. 독자들이 이러한 자료를 읽고나서 독서를 한다면, 그 책에 대해 좀더 이해하기 쉽고, 적극적으로 독서하는 태도를 기를 수 있도록 작성된 자료를 말한다. 일반적인 독서지도에서나 캠프에 참여하게 될 때 미리 과제도서나 읽을 책에 대한 분석식 독서 자료를 작성, 배포하여 학생들이 이 자료를 읽고 나서 책을 읽도록 지도하는 것이다. 이렇게 지도한다면 독서 중에나 독서 후 활동도 활발하게 이루어 질 것으로 판단되어 분석독서 자료의 작성사례를 싣고자 한다(김승환. 2003. 95-97).

　분석독서의 방법은 다음과 같은 내용을 순서대로 작성해 보는 것이다.

① 도서의 서명, 저작사항(저자, 원저자, 역자, 삽화가 등), 출판사항(출판사, 출판연도 등) 을 적는다.
② 저자에 대한 조사연구
③ 본 도서가 발행된 뒤 이 세상에 떠도는 이야기들
④ 본 도서를 읽고 나서 본 도서가 왜 베스트셀러가 됐다고 생각되는지, 또 추천한다면 그 이유는
⑤ 본 도서와 내용과 주제가 비슷하거나 수준이 비슷한 책들
⑥ 본 도서를 통하여 정보능력과 관찰력을 기르고 종합하는 힘을 기르기 위해 읽으면서 다음과 같은 사항을 실천하도록 하자.
　　가) 본 도서를 읽을 때 생각하면서 찾아 읽어야 할 내용이나 사건에 대한 문제 8가지
　　나) 본 도서를 읽은 후 토의나 토론해야 할 문제 5가지
　　다) 독자가 본 도서에 대하여 꼭 정리해야 할 문제 3가지
⑦ 본 도서에 대한 자신의 의견

　자신이 읽은 책을 분석독서의 방법으로 작성하다 보면 논술력이 향상된다.

3. 분석독서 사례

나뭇잎 프레디 | 레오 버스카글리아

1₌ 줄거리

프레디는 눈부신 봄날 나뭇가지 꼭대기에서 태어난 나뭇잎이다. 봄바람에 몸을 맡겼던 프레디는 푸르른 여름날 진정 자신의 행복이 무엇인지를 알게 된다. 그 행복은 여름날 어린아이들의 놀이터가 되어 주었던 자신의 모습인 것이었다. 그러던 어느 날 가을의 단풍이 지고 겨울의 차가운 바람이 불면서 프레디 친구들은 하나둘씩 떠나갔다. 프레디는 그런 친구들을 보면서 두려워한다. 하지만 프레디는 친구 다니엘을 통해서 죽음에 대한 이치를 깨닫게 된다. 즉 "죽는다는 건 자연의 이치에 따라 변하는 현상일 뿐"이라는 것을. 그리고 프레디는 자신이 살았던 나무가 아주 오래 살아남을 거라는 것을 깨닫고 자신의 생을 행복하게 마감한다.

2₌ 본 도서와 내용과 주제가 비슷한 책들

▶아낌없이 주는 나무 / 쉘 실버스타인

▶나무를 심은 사람 / 장 지오노

3₌ 본 도서를 읽으면서 생각하고 찾아 읽어야 할 내용이나 사건에 대한 문제들

❶ 프레디의 탄생은 어떤 의미를 가지고 있나?

❷ 프레디는 다니엘을 통해서 자신에 대한 어떤 것들을 발견하게 되나?

❸ 다니엘은 나뭇잎 친구들에게 그들의 진정한 행복을 깨닫게 해준다. 그들의 진정한 행복은 무엇인가?

❹ 어느날부터인가 해가 머무르는 시간이 점점 줄어들기 시작하고 이제까지 겪어 보지 못한 추위를 나뭇잎들은 느끼게 된다. 그들의 모습 또한 여러 색깔로 변했다. 프레디는 변해 가는 자신의 모습과 친구들의 모습을 통해 어떤 생각들을 하나?

❺ 다니엘은 프레디에게 죽음에 대해 어떤 이야기를 해주나?

❻ 프레디가 죽어가면서도 두려움을 느끼지 않고 행복한 죽음을 맞이한 것은 무엇 때문인가?

4 >> 본 도서를 읽은 후 토의나 토론해야 할 문제들

❶ 현재 가장 고민하고 있는 문제는 무엇인가? 고민을 해결하기 위해 나름대로 노력하고 있는 것은 어떤 것인가?

❷ 지금 처해 있는 환경에 만족하고 있는가? 지금의 환경에 만족하지 못한다면 그 이유는 무엇인가?

❸ 나뭇잎의 변해가는 모습을 보면서, 어릴 적부터 지금까지 나는 어떻게 변해 왔다고 생각하나?

❹ 우리는 자기 자신에 대해 얼마나 잘 알고 있을까? 어떻게 하면 내 안에 숨겨진 무궁한 잠재력을 꽃피워 이상적인 나를 구현할 수 있을까? 오늘을 사는 우리들은 끊임없는 갈등에 부딪힌다. 그럴수록 나만의 가치를 제대로 발견하려는 노력과 거기에서 새로운 희망의 메시지를 찾아내는 일도 중요하리라 생각한다. 그런 의미에서 나 자신에 대해 생각해 보자.

(1) 나를 지탱하는 것은 무엇인가?

(2) 나에게 영향을 주고 나에게 찬사를 보내는 사람은 누구인가?

(3) 미래의 꿈을 키우기 위해 오늘도 노력하고 있는 것은 무엇인가?

(4) 나의 장점, 나 자신을 위해 버려야 할 단점은 무엇인가?

❺ 모든 것이 바쁘게 돌아가는데 자꾸 나만 뒤처지고 있다는 생각에 실제의 내 모습을 제대로 바라볼 여유도 갖지 못한 채 살고 있는 건 아닌지 생각해 보고 이야기를 나누어 보자.

❻ 현재의 내 모습을 단정적으로 '난 이 정도밖에 안 되니까' 라고 마침표를 찍는 어리석음을 갖고 있는 건 아닌지 생각해 보고 이야기를 나누어 보자.

❼ 자신에 대한 과소 또는 과대평가로 자신의 능력, 잠재력을 발견하지 못하고 있는 건 아닌지 생각해 보고 이야기를 나누어 보자.

5. 본 도서에 대하여 꼭 정리 · 기록해야 할 문제들

❶ 나의 인생이 반드시 좋은 방향으로 갈 것이라는 믿음을 가지고 항상 성실하게 살아가는 것이 왜 중요한지 생각해 보자.

❷ 가치있고 참다운 삶이 우리들에게 어떤 영향을 미칠지 생각해 보자.

❸ 생명에 대해 소중함을 느끼지 못하고 깊은 상실감을 느끼는 사람들에게 이 책은 어떤 생각을 갖게 할지 생각해 보자.

6. 본 도서에 대한 의견

이 책은 자신의 가치를 발견하지 못한 채 생활하는 사람들에게 좋은 길잡이 역할을 해 줄 것이다. 자기 자신에 대해 깊이 생각해 볼 여유가 없이 바쁜 일정으로 하루 하루를 무의미하게 살아간다면 언제 닥칠지 모르는 역경에 대한 대처 능력 또한 떨어질 것이다. 자신의 모습을 직시하고 자신의 삶에 대해 격려하면서 생활해 나간다면 얼마나 좋을까? 나 자신에 대한 장점을 찾는 일도 중요하지만 나 자신에 대한 단점을 고쳐가는 것이 자신의 자아를 존중하는 태도에 있어서 더욱더 중요하다고 생각한다.

그림 도둑 준모 | 오승희 지음 | 최정인 그림

1. 줄거리

평범한 준모는 상을 자주 받는 예린이가 부럽다. 컴퓨터 게임을 좋아하고 학교와 학원을 오가는 생활이 지겹지만 엄마의 야단이 무서워 고박꼬박 나간다. 글짓기나 그림 그리기로도 상을 받지 못하는 자신의 모습에 늘 움츠리는데 어느 날 엄마는 준모가 악당을 그린 그림을 보고 그림에 소질이 있다고 믿고 준모를 미술학원에 보낸다. 그림으로 상을 한 번 타겠다는 생각에 매일 열심히 그림을 그리지만 실력은 좀처럼 늘지 않는다. 그러던 어느 날 교내에서 불조심 그림 그리기 대회가 열리는데 자기가 그린 그림에 자신이 없던 준모는 자신의 그림을 구겨버린다. 그리고 이름이 써 있지 않은 예린이의 잘 그린 그림을 보는데 그 때 마침 선생님께서 들어오셔서 예린이 그림을 준모의 그림으로 알고 준모의 이름을 쓰신다. 예린이 그림이라고 말하려던 준모의 마음은 무거워진다. 더구나 그 그림으로 상을 타고 마음의 무게는 더해져만 간다. 드디어 상을 받은 그림이 전시되는 날. 준모는 그림을 되찾기 위해 나무 위로 기어오르기 시작하는데…….

남들과 비교당하면서 상처받고 의기소침해지는 평범한 아이들의 심리와 갈등을 실감나게 그렸다.

2》 본 도서와 내용과 주제가 비슷한 책들

- ▶내가 나인 것 / 야마나카 히사시
- ▶모두 다 천재 / 고정욱
- ▶철수는 철수다(『미운 돌멩이』 중에서) / 어린이도서연구회 엮음

3》 본 도서를 읽으면서 생각하고 찾아 읽어야 할 내용이나 사건에 대한 문제들

❶ 준모가 학교에서 상 받은 이야기를 안 해도 엄마는 어떻게 알고 있었나?

❷ 엄마는 준모에게 어떤 소질이 있다며 좋아하셨나?

❸ 준모는 수학 익힘책을 가지러 학교에 갔다가 어떤 일이 있었나?

❹ 준모는 왜 선생님에게 교내 불조심 그리기 대회에서 상 탄 그림이 자기 그림이 아니라고 이야기를 못했나?

❺ 교내 불조심 그리기 대회에서 입상한 작품을 푸르미 동산에 붙여 놓는다는 친구의 말에 준모는 왜 숨이 막히고 눈앞이 캄캄해졌나?

❻ 준모는 4학년 2반 교실이 보이는 하늘나무로 왜 올라갔나?

❼ 준모가 상을 타지 못해도 전처럼 속상하지 않은 까닭은 무엇 때문일까?

❽ 준모는 아주 중요한 것이 마음속에서 생겨나 자라고 있는 것 같다고 하였다. 그 마음속에서 자라나는 것은 무엇일까?

4 >> 본 도서를 읽은 후 토의나 토론해야 할 문제들

❶ 정말 열심히 했는데, 최선을 다했는데 안 되는 일에는 무엇이 있을까?

❷ 나는 엄마에게 어떤 말을 들었을 때 가장 속상한가?

❸ 그런 말을 들었을 때 나는 엄마에게 어떤 말을 해주고 싶나?

❹ 내가 남보다 못하다고 생각하는 것은 무엇인가? 그런 나에게 해주고 싶은 말은 무엇인가?

❺ 내가 잘하는 것에는 무엇이 있을까?

5 >> 본 도서에 대하여 꼭 정리 · 기록해야 할 문제들

❶ '이 세상에서 가장 소중한 나'. 내가 이 세상에서 가장 소중한 이유를 생각해보자.

❷ 나를 아끼고 사랑하는 방법에는 무엇이 있는지 생각해보자.

❸ 20년 후 나의 모습은 어떤 모습일까? 20년 후의 나를 생각하며 그날의 일기를 써보자.

6 >> 본 도서에 대한 의견

　평범한 것이 죄인양 뭐라도 남보다 특별나게 잘하는 게 있어야 인정받을 수 있다는 요즘 교육현실을 준모라는 아이를 통해 꼬집어주고 있다. 평범한 아이 준모가 처음으로 받은 상으로 인해 벌어진 사건을 통해 남보다 조금은 특별하길 바라는 아이의 마음을 잘 그리고 있다.

　ㅇㅇ경시라든가 예능대회 등으로 요즘 아이들은 주말도 바쁘다. 아이들을 격려하기 위한 차원에서 마련했다는 상벌제도는 상을 받지 못하는 아이들에게는 자신을 한심한 사람으로 여기게 하여 아이를 주눅 들게 한다. 책 머리말에 있는 말 '너는 지금 그대로의 특별한 사람이다' 라는 말이 가슴에 오랫동안 울린다.

사금파리 한 조각 | 린다 수 박 지음 | 이상희 옮김 | 김세현 그림

1 >> 줄거리

목이와 두루미 아저씨는 다리 밑에서 살며 마을의 쓰레기 더미를 뒤지며 생계를 이어간다. '목이'는 죽은 나무나 쓰러진 나무의 썩은 낙엽 속에서 저절로 자라는 '귀처럼 생긴 목이버섯'에서 따온 이름이다. 목이 부모가 열병으로 세상을 뜨자, 갈 곳이 없는 아이를 마을 사람들이 두루미 아저씨에게 보낸다.

목이가 사는 줄포는 바닷가 마을로, 이곳 도공들은 고려뿐 아니라 저 멀리 중국 황실에까지 이름 난 아름다운 청자를 만들어 낸다. 줄포는 마을의 위치와 토질 모두가 훌륭한 도자기 생산지로, 세월이 갈수록 중요한 마을이 되어 갔다. 목이는 한가한 시간에는 늘 민 영감의 작업을 몰래 훔쳐보았다. 민영감은 마을 일대에서뿐만 아니라 나라 전체를 통틀어서 가장 뛰어난 도공이었다.

목이는 민 영감의 작품들을 보다가 그만 민영감이 나타나는 바람에 놀라서 작품을 하나 깨뜨리게 된다. 이 사건을 계기로 목이는 민 영감의 허드렛일을 도와주게 되고 민 영감의 부인으로부터 두루미 아저씨 몫의 음식도 얻게 된다. 도끼질 탓에 손바닥에 물집이 잡히고, 피가 나고, 비탈진 산길을 나무가 가득 실린 수레를 끌고 내려오면 목이는 늘 녹초가 되고 만다.

당시 도공들의 최고 영예였던 왕실 도자기 공급 건으로 송도에서 감도관이 내려온다. 익히 민 영감의 솜씨를 눈여겨보았던 그 관리는 민 영감에게 최고의 도자기를 빚어 왕실로 가져오라고 언질을 준다.

목이는 자청해서 송도까지의 도자기 운반을 맡는다. 힘겨운 여정을 묵묵히 참아가며 송도를 향해 가지만 도적 떼를 만나 도자기를 모두 깨뜨리고 만다. 목숨보다도 귀이 여겼던 도자기가 깨지자 목이는 사금파리 한 조각을 들고 송도를 향하고 궁궐에 도착한 목이는 어렵게 왕실 감도관을 만나 왕실 도자기 주문을 얻어낸다.

벅찬 가슴으로 고향, 줄포에 돌아온 목이를 기다리고 있는 것은 고아인 자신에게 아버지이자 어머니였던 두루미 아저씨의 죽음이었다. 두루미 아저씨의 죽음으로 슬픔으로 가득한 목이에게 민 영감은 아들의 돌림자인 '형필'이란 이름으로

목이의 이름을 바꾸어 부르고 아들에게만 전해준다는 도자기 빚는 기술을 전수하
게 된다.

2>> **본 도서와 내용과 주제가 비슷한 책들**
   ▶퍼시의 마법 운동화 / 울프 스타르크
   ▶연어 / 안도현
   ▶갈매기의 꿈 / 리처드 바크
   ▶독짓는 늙은이 / 황순원

3>> **본 도서를 읽으면서 생각하고 찾아 읽어야 할 내용이나 사건에 대한 문제들**
   ❶ 목이와 두루미 아저씨의 이름에 얽힌 사연은?
   ❷ 목이가 민영감 집에서 일하게 된 계기는?
   ❸ 민영감의 성격과 작업성향은?
   ❹ 상감 청자를 만드는데 거치는 기술 과정은?
   ❺ '사금파리 한 조각' 의 의미는?
   ❻ 목이와 청자를 가지고 서울로 가는 도중 생긴 사건은?
   ❼ 두루미 아저씨에게 목이가 없는 동안의 삶은?
   ❽ 이 글의 시대적 배경과 목이가 어렵게 해낸 업적은?

4>> **본 도서를 읽은 후 토의나 토론해야 할 문제들**
   ❶ 청자 만드는 과정을 알아보고 책 속에서 목이가 배운 상감청자 만드는 과정과
     비교해 보자.
   ❷ 이 책에서 작가는 목이를 통해 가족의 의미를 생각해보고자 했다고 작품의도
     를 밝혔다. 가족이란 무엇이며 가족의 의미는 무엇인가에 대해 토의해 보기로
     하자.
   ❸ 이 책에서는 하찮은 사금파리 한 조각에 소중한 가치를 담았다고 했다. 우리
     주변에 있는 존재들에 대한 가치들을 이야기해보고 소중한 가치를 느끼는 것
     에는 무엇이 있는지 토의해 보도록 하자.

❹ 목이와 같이 장인정신을 가지고 자신의 일에 몰두하거나 타인에게서 장인 정
신을 본 경험들을 이야기해 보자.

❺ 이 책에서 민영감이 상감청자를 만드는 과정을 토대로 진정한 예술이란 무엇
인지를 토의해 보자.

5》 본 도서에 대하여 꼭 정리·기록해야 할 문제들

❶ 자신의 꿈을 적어보고 그 꿈을 이루기 위한 계획을 세워보자.

❷ 고려청자에 대해 백과사전이나 지식검색을 통해 더 알아보자.

❸ 목이가 사는 동네인 줄포에서 고려의 서울인 송도까지의 지도를 찾아보고 목
이가 격은 사건을 표시하면서 지리공부를 해보자.

6》 본 도서에 대한 의견

이 작품에서는 사금파리 조각 같은 작은 것에도 소중한 가치가 있다는 것을 암
시해 주며 더불어 장인의 길도 제시해주고 있다. 장인의 길은 인내심이 바탕이 되
어야 하고, 세밀함과 치밀한 눈썰미가 있어야만이 갈 수 있는 길이라고 명시해 주
고 있다.

본문 내용을 보면 인내심이 없는 사람은 가마니에서 쌀을 떨어뜨린 것을 주울
마음의 여유도 없고, 가마니 또한 세밀하게 짜지 못해 쌀을 흘리게 되는 것이라고
했다. 여기서 쌀은 생계를 의미하기도 한다. 이 줄포 마을은 도자기 마을로 도공
이 되어야 만이 생계를 유지해 나갈 수 있다. 그러나 도공이 되려면 인내심이 있
어야 한다. 쌀알이 빠져나오도록 가마니를 세밀하게 짜지도 못하고, 쌀알을 하나
씩 주울 수 있는 인내심이 없으면 계속 쌀을 흘릴 수밖에 없는 상황인 것이다. 그
러므로 인내심이 곧 장인의 길인 것이다.

린다 수 박은 쌀가마니를 메고 가는 나그네의 입을 통해 어설프게 나마 한국인
의 장인정신을 역설했고, 그 외의 도자기 빚는 세밀한 과정을 통해 장인정신을 그
려내어 내용던에서는 많은 생각을 하게 했고 구성도 탄탄했다. 그리고 인물들의
따뜻한 마음씨가 마음을 포근하게 해주어 참 좋았다.

1 >> 줄거리

데쓰조는 학교 바로 뒤에 있는 쓰레기 처리장에서 살고 있다. 처리장에서 통학하는 아이들은 청소부니 넝마주이니 하며 아이들에게 놀림을 받고 있었다. 데쓰조는 병에 파리를 모으고 있었는데 반 친구들이 그걸 가져다 실험용 개구리의 먹이로 쓰자 데쓰조는 사냥개처럼 고다니 선생님에게 덤벼들었다.

대학을 졸업한 지도 얼마 안 되고, 결혼한 지도 열흘밖에 안 되는 고다니 선생님은 심하게 놀라 토하고 울음을 터뜨렸다. 선배 아다치 선생님의 도움으로 고다니 선생님은 처리장 옆에 사는 이 지역 아이들의 사정을 잘 알 수 있게 되었다. 쓰레기를 모아두어 냄새가 지독하고, 쓰레기 썩는 열기로 건물 전체가 후끈후끈하며, 쓰레기를 태울 때의 연기로 빨래들이 늘 새까말 수밖에 없었다. 교통 사고도 한 달에 한 건씩 일어나고, 아이들의 도둑질이나 가출 등이 빈번히 일어나고 있었다.

깡패 교사 아다치와 함께 고다니 선생님은 데쓰조의 집을 방문한다. 왜 데쓰조가 파리를 애완동물로 기르는지 알게 되면서 데쓰조와 함께 파리에 관한 공부를 하며 처리장 아이들의 따뜻한 마음씨에 행복해 한다.

데쓰조의 할아버지인 바쿠 할아버지는 젊었을 때 조선에 있었다. 조선인 친구 김용생의 모습을 보며 조선인을 사랑하게 되었고 동양척식회사에서 일하며 조선 사람을 속여서 그들의 땅을 가로채는 일을 하고 있는 일본인들 속에서 한국인에게 땅을 되돌려주려다 헌병대에 끌려가 수치스런 고문까지 받았다.

고다니 선생님은 다른 교사들이 맡기 꺼려하는 정신지체아 미나코를 자청해서 자기 반 학생으로 받아들여 반 아이들의 자발적인 협력을 얻어낸다. 아이들은 스스로 미나코의 당번을 정하고, 당번 날은 미나코를 위해 최선을 다한다. 정신지체아인 미나코를 돌봄으로써 '모두 다 함께' 살아가는 법을 아이들과 더불어 배우고, 믿는 만큼 자라는 아이들의 무궁무진한 능력을 새삼 깨닫게 된다.

고다니 선생님의 애정 어린 관심과 지도로 데쓰조는 파리박사가 되어가고 글쓰기 시간에 데쓰조가 처음 글을 쓰고 읽는 감격의 순간을 맞이하게 된다.

처리장 이전 문제로 아다치 선생님은 단식투쟁을 하게 되고 고다니 선생님과 처리장 주민, 그리고 아이들은 서로에게 힘이 되어 주며 자신들의 학교를 지키기 위해 노력한다.

2 >> 본 도서와 내용과 주제가 비슷한 책들

▶내 짝꿍 최영대 / 채인선

▶마당을 나온 암탉 / 황선미

3 >> 본 도서를 읽으면서 생각하고 찾아 읽어야 할 내용이나 사건에 대한 문제들

❶ 개미를 관찰하는 시간에, 데쓰조는 왜 후미지의 얼굴을 할퀴고 손등을 물어뜯었는가?

❷ 데쓰조는 왜 파리를 길렀나?

❸ 도쿠지는 어떤 아이인가?

❹ 고다니 선생님은 데쓰조에게 어떤 방법으로 글씨를 가르쳤는가?

❺ 미나코를 돌봐주는 당번을 정하자는 말은 누가 했는가?

❻ 햄 공장의 파리 문제를 해결한 사람은 누구였는가?

❼ 고다니 선생님 집에 도둑이 들었다는 소식을 듣고 아이들은 선생님께 무엇을 가지고 왔는가?

❽ 기치를 구하기 위해 아이들은 어떤 일을 했는가?

❾ 개 우리 수리비를 마련하기 위해 아이들과 선생님들은 무슨 일을 했는가?

❿ 쓰레기 처리장 이전 문제를 위해 단식 투쟁한 사람은 누구였는가?

4 >> 본 도서를 읽은 후 토의나 토론해야 할 문제들

❶ 문제아나 장애아는 어떤 아이들인가?

❷ 아다치 선생님과 고다니 선생님의 아이들에게 대한 태도와 다른 선생님들의 태도를 비교해 보자.

❸ 고다니 선생님은 데쓰조를 어떻게 변화시켰는가?

❹ 쓰레기 처리장 이전 문제를 해결하려고 한 아다치 선생님의 방법을 어떻게 생

각하는가? 그리고 나라면 어떻게 할 것인가?

❺ 더불어 함께 살아간다는 것은 어떤 일인가?

5 >> 본 도서에 대하여 꼭 정리·기록해야 할 문제들

❶ 문제아나 장애아를 어떻게 대해야 하는 지 생각해보자.

❷ 데쓰조와 미나코를 대하는 아이들의 태도에서 느꼈던 감정을 정리해 보고, 나와 친구들의 관계는 어떠한지 생각해 보자.

❸ 더불어 함께 사는 사회를 만들기 위해서 내가 할 수 있는 일은 무엇인가 찾아보자.

6 >> 본 도서에 대한 의견

이 작품에 나오는 교사들(고다니 선생님과 아다치 선생님)은 아이들과 눈높이를 맞추고, 마침내 아이들의 마음속으로 들어가 아이들을 이해하고 더 나아가 아이들과 한마음이 되었다. 그런 모습에서 참 교사의 모습을 볼 수 있었다.

고다니 선생님과 데쓰조의 이야기는 아이들을 대할 때 우리 어른들이 어떻게 해야 하는지를 잘 보여준다. 어린이는 착하기만 한 천사가 아니다. 그렇지만 어린이의 마음은 한없이 맑고 순수한 유리 같은 것이다. 그 유리를 맑고 투명하게 하는 것도 우리 어른들이고, 더럽고 혼탁하게 만드는 것도 바로 우리 어른들이라는 것을, 데쓰조를 통해서 생생하게 느꼈다.

보름달의 전설 | 미하엘 엔데 지음 | 비네테 슈뢰더 그림 | 김경연 옮김

1 >> 줄거리

이 이야기는 몇백 년 전, 아직 사람들이 천사와 악마가 있다고 믿던 때의 일이다. 어느 깊은 산골짜기 숲 한가운데에 경건한 은자가 살았다. 그 은자가 젊은이였을 때, 한 여인을 죽도록 사랑했다. 모두들 정숙하고 아름다운 숙녀의 모범으로 여기던 여인이었다. 두 사람은 영원히 사랑하고 충실을 지키리라 맹세했지만, 결혼식을 하루 앞둔 날 여인은 성스런 맹세를 깨뜨리고 다른 사내와 도망치고 말았다.

그 일로 인해 젊은이는 세상을 등지고 오로지 성서를 연구하며 진리를 좇는 일에만 전념하게 된다. 그러던 어느 날, 성 토마스 아퀴나스의 고백의 글, "자신(성 토마스 아퀴나스)이 쓴 모든 책은 진실로 속이 빈 지푸라기에 지나지 않는다."라는 구절을 읽게 된다. 자신이 진리라고 믿으며 읽어왔던 모든 것에 대한 믿음이 무너지는 순간이었다. 젊은이는 전율에 사로잡힌다. 마치 발밑의 땅이 갈라지며 깊은 심연으로부터 얼음처럼 차디찬 냉기가 올라와 심장의 피가 얼어붙게 하는 것 같았다. 또 한번 세상을 등지게 되는 계기가 되었던 것이다. 젊은이는 당장 자신의 공부방과 책을 버리고 길을 떠난다.

세상을 정처없이 떠돌던 은자는 어느 숲에서 "이곳에 머물라! 내가 여기서 너를 만나고 싶으니라."라는 목소리를 듣고, 그곳에 머무르며 기다린다. 그러나 아무리 기다려도 그를 찾아오는 누군가는 없었다. 그러는 사이에 그의 머리와 수염은 하얗게 세었고 외투처럼 몸을 감쌀 수 있을 정도로 길게 자랐다. 늙고 여윈 육신은 낮인지 밤인지조차 거의 알아차리지 못한다.

어느 날, 운명의 뜻에 따라 이 외딴 산골짜기에 다른 인간이 들어온다. 이유는 전혀 달랐지만 그의 삶도 경건한 은자 못지않게 외로웠다. 그는 인간 사회에서 내쫓긴 거친 사내였다. 젊었을 때 그는 사랑하는 여자를 욕보인 데 격분하여 한 청년을 살해했다. 그 청년은 신분이 높았지만 두 사람은 신분이 낮았기 때문에, 재판관들은 그에게 긍지와 명예를 주장할 권리를 허락하지 않았다. 재판관들은 그를 바퀴에 묶어 처형하라는 판결을 내렸다. 하지만 그는 형이 집행되기 전날 밤 숲으로 도망을 쳤다.

은자는 이 괴상한 도망자가 아들처럼 느껴졌고, 그를 제자로 삼아 영원에 대해 가르치기로 결심했다. 도둑도 정말로 은자가 마음에 들었고 그가 들려주는 말이 마음에 들었다. 또한 은자의 경건한 생활과 거룩한 분위기에 감명을 받았다. 하지만 은자가 아무리 도둑을 깨우쳐 주려고 하여도 도둑은 쉽사리 진심으로 회개하는 마음이 생기지 않았다.

그러던 어느 날, 은자는 도둑에게 말한다. "사랑하는 아들아, 이제부터 보름달이 뜨는 밤에는 절대 이곳에(은자가 기거하는 동굴) 와서는 안 된다. 약속해 다오.”

사실 보름달이 뜨는 밤은 ‘가브리엘 대천사’가 은자를 만나기 위해서 땅으로 내려오는 밤이었다. 도둑은 자신도 대천사를 만나고 싶었지만, ‘성스러운 것은 성스런 사람들에게만 보일 수 있다’라는 스승의 말을 되뇌이며 자신은 대천사를 볼 자격 없음을 스스로 인정한다.

도둑은 어느 날 은자가 깊은 명상에 잠겨 앉아 있는 동굴 입구 앞에서 매가 새끼 토끼를 덮치는 불길한 일을 목격하였다.

그날 밤, 도둑은 숲 속 덤불에 몸을 숨기고 천상의 방문객을 보았다. 구름 속 빛이 이리저리 흔들리며 형태가 나타났다. 먼저 독수리 머리와 사자 몸뚱이에 날개를 지닌 커다란 생물(그리폰)들이 끄는 마차가 보였다. 마차는 투명한 사파이어로 만들어진 듯 보였고, 그 마차 속에 부드러우면서도 강렬하게 빛나는 형체가 있었다. 그가 입은 옷은 갓 떨어진 눈처럼 곱고 희었다. 등에는 거대한 날개가 달려 있었다. 은자는 무릎을 꿇고 바닥에 닿을 때까지 몸을 굽히더니 땅에 머리를 조아린 채 그대로 있었다. 그러나 도둑은 천상의 방문객을 보고 뭔가 잘못되었다고 확신했다. 빛나는 형체가 은자에게 뭐라 말하고 은자가 대답하는 소리를 들었지만, 그는 한마디도 알아들을 수 없었다. 도둑은 천천히 화살을 활줄에 걸고 조심스럽게 겨냥한 다음 쏘았다. 화살이 씽 허공을 가르며 날아가더니 곱고 빛나는 형체의 목에 꽂혔다.

그런데 놀랍게도 화살에 맞아 죽은 것은 가브리엘 대천사가 아닌 오소리(동물의 몸에 들어가 온갖 허튼 짓을 하는 나쁜 정령) 한 마리였다.

어떻게 대천사가 아니었냐는 은자의 물음에 도둑은 다음과 같이 대답했다. “성스런 것은 성스런 사람에게만 보인다고 말씀하셨지요. 현명한 분이고 성스런 생활을 하고 계신 스승님은 대천사 가브리엘을 볼 수 있습니다. 그건 좋습니다. 그런데 어리석은 죄인인 제 눈에도 똑같은 것이 보이지 뭡니까. 뭔가 잘못되었다고 생각했지요. 그래서 화살을 쏘았답니다.” 도둑의 논리는 간단했다. 은자의 삶에 감명을 받았을 뿐, 아직 자신의 죄는 깨닫지 못하고 잘못을 뉘우치지 못한 불경한 자신에게 보인 천사, 그것은 진정한 천사가 아니라는 것이었다.

은자는 이 모든 사실을 깨닫고 부끄러워하며 완전히 처음부터 다시 배우기를 소망한다.

2 >> 본 도서와 내용과 주제가 비슷한 책들

▶행복한 청소부 / 모니카 페트 지음 / 안토니 보라틴스키 그림

▶모모 / 미하엘 엔데

3 >> 본 도서를 읽으면서 생각하고 찾아 읽어야 할 내용이나 사건에 대한 문제들

❶ 젊은이가 세상을 등지고 오로지 성서연구에만 전념한 이유는?

❷ 성 토마스 아퀴나스가 임종 무렵에 쓴 글 중에서 젊은이를 전율에 사로잡히게 한 대목은 무엇인가?

❸ 도둑이 인간 사회에서 내쫓겨 거친 사내가 되어 가는 과정은?

❹ 은자가 도둑에게 이야기해 준 것은 무엇에 대해서인가?

❺ 스승인 은자에게 도둑은 어떻게 고마운 마음을 표현하였나?

❻ 도둑이 갖고 있는 능력은 무엇인가?

❼ 도둑에게 처음으로 떠오른 진실은 무엇인가?

❽ '성스러운 것은 성스런 사람들에게만 보인다' 라는 말의 의미는?

❾ 도둑이 쏜 화살에 꽂힌 것은 가브리엘이 아니고 무엇이었나?

❿ 은자도 꿰뚫어보지 못한 속임수를 도둑은 어떻게 알았나?

4 >> 본 도서를 읽은 후 토의나 토론해야 할 문제들

❶ 보름달이 상징하는 것은 무엇인가?

❷ '책' 속에 있는 말은 모두 진실이라 할 수 있는가?

❸ 눈에 보이는 것과 보이지 않은 것 중 진실한 것은 무엇인가?

❹ 선과 악의 기준은 무엇인가?

❺ 세상에 영원히 변하지 않는 진리는 존재하는가?

5 >> 본 도서에 대하여 꼭 정리 · 기록해야 할 문제들

❶ 나에게는 진실한 충고를 해 주는 스승과 같은 존재가 있는가?

❷ 나에게 닥치는 시련을 극복하는 방법에는 어떤 것이 있을까?

❸ 선입견과 편견을 배제할 수 있는 방법은 무엇인가?

이 책은 우리가 옳다고 생각하며 살았던 것에 대해서, 그것이 반드시 옳지 않을 수도 있다는 가능성에 대해 조심스럽게 질문을 던지며, 스스로 사색해 볼 시간을 주는 책이다.

특정 종교에 대한 이해가 없는 사람은 책 내용을 이해하는 데 다소 시간이 걸릴 수도 있을 것 같다.

은자의 모습에서 진리를 향해 고통의 길을 걸어가는 인간의 무거운 어깨를 절감한다.

진리를 추구하기 위해 노력하지만 정작 중요한 순간에는 어리석음을 반복하는 것이 인간이요, 항상 어둠에 눈이 가려 있지만 어느 일순간 어둠을 벗고 진리를 깨달을 수 있는 것 또한 인간이다.

진리라고 믿는 것이 진리가 아닐 수도 있으며, 진리가 아니라고 알고 있는 것이 진리일 수도 있다. '절대적 진리'란 과연 무엇인가? '절대적 진리'가 과연 존재하는 것인가? 라는 명제에 철학적 물음을 던질 수 있는 적절한 책이다.

얼굴 빨개지는 아이 | 장 자끄 상뻬

1 줄거리

꼬마 마르슬랭 까이유는 다른 많은 아이들처럼 아주 행복한 아이로 지낼 수도 있었다. 하지만 마르슬랭은 이상한 병에 걸려 있었다. 얼굴이 빨개지는 병이다. 대부분의 아이들은 잘못을 저질렀을 때나 겁을 먹을 때 얼굴이 빨개지기 마련이지만 마르슬랭에게 있어 심각한 문제는, 아무런 이유 없이 얼굴이 빨개진다는 것이다. 한마디로 마르슬랭 까이유는 꽤 복잡한 나날을 보내고 있었다. 그는 스스로에게 항상 똑같은 질문 하나를 던지곤 했다. 왜 나는 얼굴이 빨개지는 걸까? 아이들이 자기의 얼굴 색깔에 대해 한마디씩 하는 것이 마르슬랭에게는 점점 견디기 힘들어졌고 그래서 그는 혼자 노는 것을 더 좋아하게 되었다.

어느 날, 새 이웃인 르네 라토를 만나게 된다. 꼬마 르네 라토는 아주 매력적인 아이였고, 우아한 바이올린 연주자였으며, 훌륭한 학생이었다. 그런데 르네는 갓난아이 때부터 아주 희한한 병에 시달리고 있었다. 그것은 전혀 감기 기운이 없는데도 자꾸만 재채기를 하는 병이었다.

마르슬랭 까이유와 르네는 서로 떨어질 수 없는 사이가 되어갔다. 마르슬랭은 어디든 도착하기만 하면 곧바로 르네가 있는지 물었고, 꼬마 라토 역시 항상 꼬마 까이유를 찾았다. 하지만 라토는 어디론가 이사를 가버리고 까이유는 얼굴이 붉은 채 어른이 되었다.

어른이 되어버린 마르슬랭은 우연히 길거리에서 계속 기침을 해대는 라토를 만나게 된다. 그들은 또다시 자주 만나게 되었다. 마르슬랭은 어디든 도착하면 곧바로 르네가 있는지를 물어보았고, 르네도 항상 마르슬랭을 찾았다.

2 >> **본 도서와 내용과 주제가 비슷한 책들**

▶ 나는 아름답다 / 박상률
▶ 세상에서 하나뿐인 특별한 나 / 모리 에도
▶ 나의 라임오렌지 나무 / J. M. 바스콘셀로스

3 >> **본 도서를 읽으면서 생각하고 찾아 읽어야 할 내용이나 사건에 대한 문제들**

❶ 마르슬랭은 어떤 병에 걸렸나?
❷ 당연히 얼굴을 붉혀야 할 순간에 마르슬랭의 얼굴은 어떠했나?
❸ 마르슬랭이 늘 자기 스스로에게 던지는 질문은 무엇인가?
❹ 마르슬랭이 외톨이가 된 이유는 무엇인가?
❺ 마르슬랭이 여름 바캉스 철을 기다리는 이유는 무엇인가?
❻ 르네는 어떤 병에 걸렸나?
❼ 학예회가 마르슬랭에게 더 없이 행복했던 이유는 무엇인가?
❽ 학예회가 르네에게 더 없이 행복했던 이유는 무엇인가?

4 >> 본 도서를 읽은 후 토의나 토론해야 할 문제들

❶ 나의 외모에 대해 어떻게 생각하는가?

❷ 내가 만약 주인공이었다면 어떻게 생활하겠는가?

❸ 얼굴은 예쁘지만 성격은 그저 그런 친구와, 얼굴은 좀 못생겼지만 성격은 좋은 친구가 있다면 어떤 친구와 더 친하게 지내고 싶은가?

❹ '성형미인'이 열풍이다. 최근 인터넷에서는 연예인들의 데뷔 전 사진이 공개되어 화제를 모으고 있는데, 연예인들의 달라진 모습을 보며 어떤 생각을 하나?

❺ '외모지상주의'가 만연한 요즘 세태에 대해 어떻게 생각하나?

5 >> 본 도서에 대하여 꼭 정리 · 기록해야 할 문제들

❶ 타인이 나와 다름을 인정한다.

❷ 상대방의 개성을 존중해 준다.

❸ 나의 모습을 당당하게 남들 앞에 드러낸다.

6 >> 본 도서에 대한 의견

'성형미인'이 열풍이다. 언제부턴가 외모로 아이들을 왕따 시키는 일이 발생했고 공부 못 하는 것은 용서가 되지만 얼굴 못생긴 것은 용서가 안 된다는 말도 생겨났다. 나와 다른 이들을 어떻게 볼 것인가? 내가 다른 사람들과 다르듯이, 타인도 나와 다름을 인정하고 그들을 최대한 존중해줘야 한다. 보편성은 공공의 질서에서 중용을 제공한다. 하지만 예외와 개인차가 있으며, 선진 사회일수록 복지 차원에서 약소자의 입장을 고려하고 배려한다.

모든 사람에게는 개인차와 핸디캡이 있다. 극복 못할 상황도 있기 때문이다. '외모지상주의'의 사회 분위기를 조장하는 것은 비단 언론이나 소수의 지도층만이 아니다. 사회 전체가 차이를 인정하고 존중해주는 구체적인 행동들을 실천하려 노력해야 한다.

1 >> 줄거리

뉴욕에 사는 샘이란 소년은 평소에 집을 떠나 혼자 살아 보는 것이 꿈이었다. 어느 봄 날, 그 꿈을 실현하기 위해 100여 년 전쯤에 증조부가 경영했던 농장 터를 찾아 숲 속으로 떠난다. 농장 터였다고는 가늠하기 힘들 정도로 깊은 숲을 이루고 있었으나 그 주변에 있는 커다란 솔송나무를 이용하여 집을 지어 그럴듯한 생활 공간을 마련한다. 프라이폴이라는 매를 훈련시켜 당장 양식이 될 만한 동물을 사냥하고 동물들이 먹는 물을 찾아내어 먹을 수 있는 식물을 가려내기도 한다. 숲 속에서 해결할 수 있는 최선의 방법으로 요리를 만들어서 먹고 남은 양식을 저장하는 지혜도 터득해 간다. 계절에 따라 알맞은 옷을 지어 입는 지혜와 기본적인 의식주 생활을 나름대로 터득한 방법으로 해결하면서 점차적으로 자연과 익숙한 생활을 해 나간다.

샘은 숲 속에서 보내는 생활이 때로는 외롭고 무섭지만 포기하지 않고 자신의 의지대로 지혜롭게 삶을 이끌어 간다. 몇 차례에 걸쳐 친구가 될 만한 사람들도 만나지만 결코 포기하지 않는다. 그런 샘을 1년여 동안 지켜보던 부모님은 결국 샘을 이해하고 대견스러워한다. 그러나 아직은 어린 샘을 계속 지켜볼 수만은 없다고 생각한 가족은 샘이 다 성장할 때까지 함께 살면서 보살펴 주기로 하고 숲 속으로 이사를 한다.

2 >> 본 도서와 내용과 주제가 비슷한 책들

▶나는 한국인이야 / 신세용

3 >> 본 도서를 읽으면서 생각하고 찾아 읽어야 할 내용이나 사건에 대한 문제들

❶ 샘이 집을 떠나서 생활한 곳은 어디인가?

❷ 샘이 떠날 때 가지고 간 것은 무엇인가?

❸ 당장 먹을 것을 구하려고 낚시를 하는데 낚싯밥을 무엇으로 하였나?

❹ 먹을 양식을 찾아내기가 어려웠는데 먹을 수 있는 것과 먹을 수 없는 것을 어떻게 구별했는가?

❺ 샘이 직접 생활하면서 지혜를 터득한 부분을(내용) 찾아보자.

❻ 계절에 따라 무엇으로 옷을 지어 입었는가?

❼ 사냥 매 프라이폴이 참새 사냥을 하면 그것을 빼앗고 다른 먹이를 준 이유는 무엇인가?

❽ 오랫동안 숲 속에서 생활한 샘은 피곤하고, 팔꿈치와 무릎이 뻣뻣함을 느끼며 코피를 흘렸을 때 먹을 수 있는 간을 다 먹었는데 그 이유는 무엇일까?

❾ 샘의 생활을 계절별로 나누어서 알아보자. − 봄, 여름, 가을, 겨울

4 ›› 본 도서를 읽은 후 토의나 토론해야 할 문제들

❶ 어느 날 아버지가 숲 속으로 찾아와 샘의 생활을 보고 만족해하면서 칭찬을 한다. 샘의 아버지가 보여준 행동에서 느낀 점은 무엇이며, 우리 아버지였더라면 어떤 반응을 했을까?

❷ 숲속에 밀렵꾼이 나타났을 때 프라이폴의 울음을 그치게 하려고 배를 쓰다듬었더니 조용해졌다. 이처럼 우리 주변에 있는 동물(강아지, 돼지, 햄스터, 토끼 등)을 엄마 손길처럼 편안하게 할 수 있는 방법으로 또 무엇이 있을지 이야기해 보자.

❸ 샘이 사람과 함께 지내지는 않았지만 말동무가 되고 온기를 나눌 프라이폴이 있었다. 한때 멀리 날아 간 줄 알고 샘은 당황했는데 그때 정말 날아가 버렸다면 어땠을까?

❹ 크리스마스 때 아버지가 다녀가면서 샘이 다른 사람에게 발견될까 봐 걱정했는데 왜 그랬을까? 그 아버지에 대한 여러분의 생각을 말해 보자.

❺ 가족이 모두 산 속으로 이사한 것을 어떻게 생각하는가?

5 ›› 본 도서에 대하여 꼭 정리 · 기록해야 할 문제들

❶ 내 생활에서 창의적인 생활을 하고 있다고 생각되는 것을 찾아보자.

❷ 어느 날 갑자기 모든 것이 없어지고 나 혼자만 덜렁 남게 된다면 어떻게 대처

해야 할까?

❸ 샘이 자신의 의지대로 생활할 수 있었던 것이 무엇이라고 생각하는지 우리 문화와 견주어 이야기해 보자.

6 ≫ 본 도서에 대한 의견

자신의 생활을 되돌아 보는 기회로, 지혜로운 행동과 그렇지 못한 행동을 찾아 따져 보고 앞으로 고쳐 나가야 할 것들을 목록으로 만들어 실천한다. 또한 샘이 만든 옷의 종류를 찾아 정리하면서 일상에서 필요한 지혜를 어떻게 길러야 하는지 안다.

나의 라임 오렌지 나무 | J. M. 바스콘셀로스

1 ≫ 줄거리

5살 제제는 장난이 심해 어른들한테 혼나지만 혼자 글 읽는 방법을 터득할 정도로 똑똑하고 영리하다. 아버지의 실직으로 집안형편이 어려워져 크리스마스마저도 우울하다. 크리스마스 선물을 받지 못해 실망을 하는 제제의 행동은 아버지의 마음에 상처를 준다. 그래서 제제는 죄송한 마음으로 구두를 닦아 돈을 벌어 아버지께 담배를 사드리고 죄송하다고 한다. 얼마 후 제제네는 집세 때문에 이사를 하게 되고 새 집의 뜰에서 작은 라임오렌지 나무를 발견하고는 그와 말을 하고 밍기뉴란 이름을 지어주며 친구가 되기로 한다. 그 이후 제제는 밍기뉴에게 자신이 생각하는 것과 있었던 일을 모두 말해주며 즐거워한다. 어느 날 포르투갈인 마누엘 발라다리스씨의 차에서 박쥐놀이를 하다 들켜 망신을 당하자 그를 미워하며 피해다닌다. 하지만 자신이 발을 다쳤을 때 함께 아파하고 따뜻하게 대해주자 지난 일은 다 잊고 친구가 되기로 한다. 마누엘 발라다리스씨를 뽀르뚜가라고 부르게 되었고 뽀르뚜가는 제제를 이해하는 유일한 사람이 되었다. 그러나 기쁨도 잠시 망가라치바 기차가 뽀르뚜가를 치어 죽게 되고 그 사실을 알게 된 제제는 슬퍼하며 몸져눕지만 그 누구도 이해를 하지 못한다. 병이 나을 때쯤 밍기뉴가 꽃을 피우는데 제제는 이것을 이별이라고 하며 철이 든다.

2》》 본 도서와 내용 및 주제가 비슷한 책들

▶그 많던 싱아는 누가 다 먹었을까 / 박완서

▶아홉 살 인생 / 위기철

▶안네의 일기 / 안네 프랑크

3》》 본 도서를 읽으면서 생각하고 찾아 읽어야 할 내용이나 사건에 대한 문제들

❶ 제제의 라임오렌지 나무의 이름은? 또 그 애칭은?

❷ 또또까형은 제제에게서 무엇을 알아내고자 하였나?

❸ 크리스마스에는 무슨 일이 일어났나?

❹ 세실리아 빠임 선생님은 왜 울 수밖에 없었나?

❺ 제제와 뽀르뚜가는 어떻게 친구가 되었나?

❻ 제제와 뽀르뚜가 사이의 비밀은 무엇인가?

❼ 제제는 왜 뽀르뚜가 앞에서 옷을 벗을 수 없었나?

❽ 제제가 시인이 되고 싶었던 이유는?

❾ 뽀르뚜가의 차를 들이받은 기차는 무엇인가?

❿ 라임오렌지 나무를 잘라버렸다는 것은 무슨 뜻일까?

4》》 본 도서를 읽은 후 토의나 토론해야 할 문제들

❶ 제제와 자신의 어린 시절을 비교해 보자.

❷ 제제는 뽀르뚜가를 위해 착해지기로 마음먹었다. 자신도 누구를 위해 무엇을 한 적이 있는지 말해 보자.

❸ 만약에 자신이 뽀르뚜가와 같은 친구를 잃었다면 어떻게 했을지 이야기해 보자.

❹ 제제와 같이 자신보다 어리고 어려운 사람을 도와주거나 돌보아준 일이 있으

면 이야기해 보자.

❺ 자신이 사물과 말할 수 있는 능력이 생긴다면 무엇과 어떤 얘기를 하고 싶은
지 생각해 보자.

5 ≫ 본 도서에 대하여 꼭 정리 · 기록해야 할 문제들

❶ 그 당시 브라질의 경제적, 사회적 상황을 조사해보자.
❷ 현대에는 왜 진정한 친구를 사귀기 힘든지 생각해보자.
❸ 우리 집의 화목함을 위해 내가 할 수 있는 일은 어떤 것이 있는지 생각해보자.
❹ 어른들은 '철이 든다' 는 것을 무엇이라고 생각하는지 알아보자.

6 ≫ 본 도서에 대한 의견

세상을 어른의 눈이 아니라 아이의 눈으로 낮추어 바라 본 것으로 우리가 어렸
을 때 그런 식으로 생각해봤음직한 것을 슬그머니 보여준다. 이런 부분은 어른이
되어 꿈이 가득하던 어린시절을 잊고 지내던 것을 끄집어내어 모두의 공감을 불
러일으키고 자신이 순수했던 순간을 회상하게 해준다. 그러나 이것은 단지 여기
에서 끝나는 것이 아니라 제제의 행동과 생각을 통해 남을 생각하고 배려하며 더
나아가 세상을 사랑하고 이해하는 방법까지 가르쳐준다. 또 어려운 가정형편 때
문에 누나를 양녀로 주고 엄마와 공부를 많이 한 랄라 누나가 공장에서 일을 할
수 밖에 없었던 모습은 마음을 아프게 하지만 주저하지 않고 가족 모두가 헤쳐 나
가려는 모습을 보면서 가족간의 사랑과 이런 사랑을 잊어서는 안된다는 것을 가
르쳐준다. 이런 모습은 우리나라의 50~60년대와 비슷하여 그 시대를 겪으신 분들
께는 더 큰 공감과 감동을 일으킬 것 같다.

여기에서 보여주는 사랑은 단지 혈연에 얽매여 있거나 많은 시간을 같이 보냈
느냐 하는 문제가 아니라 서로의 마음 속 깊이 얼마나 자리잡고 있느냐 하는 부분
에서는 현재 우리는 얼마나 사랑을 하며 살아가고 있는지에 대한 의심이 들 정도
이다.

이 책은 우리가 소중하게 생각하던 것들이 세월이 흘러감에 따라 잊혀지는 것
을 아쉬워하며 정말 중요한 것이 무엇인지를 제제를 통해 보여주고 이런 것들이

책을 다 읽은 후에는 입가에 미소를 짓게 하고 소중한 것을 돌아볼 수 있게 해주어 좋았다.

달콤 쌉싸름한 초콜릿 | 라우라 에스키벨 지음 | 권미선 옮김

1 >> 줄거리

　　주인공인 티타는 데 라 가르사 가문의 셋째 딸로 태어나면서 결혼 할 수 없는 운명을 함께 타고 난다. 그녀의 집안인 데 라 가르사 가문의 전통에 따라 막내딸은 죽을 때까지 어머니를 보살펴야 하기 때문이다. 이러한 운명과 맞서 티타는 요리를 하면서 자기의 욕망을 표출하게 되고 사랑하는 페트로와 결혼할 수 없게 된다. 페트로는 티타와 함께 있고 싶어 티타의 큰언니인 로사우라와 결혼을 하게 되지만, 결혼 후에도 페트로와 티타의 사랑은 계속된다. 그러나 마마 엘레나의 감시는 엄하기 만하고 티타에게 더욱 가혹한 운명을 요구한다. 마마 엘레나가 그렇게 할수록 티타는 요리를 하는데 모든 정열을 쏟게 되고, 티타의 요리를 먹던 어느 날 둘째 언니 헤르트루디스는 자신의 감정을 억제하지 못하고, 집을 나갔다가 혁명군이 되어 돌아온다.

　　마마 엘레나가 죽은 후에 티타는 왜 그녀가 그렇게 독하게 굴었는지 이해하게 되고, 그녀와 같은 운명을 가지고 태어난 조카를 그 운명에서 벗어나게 도와주고, 페트로와 티타의 사랑은 계속된다. 그러나 둘의 사랑이 절정에 이르는 순간 두 사람은 한 줌의 재가 된다.

2 >> 본 도서와 내용과 주제가 비슷한 책들

　　▶요리 강습 『탱고』 중에서 / 로사리오 카스테야노스

　　▶참을 수 없는 존재의 가벼움 / 밀란 쿤데라

　　▶갈매기의 꿈 / 리처드 바크

3 >> 본 도서를 읽으면서 생각하고 찾아 읽어야 할 내용이나 사건에 대한 문제들

❶ 티타가 부엌을 좋아하게 된 계기는?

❷ 티타는 왜 결혼을 할 수 없었는가?

❸ 페드로는 왜 로사우라와 결혼했는가?

❹ 차벨라 웨딩 케이크를 먹은 사람들이 슬픔에 잠긴 이유는?

❺ 헤르트루디스는 무엇을 먹고 집을 나갔는가?

❻ 티타와 브라운 박사는 어떻게 가까워졌는가?

❼ 티타는 로사우사를 무슨 말 때문에 싫어했는가?

❽ 헤르트루디스는 무엇이 되어 돌아왔는가?

❾ 마마 엘레나는 무엇 때문에 그렇게 독하게 굴었는가?

❿ 페트로와 티타는 어떻게 사랑을 확인하는가?

4 >> 본 도서를 읽은 후 토의나 토론해야 할 문제들

❶ 부엌이라는 공간이 가지는 의미는 무엇인가?

❷ 여성이 가지는 의무와 권리는 무엇인가? 그리고 그것은 타당한 것인가?

❸ 인간의 행복을 위해서 욕망을 얼마나 다양한 방법으로 표현할 수 있는가?

❹ 현대 여성의 위치는 무엇이라고 보는가?

❺ 우리는 음식의 맛을 느끼는 것처럼 사랑을 섬세하고 달콤하게 하고 있는가?

5 >> 본 도서에 대하여 꼭 정리 · 기록해야 할 문제들

❶ 여성에게 부엌이란 공간이 가지는 의미가 무엇인지 생각해 보자.

❷ 우리사회에서 여성의 존재가 무엇인지 자신의 위치에서 생각해 보자.

❸ 사랑의 감정을 우리는 어떻게 표현 할 수 있는지 생각해 보자.

6 >> 본 도서에 대한 의견

우선 이 책은 하나의 요리책을 보는 듯한 느낌을 준다. 요리 과정이 일일이 소개되어 우리의 촉각과 시각 등 오감을 자극하게 되는데, 여성들에게만 국한되었던 부엌이라는 공간을 통해 여성이 수동적인 것이 아니라 능동적인 존재로서 존

재함을 나타내고 있는 책이다.

주인공 티타는 요리를 통해서 집안의 전통과 싸우고, 자신의 존재 가치를 보다 높이고, 또한 요리를 통해 페드로에 대한 사랑의 감정과 성적인 욕망을 표출한다. 사실 티타와 페드로는 형부와 처제 사이임에도 불구하고 책을 읽으면서 서로의 사랑이 용서받지 못할 불륜이 아니라, 아름답고 밝은 사랑으로 그려진다. 사랑이 항상 행복할 수는 없는 법, 사랑에 대한 여러 가지 감정은 티타의 요리에 감정이 전이되어 이 요리를 먹은 사람들은 모두 티타와 같은 감정을 느끼게 된다. 그래서 티타의 요리를 먹은 언니 헤르트투디스는 억누를 수 없는 감정의 폭발로 집을 나 가게 되는 것이다. 그 외 티타의 요리를 먹은 사람은 티타와 함께 슬픔과 기쁨을 느끼게 된다.

이렇듯 이 책은 요리를 통해서 모든 것이 표현되고 독자들로 하여금 자세히 느 끼고 상상하게 만든다. 사실 어떤 면에서는 너무 여성중심의 시각이어서 자칫 남 성들에게 약간의 반감을 일으키진 않을까 우려된다.

그렇지만 전체적으로 요리라는 소재는 책 내용을 밝고 경쾌하게 이끌어 나갔 고, 왜 사랑이 달콤쌉싸름한 초콜릿 같은지 티타를 통해서 우리가 알 수 있는 계 기가 될 것이다.

맥베스 | 윌리엄 셰익스피어

1 》 줄거리

스코틀랜드의 장군 맥베스와 뱅쿠오는 개선 도중 3명의 마녀를 만나게 되는데, 그녀들은 맥베스에게 "코다의 영주, 미래의 왕", 뱅쿠오에게 "자손이 왕이 되실 분"이라고 부른다. 맥베스는 첫 번째 예언이 그 다음 예언도 하루빨리 이루고 싶 다는 야망을 품게 되어 마침내 남편만큼이나 욕심이 많은 아내와 손을 잡고 일을 도모한다. 국왕 덩컨 부자가 손님으로 자신의 성에 방문한 것을 호기로 삼아 마침내 그는 잠들어 있던 덩컨을 살해한다. 그리고 도망친 왕자들에게 그 혐의가 돌아가게 흉계를 꾸며 맥베스는 왕위에 오른다. 그는 자신의 비밀을 알고 있기에 눈엣가시로 여겨지는 뱅쿠오 부자를 없애기 위해 자객을 보낸다. 그렇지만 뱅쿠오만 살해되고 그의 아들은 도망친다. 그 후 뱅쿠오의 망령에 시달리고 귀족들에게도 의심을 사게 된 맥베스는 다시 마녀들을 찾아가 자신에게 예언을 내려줄 것을 청한다. 그리고 그녀들은 맥베스에게 조심하라고 이르며, 여자에게서 태어 난 자는 맥베스를 쓰러뜨리지 못할 것이며 버넘 숲이 던시네인 언덕을 향해 움직이기까지는 괜찮다고 말해준다. 맥더프가 잉글랜드에 있는 왕자 맬컴 곁으로 도망쳤다는 소식을 들은 맥베스는 그의 처자들을 모두 살해한다. 이로 인해 귀족들의 반감을 사게 되고 맥베스의 부인은 죄책감으로 인해 스스로 목숨을 끊고 만다. 맬컴을 옹립한 잉글랜드 군이 진격해 들어오고 거기에 스코틀랜드의 귀족들까지 합세한다. 그들이 버넘 숲에 있는 나뭇가지들을 꺾어 몸을 숨기며 성으로 접근하기 시작했을 때 맥베스는 버넘 숲이 이동하기 시작했다는 보고를 받는다. 그리고 그는 전장에 나가 맥더프와 만나게 되는데, 맥더프는 여자에게서 태어난 것이 아니라 찢어진 어머니 태내에서 꺼내진 자라는 말을 듣게 된다. 절망에 빠진 맥베스는 결국 맥더프의 손에 의해 처치되고 맬컴이 왕좌에 오른다.

2 >> 본 도서와 내용과 주제가 비슷한 책들

▶에우리피데스 비극 / 에우리피데스 지음
▶인간의 본성에 대한 풍자 511 : 라로슈푸코의 잠언과 성찰 / 프랑수아 드 라로슈푸코 지음

3 >> 본 도서를 읽으면서 생각하고 찾아 읽어야 할 내용이나 사건에 대한 문제들

❶ 세 마녀들은 개선하는 맥베스와 뱅쿠오에게 어떤 예언을 하였는가?
❷ 덩컨 왕은 누가 어떻게 죽였는가?
❸ 덩컨 왕을 죽인 혐의는 누가 받게 되었는가?
❹ 맥베스는 비밀을 알고 있는 뱅쿠오 부자를 어떻게 하였는가?
❺ 뱅쿠오의 망령과 귀족들의 의심에 시달리는 맥베스에게 세 마녀들은 어떤 예

언을 하였는가?

❻ 맥더프는 어디에 있는 누구에게 도망을 하였는가? 그리고 맥베스는 그 후 어떻게 하였는가?

❼ 맥베스의 부인을 죽게 한 것은 무엇이었는가?

❽ 버넘숲은 어떻게 이동을 하게 되었는가?

❾ 맥더프는 어떻게 태어났는가?

❿ 맥베스는 어떻게 죽게 되고, 누가 왕좌에 오르는가?

4›› 본 도서를 읽은 후 토의나 토론해야 할 문제들

❶ 맥베스의 부인에 대하여 이야기해 보자.

❷ 죄의식에 대한 맥베스와 맥베스의 부인의 생각의 차이는 무엇인가?

❸ 맥베스가 몰락하게 된 가장 큰 이유는 무엇인지 이야기해 보자.

❹ 맥베스에 등장하는 마녀들의 예언은 어떤 역할을 하는가?

❺ 맥베스와 맥베스의 부인에게 나타나는 잠과 꿈에 대하여 이야기해 보자.

5›› 본 도서에 대하여 꼭 정리 · 기록해야 할 문제들

❶ 인간의 욕심과 악의 관계에 대하여 생각해 보자.

❷ 인간에게 죄의식과 양심은 어떤 역할을 하는지 자신의 경험을 중심으로 정리해 보자.

❸ 맥베스를 파멸로 이끈 것은 권력에의 욕심이다. 과연 권력이란 무엇인지 생각을 정리해 보자.

6›› 본 도서에 대한 의견

한 인간이 자신의 주제를 파악하지 못하고 헛된 욕망에 이끌려 자신의 삶을 허비하고 끝내는 비극적 결말을 맞이하는 셰익스피어의 이 작품은 우리에게 많은 생각할 거리를 제공하여 준다.

인간의 끊임없는 권력에의 욕구는 단지 맥베스에게만 있는 것은 아닐 것이다. 인간에게 주어진 선과 악에 대한 자유의지는 누구에게나 있다. 만약에 맥베스가

자신의 주제를 파악하고 영주로서 장군으로서 선한 의지만을 구현하면서 살았다
면 그의 운명은 이처럼 비극적인 파멸로 끝나지 않았을 것이다. 우리의 인생은 존
재론적인 한계를 갖고 있음은 익히 잘 알고 있다. 그렇다면 이렇게 우리의 인생을
부질없이 헛된 욕망을 쫓으며 살아야 할 것인가 아니면 의미 있는 그 무엇을 위해
살아야 할 까는 깊이 생각해 보아야 할 일이다.

　이러한 자유의지를 어떻게 선택하면서 인생을 살아가느냐는 개인마다 매우 다
르게 나타나는 현상이라고 하겠다. 세익스피어는 근본적인 인간의 욕망에 대한
자신만의 점검의 계기를 이 작품을 통해서 말해주고 있다.

바람의 딸, 우리 땅에 서다 | 한비야

1 >> 줄거리

　이 책은 오대양육대주를 누빈 한비야가 국토종단을 하며 쓴 일기다. 전라남도
해남 땅끝마을에서 출발해 강원도 고성 통일전망대까지 이르는 49일간의 여정이
자세히 소개되어 있다.

　차타면 반칙, 경운기를 태워주신다는 할아버지의 말도 사양하고 한비야는 오로
지 발도장 만을 땅에 세기며 씩씩하게 우리 땅과 눈인사 하고 대화 나누고 호흡한
다. "해보지도 않고 어떻게 알아?"는 한비야가 자주 애용하는 말이다. 경험한 사
람들은 잘 알겠지만 일단 해보자 하고 덤비면 가속도가 붙고 자신도 모르는 괴력
이 나온다. 물론 열심히 해봐도 안 되는 일이 있다. 하지만 사람이 할 수 있는 모든
노력을 다 했다면 적어도 후회는 없는 것이다. 세상에는 하고 후회하는 일보다 하
지 않아서 후회하는 일이 훨씬 많은 법이니까.

　한비야는 자신에게도 편지를 쓴다. 영국인 선교사에게 배운 '삶의 기술'이다.
무엇인가를 결정해야 할 때, 혹은 '고민에 빠진 친구에게', '정말 알 수 없는 너에
게'로 시작하는 긴 편지를 쓴다. 설득의 말을 할 때도, 맹렬히 비난할 때도 있지만

보통은 '네가 아무리 미운 짓, 엉뚱한 짓을 해도 어떤 결정을 내린다 해도 널 사랑하는 마음에는 변함이 없다' 는 톤으로 끝난다. 그리고는 우표를 붙여 우체통에 넣는다. 며칠 후 배달된 편지를 받는 기분은 해본 사람만이 안다. 어떤 선택이나 결심을 하는데 '나에게서 온 편지' 는 많은 경우 결정적인 영향을 준다.

밤에는 하루 종일 고생한 발에게 온갖 정성을 쏟고 아침에는 신발끈을 바짝 매고 또 걷는다. 여행 준비물과 필수적인 응급처치, 각 지역의 특성을 피상적으로 소개하지 않고 직접 그 곳에 사는 사람들과의 대화와 함께 부딪혀본 내용을 통해 실감나게 전하고 있다. 특히 각 지역의 문화적 특성과 역사적 사실 등을 잘 소개하고 지역 특산물에 대한 설명도 빠지지 않고 있다. 한비야 자신이 쓴 책을 읽었다며 격려해 주는 사람들과 가족, 친구들의 이야기를 하는 사이 그의 국토종단은 대단원의 막을 내린다.

2_>> 본 도서와 내용과 주제가 비슷한 책들

▶바람의 딸 걸어서 지구 세바퀴 반 1 ~ 4 / 한비야

▶한비야의 중국견문록 / 한비야

▶지도 밖으로 행군하라/ 한비야

3_>> 본 도서를 읽으면서 생각하고 찾아 읽어야 할 내용이나 사건에 대한 문제들

❶ 주인공이 계획한 국토종단의 출발점과 도착지는 어디인가?

❷ 주인공의 여행 철칙은 무엇인가?

❸ 우리나라지도를 펼치고 주인공이 걸었던 길을 표시해 보자.

❹ 주인공은 사람의 관계를 난초 키우는 것에 비유한다. 그러면 자기 스스로를 위해서 가장 중요시하는 일은 무엇인가?

❺ 주인공이 국토종단을 하던 중 설악산에서 '입산금지' 라는 팻말을 만나게 된다. 주인공은 어떻게 설악산을 넘어 갈 수 있었나?

❻ 주인공은 국토 종단을 하며 속담 하나를 확실히 검증했다고 했다. 어떤 속담인가?

❼ 나는 나의 꿈을 위해 지금 무엇을 하고 있나?

❽ 일반 여행이나, 삶의 기나긴 여행에서 가장 중요한 것은 자기 스스로와의 약
속이다. 자기 스스로와 약속하고 싶은 3가지를 적어 보자.

4 >> 본 도서를 읽은 후 토의나 토론해야 할 문제들

❶ 주인공이 국토종단을 한다고 말하면 주변사람들은 '여자가 겁도 없이'라고
먼저 말한다. 정말 여자가 혼자 여행한다는 것은 힘든가?

❷ 주인공은 40이 넘도록 결혼을 하지 않았다. 결혼은 꼭 해야 하는 건가?

❸ 주인공은 세계 각지를 여행하기 위해서 다니던 회사에 사표를 낸다. 주인공의
행위를 옳다고 생각하는가?

❹ 주인공이 세계 각지나, 우리나라 국토종단을 하며 얻으려는 것은 무엇인가?

❺ 중국에는 "만 권의 책을 읽는 것보다 만 리를 여행하는 편이 낫다."는 말이 있
다. 편하게 책으로 봐도 될 텐데 어렵게 여행을 하는 이유는 무엇일까?

5 >> 본 도서에 대하여 꼭 정리 · 기록해야 할 문제들

❶ 나의 꿈을 정한다.

❷ 나의 꿈을 위해 죽을 각오로 임한다.

❸ 모든 일은 한번에 이루어지는 것이 아니라 한발 한발 매일 내딛어야 목적을
이룰 수 있다.

6 >> 본 도서에 대한 의견

월드비전의 긴급구호 팀장으로서 활약하고 있는 한비야는 자신이 원하는 일은
죽을 각오로 임한다고 한다.

죽을 각오로 임하는 사람 중에 자신의 일에 성공하지 아니하는 사람은 없다고,
에이즈에 걸린 난민촌 아이가 자신을 향해 손 내밀어도 망설임 없이 손잡아 줄
수 있는 것은 죽을 각오로 임하고 있기 때문이다. 우리는 항상 어떤 일을 시작하
는데 있어서 망설임을 가진다. 시작이 늦었다고 생각하는 건 우리의 괜한 걱정이
다. 다만 걱정해야 할 것은 그 일을 끝까지 완수하지 않고 도중에 중단하는 것을
걱정해야 한다. 그리고 자신이 진정 원하는 것이라면 끝까지 물고 늘어지는 끈기

를 가져야 한다.

그녀의 『걸어서 지구 세 바퀴 반』과 『바람의 딸 우리 땅에 서다』, 『중국견문록』은 하루아침에 완성되어진 것이 아니라 그녀의 작은 발(225mm)로 세상을 한발 한발 내딛어 이루어 낸 것이다. 우리는 하루 하루를 잘 보내고 있는지 반성해 보아야겠다.

밤으로의 긴 여로 | 유진 오닐 지음 · 민승남 옮김

1>> 줄거리

미국 출신 최고 극작가 유진 오닐의 대표적인 희곡으로 자신의 가족사를 고스란히 담고 있다. 아일랜드에서 이민 온 가난한 연극배우로 돈에 대한 집착으로 가족과 자신의 인생을 돌보지 않는 아버지 제임스 티론, 유복한 집안의 딸로 조용하고 감수성이 예민한 인물이었으나 힘든 현실로 마약중독자가 된 어머니 메리, 방탕한 부랑자이고 알코올 중독자인 형 제이미, 병약하고 시인 기질을 가진 동생 에드먼드(청년 시절의 작가)가 주인공이다. 이들 4명의 가족이 유일한 집인 여름별장에 모여 서로 공격하고 상처를 주면서도 한편으론 이해하고 용서하는 심리적 갈등의 과정을 긴박감 있게 그리고 있다. 작가는 자신의 비참한 과거를 폭로한 이 작품을 '피와 눈물로 점철된 오랜 슬픔의 연극'이라고 불러 생존시에는 공표하지 않았다.

2>> 본 도서와 내용과 주제가 비슷한 책들

▶폴란드의 풍차 / 장 지오노

▶음향과 분노 / 윌리엄 포크너

▶유리 동물원 / 테네시 윌리암스

3>> 본 도서를 읽으면서 생각하고 찾아 읽어야 할 내용이나 사건에 대한 문제들

❶ 티론과 두 아들이 메리를 감시하는 듯한 눈으로 보는 이유는 무엇인가?

❷ 하녀 캐슬린은 메리와 시내에 나갔을 때 무슨 일이 마음에 들지 않았다고 했는가?

❸ 결혼 전 메리의 꿈은 무엇이었나?

❹ 티론 부부의 둘째 아이 유진은 왜 죽었는가?

❺ 에드먼드를 낳고 통증을 호소하는 메리에게 모르핀을 처방한 사람은 누구인가?

❻ 티론과 제이미는 과거 무슨 사건이 있기 전까지 에드먼드에게 메리의 마약 중독 사실을 숨겼는가?

❼ 에드먼드는 어떤 병에 걸렸는가?

❽ 에드먼드는 자신이 무엇의 일부가 된 유령같다고 했는가?

❾ 과거 제임스 티론은 무슨 역할로 명배우 에드윈 부스에게 칭찬을 받은 바 있는가?

❿ 자정 가까운 시각, 티론과 두 아들 앞에 나타난 메리가 손에 들고 있던 것은 무엇인가?

4>> 본 도서를 읽은 후 토의나 토론해야 할 문제들

❶ 이 작품 내의 갈등 양상은 어디에서 기인하는지 생각해 보고 오늘날 가족 간의 화합과 결속을 저해하는 요소에는 무엇이 있는지 이야기해 보자.

❷ 가족과 갈등을 겪었던 경험을 떠올려보고 그때의 느낌이 어땠는지, 또 그 문제를 어떻게 해결하였는지 토의해 보자.

❸ 티론 가족과 유사한 갈등을 겪었던 사람들을 알아보고 그들의 상황 대처 방법을 티론 가족의 그것과 비교해 보자.

❹ 나와는 잘 맞지 않는 가족이나 타인을 이해하고 포용하는 방법에는 무엇이 있는지 토의해 보자.

❺ 가족 간의 진솔한 의사 소통에 필요한 것은 무엇인지 토의해 보자.

5 >> 본 도서에 대하여 꼭 정리 · 기록해야 할 문제들

❶ 가족의 소중함과 가족 구성원으로서 내가 해야 할 일을 생각해 보자.

❷ 화목한 가정을 위해 평소 내가 할 수 있는 일들을 정리해 보고, 이를 실천하기 위한 구체적인 계획을 세워 보자.

❸ 가족과 함께 가훈을 만들어 보자.

6 >> 본 도서에 대한 의견

이 책을 읽고 난 후 다소 울적해진 것은 사실이지만 비참하고도 생생한 비극이 주는 감동과 여운은 기대 이상이었다. 이 작품은 겉으로는 평범해 보이지만 실제로는 수많은 아픔과 고통을 겪고 살아가는 한 가족의 모습을 생생하게 보여주고 있다. 아픈 현실에서 벗어나기 위해 술을 찾는 아버지와 두 아들, 행복한 과거로 돌아가기 위해 마약을 찾는 어머니의 모습은 처절하기만 하다. 결국 『밤으로의 긴 여로』는 시간의 무게를 감당해내지 못한 채 자꾸만 어두운 곳으로 향하고 있는 한 가족의 여로를 그린 작품인 것이다.

일말의 희망의 빛도 내비쳐지지 않은 채 이 가족의 긴 하루는 애처로움의 최고조에서 막을 내린다. 하지만 아이러니하게도 이 한 가족의 암울한 일기는 나에게 우리 가족을 진심 어린 눈으로 돌아볼 수 있는 기회를 마련해 주었다. 티론 일가의 어두운 모습을 본 후 나는 이들에게 깊은 연민의 정을 보내는 동시에 우리 가족에 대한 소리 없는 자문자답을 할 수 있었다. 즉 '우리 가족은 지금 어떻지?' '우리 가족은 무사한 걸까?'와 같은 자문을 통해 잊고 살았던 가정의 소중함을 새삼 깨달아 나갈 수 있었던 것이다. 이는 마치 공기가 없는 답답한 상황을 잠시나마 경험해 본 후에야 공기의 소중함을 절감하는 것과 유사한 이치이다.

그러나 가족 갈등으로 한창 고민하고 있는 사람들이 이 작품을 읽는다면 오히려 부정적인 느낌에 사로잡힐 수도 있겠다는 생각을 했다. 물론 이들이 티론 가족의 구구절절한 사연에 동질감을 느껴 그들과 함께 아파하고, 함께 울면서 스스로 위안을 받을 수도 있겠다. 하지만 이 작품의 결말에는 진정한 화해의 형성, 가정 회생에 대한 희망이 결여되어 있으므로 가족 문제의 중심에 서있는 자가 이를 통해 용기를 얻긴 어려울 듯하다. 그들이 이 책을 읽은 후 느낄 수 있는 '우리 가족

도 이렇게 될지도 모른다'는 절망감과 불안감을 간과해서는 안될 듯하다.

운명 | 임레 케르테스

1 >> 줄거리

헝가리 작가 임레 케르테스의 대표작으로 원제는 '운명없음'을 뜻하는 헝가리어 'Sorstalansag'이다. 때는 1944년, 2차 세계대전이 끝나기 1년 전으로 당시 헝가리는 독일군에 의해 점령된 상태이다. 부다페스트에서 아버지와 계모와 함께 살던 15세 소년 쾨베시 죄르지 역시 유태인들과 함께 강제수용소로 이송된다. 강제수용소에 도착한 죄르지는 그곳에서 받은 인상과 사건들을 상세하게 기술한다. 죄르지의 시선을 통해 도저히 어쩔 수 없는 운명에 처한 상황에서도 행복한 순간들이 있음과, 자신에게 다가오는 모든 일상을 새롭게 극복해가는 과정을 묘사하고 있다. 고향으로 돌아온 죄르지는 '만일 운명이 존재한다면 자유란 불가능하다. 그러나 만일 자유가 존재한다면 운명은 없는 것이다.'라고 함으로써 운명이란 자신에게 달린 것이라는 메시지를 전하고 있다.

2 >> 본 도서와 내용과 주제가 비슷한 책들

▶쥐 / 아트 슈피겔만

▶피아니스트 / 블라디미르 스필만

▶안네의 일기 / 안네 프랑크

▶좌절 / 임레 케르테스

▶태어나지 않은 아이를 위한 기도 / 임레 케르테스

3 >> 본 도서를 읽으면서 생각하고 찾아 읽어야 할 내용이나 사건에 대한 문제들

❶ 랍비는 어떻게 강제 수용소에 오게 되었는가?

❷ 죄르지가 신문기자의 연락처를 버린 이유는 무엇인가?

❸ 다른 도시를 이동하려면 무엇이 있어야 하는가?

❹ 아버지가 근로봉사동원으로 가게 된 마지막날 죄르지를 결석시킨 이유는 무엇이었는가?

❺ 죄르지는 어떻게 해서 수용소에 가게 되었는가?

❻ 5분 때문에 낭패 본 남자의 만남과 끝의 과정은 무엇이고 제시하는 인간상은 무엇인가?

❼ 병원에서 왜 프랑스어 공부를 열심히 하지 않았던 것을 후회하였는가?

❽ 죄르지가 옮겨 다녔던 장소는 어디인가?

❾ 죄르지는 운명에 대해 어떻게 생각하는가?

❿ 죄르지와 두 노인이 갈등을 하게 된 것은 어떤 이유인가?

4 ›› 본 도서를 읽은 후 토의나 토론해야 할 문제들

❶ 나는 외부의 어려운 환경이 닥쳤을 때 어떤 생각이나 행동을 해왔는가?

❷ 나 자신은 운명에 대해 어떻게 생각하는가?

❸ 일제 강점기의 우리 조상들은 어떠한 과정을 겪었고 어떻게 대처했는가?

❹ 죄르지의 가치관에 대해 어떻게 생각하는가?

❺ 죄르지는 해방된 후, 자신의 가치관으로 어떻게 살아나갈 것인가?

5 ›› 본 도서에 대하여 꼭 정리·기록해야 할 문제들

❶ 우리는 우리 역사에 대해 얼마만큼 알고 있는지 생각해 보자.

❷ 이 책을 읽고 나서 변한 행복에 대한 생각이나 가치관을 적어보자.

❸ 운명에 대한 내 자신의 생각을 정리해 보자.

❹ 긍정적 생각이 어떻게 인생을 바꿀 수 있는지 생각해 보자.

6 ›› 본 도서에 대한 의견

작가의 직접 체험을 15살의 객관적인 눈으로 그린 소설로 자신의 삶을 항상 비관적으로 보고 환경탓만 하는 사람들에게 삶을 살아내는 사람의 정신적 의지에 따라 삶의 빛깔이 달라질 수 있음을 알려주고 있는 책이다.

운명은 자기 자신이 만들어 가는 것이라며 외부의 환경을 비판 없이 받아들이는 주인공을 보고 내 자신은 이제까지 어떻게 살았나? 어떤 어려움이 닥칠 때마다 나는 나보다 남을, 그리고 이렇게 만든 환경을 먼저 원망하지 않았나 하는 생각에 부끄러웠다. 똑같이 주어진 어려운 환경 속에서도 각자 받아들인 것이 틀리고, 돈으로 해결하려거나 무조건 변명하기, 이미 일어난 일에 뒤늦게 후회하기, 겸허히 받아들이기 등 대처하는 법이 각기 다른 여러 인간상들을 한 장소에서 볼 수 있다. 그리고 나는 이들 중 어떤 인간상과 비슷한지 생각해 볼 수 있었다.

이 책은 두 번 이상 읽으면 좋을 책이다. 앞부분에서는 훗날의 일들이 암시되어 있는 부분을 발견할 수 있다. 자신에게 다가올 최악의 일 또는 죽을 위기에 처해질지도 모른 채 겉으로 친절하고 좋은 환경과 달콤한 말에 속아서 마냥 즐거워하며 다시 만날 수 있다는 희망을 가진 사람들을 보면서 가슴 아픔을 느낄 수 있을 것이다. 앞날의 일을 전혀 예상치 못하고 오직 소문과 짐작으로 앞을 바라보는 사람들이 안타깝다.

이 책을 읽으면서 유태인들과 별반 다를 바 없이 경험했을 일제 강점기의 우리 조상들의 아픔에 대해서도 다시 한번 생각해 볼 수 있게 되었다. 실제로 일어났던 일이라 하더라도 다른 민족의 과거의 아픈 경험을 다룬 내용이라 우리 독자들은 어느 정도까지 깊게 공감할 수 있고, 어느 정도까지 마음에 와 닿을지 의문이다. 운명에 대해 자기 자신이 가지고 있던 가치관과 어떻게 다른지 비교해 보면서 다시 한번 삶의 목표나 생각들을 재정리할 수 있는 시간이 될 수 있다.

제인 에어 | 샬럿 브론테

1 >> 줄거리

어린 나이에 고아가 되어 외숙부 가족과 살게 된 제인 에어는 불행한 어린 시절을 보낸다. 기숙학교로 보내진 제인 에어는 학교를 마친 후 손필드 홀이라는 저택의 가정교사가 된다. 저택에서 생활하면서 주인 로체스터와 사랑하는 사이가 되지만, 로체스터에게 미친 부인이 있고, 저택 내의 한 밀실에 갇혀 있다는 사실을 알게 된다. 제인은 그 길로 그 집을 뛰쳐나와 눈 쌓인 광야를 걷다가 지쳐 쓰러지게 되고 빈사상태에 있는 그녀를 목사 센트 존 리버스가 구조한다. 제인은 감동을 받고 자신을 구해준 그와 결혼해 인도로 가기로 결심한다. 그런데 문득 그녀는 환상 속에서 로체스터의 목소리를 듣고 그의 저택으로 달려간다. 저택에 불이 나 그의 부인은 죽고 로체스터는 실명을 한 상태이다. 제인은 그를 돌보며 사랑을 다시 찾게 된다.

2>> **본 도서와 내용과 주제가 비슷한 책들**

▶젊은 베르테르의 슬픔 / 요한 볼프강 폰 괴테

▶빨간머리 앤 / 루시 모드 몽고메리

▶테스 / 토마스 하디

3>> **본 도서를 읽으면서 생각하고 찾아 읽어야 할 내용이나 사건에 대한 문제들**

❶ 제인은 왜 리드부인 가족에게 멸시를 당하며 지내야 하는가?

❷ 제인이 붉은 방에 갇힌 까닭은 무엇인가?

❸ 제인이 로우드 학교에 다니게 된 이유는 무엇인가?

❹ 제인은 왜 로우드 학교에서 거짓말쟁이라는 누명을 썼는가?

❺ 제인이 가정교사를 하게 된 연유는 무엇인가?

❻ 로체스터는 왜 귀족들과의 파티에서 점쟁이 노파로 변장했는가?

❼ 제인은 그의 주인인 로체스터에게 어떤 감정을 가지고 있는가?

❽ 벼락 맞은 나무는 무엇을 암시하는가?

❾ 제인이 로체스터와 결혼하지 않은 이유는 무엇인가?

❿ 제인은 어떻게 해서 많은 재산을 얻게 되었는가?

⓫ 제인과 모어 하우스 사람들은 무슨 관계인가?

⓬ 세인트 존은 왜 제인에게 청혼하였으며, 제인은 이를 왜 거절하였는가?

⑬ 로체스터가 불구가 된 이유는 무엇인가?

4 >> 본 도서를 읽은 후 토의나 토론해야 할 문제들

❶ 당시 요구되었던 여자의 미덕은 무엇이며, 제인을 통해 보여지는 여자의 미덕은 무엇인가?

❷ 사랑은 본능과 정신, 어느 쪽에 더 가까운가?

❸ 진정한 사랑의 의미는 무엇인가?

5 >> 본 도서에 대하여 꼭 정리·기록해야 할 문제들

❶ 자신이 겪었던 시련을 적어보고 이를 극복하기 위한 노력으로 무엇을 했었는지 기억해 보자.

❷ 자신의 성격을 적어보고, 제인과 비교해 보자.

❸ 내가 생각하는 사랑이란 어떤 것인지 정리해 보자.

6 >> 본 도서에 대한 의견

이 책은 두 가지의 주제를 담고 있다고 할 수 있다. '여성으로서의 자아 찾기'와 '순수하고 숭고한 사랑'이 그것이다. 순종적이고 교양을 갖춘 여성이 최고의 미덕을 겸비한 여성으로 여겨지던 시기에, 제인은 어려서부터 자신의 감정을 솔직히 표현하는 것을 즐겨했다. 계획한 일이나 하고자 하는 바가 있다면 그 앞에 어떤 역경이 기다리고 있을 지라도 주저하지 않고 실행에 옮겼다. 제인은 외적인 조건이나 사명을 띤 사랑이 아닌, 마음이 원하고 정신이 원하는 열정적이고 순수한 사랑을 실현했다. 내 삶이 나 아닌 다른 것들로 인해 결정지어지던 시기에, 제인은 삶의 주체는 누구여야 하는가를 확실히 보여준 인물이다.

많은 사람들이 자신을 독립적 주체라 여기고 있는지 모른다. 그러나 실제로 그렇게 여기고 있는 사람들의 대부분은 나약하다. 부당한 것에 맞서지 못하고, 결정한 일을 실행에 옮기기를 주저한다. 앞에 닥칠 시련의 크기를 재고 따지느라 실천에 옮기는 일은 미미하다. 주위의 말에 쉽게 현혹되며, 나 자신보다 주위 사람들을 더 신뢰하고 의지하는 경우가 많다. 그러나 150년 전 작가가 써 내려가는 제인의 모습은 당차고 자신감이 넘친다. 우리는 그런 제인의 모습을 보면서 스스로의 나약함을 끄집어낼 수 있게 된다.

　그녀가 주체적으로 찾은 사랑은 또 어떤가. 제인은 미녀도 아니고, 나이도 그의 연인보다 훨씬 어리며, 부자도 아니었다. 또 그녀의 연인 로체스터는 미치광이 아내가 있었으며, 화재로 불구가 되어버린 몸이다. 그러나 그런 것은 그녀와 그녀의 연인에게는 아무런 문제가 되지 않았다. 그녀는 그의 불구를 감싸 안았으며, 상처받은 영혼을 치유했다. 그들의 결합은 진실한 사랑으로 가능했던 것이다. 조건 없는 사랑, 순수한 사랑이란 단어는 먼 옛날에 존재했던 이야기로 들리는 요즘이다. 그러나 제인과 로체스터의 사랑을 통해 우리는 진실한 사랑이란 무엇이며, 그것이 갖는 힘이란 무엇인가를 생각하게 된다.

　150년이 넘어도 꾸준한 독자들의 사랑과 관심을 얻을 수 있었던 것은 이 이야기가 케케묵은 먼지를 쓴 과거의 이야기가 아니라, 과거 뿐 아니라 현재에도 우리 삶속에 살아 진행되고 있는 이야기인 까닭이 아닐까 싶다.

폭풍의 언덕 | 에밀리 브론테

1 >> 줄거리

　소설의 첫머리에는 스로슈크로스 저택에 세들어 살게 된 록우드가 등장한다. 록우드는 집주인인 히스클리프를 만나러 워셔링하이츠에 갔다가 그와 함께 살고 있는 캐서린과 헤어턴 언쇼 등을 만나고 유령인 캐서린을 만나고 돌아온다. 록우드는 집에 돌아와 가정부인 딘으로부터 히스클리프가 어떤 사람인지, 두 저택에 살았던 언쇼가와 린턴가의 이야기를 듣게 된다. 딘의 주인이었던 언쇼 노인은 히스클리프를 주워와 자신의 아이인 힌들리, 캐서린과 함께 기른다. 힌들리는 히스클리프를 학대하고, 캐서린은 그와 우정을 나눈다. 언쇼가 죽자, 힌들리는 가장이 되어 아내와 함께 들어와 더욱 히스클리프를 학대한다. 그의 아내는 헤어턴 언쇼를 낳고 죽게 되며, 힌들리는 아들을 돌보기는커녕 더욱 타락한 삶을 산다. 캐서린은 린턴가와 교류하게 되어 에드거의 청혼을 받아들이고, 히스클리프는 집을 떠난다. 3년 후 히스클리프가 돌아오고 유부녀인 캐서린을 여전히 사랑하면서도 힌들리와 린턴에게 복수하고자 한다. 에드거의 동생인 이자벨러는 그런 히스클리프와 결혼하여 이용당하고 캐서린은 심한 내적 갈등과 병을 앓다가 딸 캐서린 린턴을 낳고 죽는다. 이어 힌들리 역시 비참한 죽음을 맞이하고 이자벨러는 히스클리프로부터 도망가 아들 린턴을 낳아 기르다 죽는다. 린턴은 외삼촌인 에드거 집을 거쳐 히스클리프에게 돌아가고 캐서린은 린턴과 편지를 통해 정을 나눈다. 히스클리프는 재산을 가로채기 위해 둘을 강제로 결혼시키고 에드거는 병으로 죽는다. 린턴 역시 원래 허약하였기에 곧 죽는다. 히스클리프는 복수를 성공적으로 마치고 캐서린의 유령을 만나는 등 그녀에 대한 사랑을 죽음에 이르기까지 이어간다. 캐서린과 헤어턴은 다시 재산을 찾고 결혼을 함으로써 이야기는 끝이 난다.

2》 본 도서와 내용과 주제가 비슷한 책들

　▶적과 흑 / 스탕달

　▶리어왕 / 셰익스피어

3》 본 도서를 읽으면서 생각하고 찾아 읽어야 할 내용이나 사건에 대한 문제들

❶ 히스클리프는 어떠한 성장 내력을 가지고 있는가?

❷ 힌들리의 타락의 과정을 말해 보자.

❸ 워셔링하이츠와 스러슈크로스 저택 주변의 정경을 묘사한 부분을 찾아 보자.

❹ 캐서린 언쇼가 히스클리프가 아닌 에드거 린턴과 결혼한 까닭은 무엇일까?

❺ 캐서린 린턴의 성격에 대해 말해 보자.

❻ 캐서린에 대한 가정부 딘의 태도는 어떠한가?

❼ 린턴과 캐서린은 어떻게 결혼하게 되는가?

❽ 유령이 되어 나타난 캐서린을 대하는 히스클리프의 태도는 어떠한가?

❾ 사촌지간인 캐서린과 헤어턴 언쇼는 어떤 사이로 발전하는가?

⑩ 히스클리프의 무덤은 어디에 위치하는가?

4>> 본 도서를 읽은 후 토의나 토론해야 할 문제들

❶ 비기독교적인 인물로써 히스클리프를 평가해 보자.

❷ 히스클리프와 에드거를 비교해 보자.

❸ 히스클리프의 폭력적 행위에 대해 처벌한다면 어떻게 이루어져야 할까?

❹ 캐서린이 에드거가 아닌 히스클리프를 선택했다면 어떤 이야기가 펼쳐졌을까?

❺ 히스클리프가 캐서린의 관을 여는 행동의 정당성에 대하여 토론해 보자.

5>> 본 도서에 대하여 꼭 정리·기록해야 할 문제들

❶ 히스클리프의 복수 행위가 자신과 주변 사람들에게 미친 영향에 대하여 생각해 보자.

❷ 캐서린과 히스클리프의 사랑에 대해 생각해 보자.

❸ 화자인 딘의 주관적인 서술 태도와 달리 독자의 새로운 인물해석을 해보자.

6>> 본 도서에 대한 의견

　비극은 읽는 이의 마음을 정화시켜 준다. 『폭풍의 언덕』은 히스클리프와 캐서린, 린턴을 중심으로 한 사랑과 갈등을 다루며 낭만적 연애와 더불어 인간의 본질과 사랑에 대하여 생각하게 하는 소설이다. 린턴가와 언쇼가의 3대에 걸친 이야기는 등장 인물들과 줄거리에 대한 이해가 충분히 되어야 이 작품의 문학적 성과와 함께 깊은 분석독서에 이를 수 있을 것이다.

　『폭풍의 언덕』은 독자에게 다양한 해석을 가능하게 함으로써 현대에도 그 빛을 잃지 않는 문학적 성과를 보이고 있다. 얌전하고 신사적인 면을 갖고 있는 에드거와 야성적이고 정열적인 히스클리프 사이에서 갈등하는 캐서린의 사랑과 양면성, 히스클리프의 증오와 사랑이 복합되어 이루어지는 잔인한 복수, 그리고 히스클리프의 폭력성, 비도덕함, 잔인함 등을 통해 드러나는 인간의 본질적인 모습을 그리고 있다. 주변인물로서 왜곡된 종교관을 가진 조지프, 기존의 도덕관념을 가진 인물로 그려지는 딘 등도 비판의 대상으로 살펴볼 수 있을 것이다.

분석독서의 취지에 따라 『폭풍의 언덕』을 보았을 때, 히스클리프라는 인물에 초점을 맞춰야 할 것이다. 히스클리프가 죽은 캐서린의 무덤을 훼손하는 행위는 기독교적인 당시의 사고방식에도 위배될 뿐만이 아니라 어느 사회에서든지 망자의 휴식을 방해하는 행위는 윤리적으로 비난받아 마땅한 것이다. 그러나 이 장면은 히스클리프의 캐서린을 향한 죽음까지도 불사하는 강렬한 사랑의 표현이며 히스클리프가 어떠한 인물인지를 가장 잘 드러내주는 부분이라 하겠다. 독자들은 그에게서 동정심과 더불어 인간으로서 할 수 없는 짓들을 서슴치 않고 행하는 그에게 분노와 역겨움을 느낄 것이다. 그러나 히스클리프를 미워할 수만은 없고 오히려 친밀감을 느끼게 하는 것은 분명 현실에서는 존재할 수 없는 인물이나, 그를 통해 인간의 본질적인 측면이 너무도 잘 드러난다는 데 있을 것이다.

히스클리프의 연인인 캐서린은 히스클리프를 사랑하면서도 그의 비천함보다는 에드거가 가진 귀족적이고 신사적인 면을 택하여 결혼하는 현실적 인물이다. 그러나 히스클리프가 가진 정열적인 성격과 비교했을 때 에드거는 우유부단하고 나약한 인물이며 그녀는 유부녀가 된 후에도 히스클리프에 대한 사랑으로 괴로워한다. 캐서린의 이런 변덕스러운 면은 기존의 사회적 도덕관념을 가진 가정부 딘으로부터 비판받지만 캐서린의 사랑은 인간의 진실하고 순수한 모습을 보여준다는 데 의의가 있다.

이 소설에는 책이라는 소재가 반복적으로 등장하는데 조지프의 경우 성경책을 매우 소중히 하며 그 외의 책은 악마적인 것으로 간주한다. 책은 캐서린에게 고통스러운 삶을 견디는 힘이 되었으며 글자를 배워 책을 읽고 지식을 쌓음으로써 식자층의 우월함을 내세우고 있다. 그로 인해 학대받으며 자란 무식한 헤어턴이 느끼는 열등감은 캐서린이 그의 책읽기를 도와줌으로써 화해와 사랑으로 이어지게 된다.

또한 이 작품은 주인공들이 연애편지를 주고받는 모습과 밀회 등을 통해 낭만적인 연애소설로서의 면모를 잃지 않고 있다. 낭만적인 연애소설을 뛰어넘어 비극의 극치를 보여주는 이 소설을 통해 우리의 감수성을 새롭게 일깨우고, 생에 대한 다양한 시각을 갖게 되길 바란다.

7

교과서 관련
중학생 읽기와 논술 지도

이 장에서는 중학생을 위한 책읽기 지도에 대한 내용을 다루고자 한다. 초등학생을 위한 독서지도 안내서는 많이 나와 있고 학부모들도 관심을 갖고 있지만, 상급학교인 중학생이 되면서부터는 독서보다는 학과공부에 많은 시간을 보내게 된다. 이에 따라 이 장은 학과 공부와 연계하여 국어 교과서에 나타난 문학작품에 대한 감상과 이해를 돕기 위한 내용으로 꾸몄다.

처음에 이 장의 내용을 구상하는 단계에서 중학생들이 읽어야 할 문학작품과 창작소설 등으로 접근하였다. 국어과 교사와 사서교사가 추천하는 중학생들이 읽으면 좋을 목록을 참고해 읽을 자료를 뽑고 창작소설, 국어 교과서에 나온 한국문학작품, 한국단편, 한국시와 수필, 세계문학 등으로 나누어 접근하였다. 자료를 선별하는 과정에서 자료의 방대함, 중학생 수준에 맞는 자료의 선정 등의 문제를 발견하게 되었고 책 선정과 관련하여 다시 생각하게 되었다.

연구원들과의 논의를 거쳐서 원점으로 돌아가 중학교 교과서에 나와 있는 작품들을 분석하기로 하였다. 각 학년의 교과서에 단원별로 나와 있는 저자 및 출처에 대한 자료를 통하여 자료가 충실한, 즉 전문이 실려 있거나 해설이 충실히 나와 있는 자료는 제외하고, 보충심화내용에 제시된 작품을 중심으로 정리하였다. 그리고 각 학년마다 꼭 읽고 넘어갔으면 하는 자료를 보충하였다.

이 장은 중학생이 국어교과목을 공부할 때에 도움을 줄 수 있는 독서자료 해설이라고 할 수 있다. 자료의 배열은 학년별로 보충하여 읽을 자료를 정리하고 교과서에는 언급되지 않았지만 꼭 읽어야 할 작품들을 소개하였다. 자료의 정리방법은 먼저 서지사항 등 기본정보를 제시하고, 줄거리 소개, 생각하며 읽기 등의 순서로 정리하고 논술주제를 제시하였다.

1 >> 줄거리

우스이 데쓰조는 글씨도 쓸 줄 모르고 말도 잘 못하여 짧게 신음하듯 "으" 소리만 내는 초등학교 1학년 아이이다. 데쓰조는 쓰레기 처리장에서 일하시는 할아버지와 단 둘이 살면서 처리장 근처에 있는 학교에 다닌다. 부모도 없이 쓰레기 처리장이라는 악조건 속에서 데쓰조는 세상과 사람들에게 마음의 문을 닫은 채 파리를 좋아하고 기르는 것에만 관심이 있다.

평범한 가정의 외동딸로 곱게 자란 고다니 후미 선생님은 대학을 졸업한 지도 얼마 안 된 상황에서 데쓰조의 담임으로 부임한다. 친구도 없고, 학교에서도 늘 겉도는 데쓰조를 맡게 된 고다니 선생님은 데쓰조의 마음을 열기 위해 노력하지만 데쓰조는 별 반응이 없다. 게다가 처음에는 파리가 병균을 옮기니까 키우지 말도록 막으려고만 한다. 그러나, 애완동물처럼 파리를 귀여워하며 애지중지 키우는 데쓰조를 점차 이해하게 된다. 데쓰조 할아버지의 말대로 데쓰조를 산으로 데려가면 곤충을, 강으로 데려가면 물고기를 기를 테지만, 쓰레기장에서 살고 있는 데쓰조에게는 구더기와 파리가 손쉽게 구할 수 있는 애완동물인 셈이다.

고다니 선생님은 데쓰조가 진짜 파리박사가 되도록 도와준다. '파리분류책'을 보며 데쓰조와 파리이름을 알아보기도 하고, 파리이름을 적은 카드놀이를 하며 글자를 익히게 하고, 파리의 세밀화를 그리게 한다. 고다니 선생님의 열정에 글도 모르고 말도 못하던 데쓰조는 파리그림도 잘 그리고 글씨도 보통 아이들처럼 늘어갔다. 또한, 선생님은 데쓰조에게 파리를 닦아줄 소독액도 갖다 주고 '파리의 먹이' 연구를 하도록 실험을 도와준다. 고다니 선생님은 문제아로만 여겨졌던 데쓰조 안에 감추어진 보물을 찾아낸 것이다.

어느 날, 햄 공장에서 파리가 들끓어 고민하던 중 고다니 선생님과 데쓰조에게 도움을 청한다. 데쓰조는 햄 공장 근처의 퇴비더미에서 집파리들이 날아오는 것을 알아냈고, 답례로 햄 공장에서 급식 때 전교생에게 소시지를 나눠주는 바람에 데쓰조는 일약 영웅이 된다.

고다니 선생님 반에서 연구수업을 하던 날, 데쓰조는 그동안의 글솜씨를 한껏

발휘해 글을 쓴다.

'나는 가마니보앗따. 그리고나서상자속까지 가마니보앗따. 빨간놈나와따. 나는코가찡햇따. 사이다마신거갓따. 나는가슴찡햇따. 나는빨간놈조아. 고다니선생님조아.'

고다니 선생님이 준비한 상자 속에서 빨간 가재가 나왔을 때의 느낌과 더불어 그동안 표현하지 못했던 고다니 선생님에게 느꼈던 감정이 녹녹히 묻어 있는 글이다.

2>> 생각하며 읽고 토의

❶ 주인공 데쓰조는 어떤 아이였으며, 데쓰조가 파리를 기르게 된 이유는 무엇이 었는가?
  – 데쓰조의 특징(성격, 가정환경 등)
  – 데쓰조가 파리를 기르게 된 배경이나 이유

❷ 데쓰조의 행동 가운데 특이한 점을 지적하고, 데쓰조가 그렇게 행동한 이유를 생각해보자.

데쓰조의 특이한 행동	그렇게 행동한 이유

❸ 처음에 파리 기르는 것을 반대하던 고다니 선생님이 데쓰조와 함께 파리를 연구하게 된 이유는 무엇인가? 이는 어떤 결과를 가져왔는가?

❹ 고다니 선생님이 학교에서 아무것도 하지 않는 데쓰조를 가르쳤던 방법은 무엇인가?

❺ 문제아로 여겨졌던 데쓰조가 학교에서 영웅으로 인정받게 된 사건은 무엇인가?

❻ 미나코(정신발육지체아)를 돌보던 고다니 선생님은 '미나코 당번'을 만드는데, 이로 인해 반 아이들에게 어떤 변화가 일어났는가? 반 아이들의 변화는 학

부모들에게 어떤 변화를 가져왔는가?

❼ 데쓰조가 미나코의 당번이 되었을 때 데쓰조는 미나코에게 어떻게 해주었는가?

❽ 사람들이 미나코와 쓰레기 처리장 아이들을 어떻게 대하였는지 생각해보고, 이를 통해 사람들의 성격을 추측해 보자.

인물	미나코와 쓰레기 처리장 아이들을 대하는 태도	인물의 성격
교감 선생님		
아다치 선생님		
가쓰이치 아버지		

❾ 고다니 선생님의 이야기에서 우리는 참된 사랑의 힘을 느낄 수 있다. 우리 주변에서 고다니 선생님처럼 희망을 잃지 않고 진정한 용기로 참된 사랑을 실천하는 사람들의 이야기를 찾아보자.

❿ 이 책을 읽으면서 가장 감동적이었던 장면과 이 책이 주는 교훈을 이야기해 보자.

3 >> 논술 주제

쓰레기 처리장 이전 문제로 열린 주민회의에서 사회적 소외계층인 '처리장 아이들의 통학권' 때문에 대다수 많은 사람이 불이익을 당해선 안 된다는 의견이 많은 지지를 받는다. 이에 대한 나의 견해를 이야기해 보자.

난장이가 쏘아올린 작은 공 | 조세희

1 >> 줄거리

난장이인 아버지와 어머니, 영수, 영호, 영희는 서울의 재개발 사업구역인 낙원구 행복동에서 산다. 이들은 하루하루의 생활이 전쟁과 같이 느껴지는 도시의 소외계층이다. 아버지는 칼갈이, 고층 건물 유리 닦기, 수도 고치기 등 안 해 본 일이 없지만 늘 가난에서 벗어날 수가 없었다. 그래서 이들은 힘겹고 지겨운 지옥 같은 현실에 살면서도 항상 천국을 생각한다.

그런데 이들이 사는 낙원구 행복동에 '이십 일 안에 자진 철거하라'는 철거 계고장이 날아든다. 새 아파트에 들어갈 입주권이 있어도 입주비가 없는 행복동 주민들은 거간꾼들에게 하나 둘씩 입주권을 팔기 시작한다. 입주권 가격은 하루가 다르게 치솟아갔다. 난장이네 집도 입주권을 팔고 전세금을 빼주어야만 했지만, 가족들은 아버지와 어머니가 도랑에서 돌을 져서 나르고 시멘트를 직접 발라 만든 집에 애착을 갖고 있었다. 이웃집 명희 어머니는 명희가 죽으며 남긴 통장에 든 돈을 영희 어머니에게 전세금을 빼주라며 빌려준다.

죽은 명희는 영수를 좋아했다. 명희가 바라던 것은 영수가 공부해서 다른 아이들처럼 공장에 가지 않고 큰 회사에 취직하는 것이었다. 그러나 영수는 그 약속을 지키지 못하고 중간에 학교를 그만두고 공장에 들어간다. 명희는 다방 종업원에서 고속버스 안내양, 골프장 캐디를 하다가 통장에 19만원을 남기고 숨을 거둔다.

영수와 동생 영호는 아버지가 더 이상 일을 할 수 없는 형편이 되자 인쇄공장에 나가게 된다. 아버지는 개천 건너 주택가 삼층집에서 가정교사를 하는 지섭과 이야기를 나누곤 하였다. 지섭은 아버지에게 열심히 일하고, 나쁜짓 하지 않고, 기도를 열심히 하고도 삶이 이렇다면 이 땅은 더 이상 기대할 수 없는 죽은 땅이라고 말한다. 그는 사랑이 없이 욕망만 가진 사람들만 사는 죽은 땅을 떠나 달나라로 가야 한다고 아버지에게 말하고 〈일만 년 후의 세계〉라는 책을 아버지에게 빌려준다. 아버지는 지섭의 말에 공감하고, 밤에 벽돌 공장의 높은 굴뚝에 올라가 종이비행기를 날린다.

인쇄공장 사장은 불황을 빌미로 삼아 공장 노동자들에게 쉬지 않고 일할 것을 강요한다. 영수와 영호는 사장과 힘든 노동시간에 대해 협상하려다가 사장을 만나기도 전에 이야기가 먼저 새어버려 일을 제대로 성사시키지도 못한 채 공장에서 쫓겨나고 만다. 아버지는 영수와 영호에게 잘했다는 말을 하면서 술을 마신다.

입주권 가격이 자꾸 올라가자 난장이네 가족은 검정 승용차를 타고 온 남자에게 25만원을 받고 입주권을 판다. 그러나 명희 어머니에게 빌린 전세금을 갚고 나니 남는 것이 없었다. 영희는 이날 줄 끊어진 기타만을 가지고 집을 나간다. 갑자기 사라진 영희 때문에 난장이 가족 모두는 영희를 찾아 나선다. 그러나 영희를 봤다는 동네 주정뱅이는 비행접시가 나타나 영희를 데려 갔다는 소리를 계속 늘어놓는다. 영희는 집을 나가 검정 승용차를 타고 온 남자의 사무실에서 일하며 함께 생활하게 된다. 영희는 자신의 출생과 지금까지의 성장과정과는 너무나 다르고, 절망이란 단어를 모르고 너무나 많은 것을 가지고 있는 이 남자를 보면서 자신의 모습을 다시 비춰본다. 그러다 남자의 금고에서 자신의 집 아파트 입주권을 되찾아 새벽에 행복동 동사무소로 향한다. 아파트 입주를 위한 서류 신청을 모두 마치고 영희는 가족을 찾으러 신애 아주머니를 찾아간다. 신애 아주머니를 통해 아버지가 벽돌 공장 굴뚝에서 자살했음을 알게 된 영희는 목을 타고 서서히 올라오는 울음 속에서 영수와의 대화를 떠올린다. "아버지를 난장이라고 부르는 악당은 죽여 버려."

2» 생각하며 읽고 토의

❶ 작가가 난장이 가족을 중심인물로 설정한 이유를 무엇이라고 생각하나?

❷ 영수는 '천국에 사는 사람들은 지옥을 생각할 필요가 없다. 그러나 우리 다섯 식구는 지옥에 살면서 천국을 생각했다. 단 하루라도 천국을 생각해보지 않은 날이 없다. 하루하루 생활이 지겨웠기 때문이다. 우리의 생활은 전쟁과 같았다. 우리는 그 전쟁에서 날마다 지기만 했다.'고 독백한다. 난장이 가족에게 천국과 지옥이 의미하는 것은 무엇일까?

❸ 영희의 몸에서 나는 풀냄새와 개천 건너 주택가 골목에서 나는 고기 굽는 냄새를 대립적 구도로 하여 작가가 전달하고자 했던 것은 무엇일까?

❹ 영수가 입고 싶어 했던 '주머니 달린 옷'에서 '주머니'는 무엇을 말할까?

❺ 지섭이 꿈꾸는 달나라는 어떤 세계라고 생각하나?

❻ 아버지가 벽돌 공장의 제일 높은 곳인 굴뚝에 올라 종이비행기를 날리는 것은 어떤 상징성을 가지나?

❼ 아버지가 영호에게 "넌 학교에서 죽은 교육을 받았어."라고 하는데 죽은 교육이 의미하는 것은 무엇일까?

❽ 열일곱 살 된 영희가 집을 나온 후 죽음과 가족을 생각하면서 '우리의 생활은 회색이다.'라고 되뇌인다. 여기서 회색이 가지고 있는 상징적인 의미는 무엇일까?

❾ 난장이 가족은 사회로부터 받은 피해의식을 각각 어떻게 표현하고 있나?

❿ 아버지가 벽돌 공장의 굴뚝에서 자살을 선택한 이유는 무엇일까?

⓫ 이 작품 전체에서 가장 주된 갈등 요소로 나오는 것은 무엇인가?

⓬ 이 작품 전체를 통해 가진 자와 못 가진 자를 극렬히 대비시키고 있는 표현들을 찾아보자.

3 ≫ 논술 주제

난장이가 쏘아올린 작은 공을 통해 작가가 우리에게 전하고 싶은 메시지는 무엇일까?

내 영혼이 따뜻했던 날들 | 포리스터 카터 | 조경숙 옮김

1 ≫ 줄거리

저자 포리스트 카터의 자전적 성장 소설이기도 한 『내 영혼이 따뜻했던 날들』은 5살의 어린 나이에 부모를 잃은 '어린 나무'(저자의 어릴 적 인디언 이름)가 체로키족 인디언인 할아버지와 할머니 밑에서 체로키식 교육을 받으며 성장하는 과정을 그리고 있다.

백인들의 인디언 강제 이주 정책으로 산 속에서 살게 된 조부모 내외는 '어린 나무'에게 산의 일부가 되어 산 속에서 살아가는 방법을 가르쳐 준다. 거추장스런 구두를 벗어 던지고, 부드러운 인디언 신발을 신고 산 속을 뛰어다니는 '어린 나무'는 할아버지, 할머니의 가르침을 통해 자연과 교감하는 방법을 하나 둘 배워 나가며 숲에도 생명이 있음을 깨닫는다.

"자연의 이치란 말이지…… 누구나 자기가 필요한 만큼만 가져야 한다. 사슴을 잡을 때도 제일 좋은 놈을 잡으려 하면 안돼. 작고 느린 놈을 골라야 남은 사슴들이 더 강해지고, 그렇게 해야 우리도 두고두고 사슴고기를 먹을 수 있는 거야. 흑표범인 파코들은 이 사실을 잘 알고 있지. 너도 꼭 알아두어야 하고."

"꿀벌인 티비들만 자기들이 쓸 것보다 더 많은 꿀을 저장해 두지. 그러니 곰한테도 뺏기고 너구리한테도 뺏기고…… 우리 체로키한테 뺏기기도 하지. 그놈들은 언제나 자기가 필요한 것보다 더 많이 쌓아두고 싶어하는 사람들하고 똑같아. 뒤룩뒤룩 살찐 사람들 말이야. 그런 사람들은 그러고도 또 남의 걸 뺏어오고 싶어 하지. 그러니 전쟁이 일어나고……."

영혼이 빠져 나간 마른 통나무만 뗄감으로 쓰고, 필요한 만큼만 사냥하며, 동물들의 짝짓기 계절엔 함부로 덫을 놓지 않는 체로키 인디언의 삶은 '어린 나무' 가족의 잔잔한 에피소드 속에서 고스란히 드러난다. 이렇듯 잔잔한 목소리로 자연의 순리와 평화를 강조하는 인디언의 가치관은 오늘날의 물질만능적 삶을 돌아보게 하는 계기를 마련해 준다.

따뜻하고 현명한 할머니, 다소 고집스럽지만 성실한 할아버지는 '어린 나무'에게 죽음조차도 자연스런 삶의 순리임을 가르치며 인간에게 영혼이 왜 필요한지, 진정한 사랑이 무엇인지 몸소 배우고 깨닫도록 도와 준다. 이해와 사랑은 당연히 같은 것이며 이해하지도 못하면서 사랑한다는 건 진정한 사랑이 아니라는 것, 인간에게는 두 마음이 있는데 그것은 몸을 꾸려가는 마음과 영혼의 마음. 영혼의 마음은 근육과 비슷해서 쓰면 쓸수록 더 커지고 강해지며, 몸을 꾸려가는 마음이 욕심을 부릴수록 영혼의 마음은 점점 줄어들어서 밤톨보다 작아지게 된다는 이치를 말이다.

'어린 나무'는 할아버지로부터 감사를 기대하지 않고 사랑을 준다든지, 또 필요한 것 외에는 대지에서 가져가지 않는다든지 하는 체로키족의 생활철학들을 배워나가게 된다. '어린 나무'는 자연이 봄을 탄생시킬 때 몰아치는 산의 폭풍을 지켜보았으며, 새들의 몸짓과 소리가 무엇을 뜻하는지 배웠고, 달이 찬 정도에 따라 어떤 작물을 심어야 하는지를 배웠다. 또한 '어린 나무'는 체로키족이 경험한 '눈물의 여로'에 대해서도, 그리고 정작 눈물을 흘린 사람은 체로키가 아니라 길가에서 구경하던 백인들이었다는 것도 들었다. 또 '어린 나무'는 계절이 바뀔 때마다 할아버지의 가게에 찾아오는 유대인 봇짐장수인 와인 씨로부터 올바른 자선이란 어떤 것인가에 대해서 배웠으며, 한 소작농으로부터는 잘못 발휘된 자존심을 이해하는 법을 배웠다. 그리고 '어린 나무'는 할아버지의 용기 덕분에 죽음을 면하는 경험을 하게 된다.

인디언이 무슨 교육을 제대로 시키겠느냐며 어린 주인공을 할머니 할아버지에게서 빼앗아 고아원에 수용시키고는 '너는 사생아니까 죄인'이라며 신발에 피가 고일 정도로 등을 때리는 대목에서는 백인 미국인들의 잔인한 면을 그대로 읽을 수 있다.

따뜻한 할아버지의 손으로 표현되는 소박하고 진실한 인디언의 삶과, 위선과 탐욕으로 점철된 백인사회의 모습이 좋은 대비를 이룬다. '어린 나무'가 조부모를 잃은 뒤 어디에도 존재하지 않는 '인디언 연방'을 찾아 헤매는 어린 방랑자가 된다는 마지막 부분은 문명사회에 밀려난 인디언들의 모습을 암시하고 있어 아련한 아픔과 감동을 준다.

『내 영혼이 따뜻했던 날들』에는 체로키들이 세대를 이어오면서 입에서 입으로 전해 내려오던 많은 가르침들, 할아버지가 '어린 나무'에게 전해주고자 했던 가르침들이 녹아들어 있다.

2 >> 생각하며 읽고 토의

❶ 어떤 인물이 배울 점을 가장 많이 갖고 있는가?

❷ 가장 좋아하는 인물은 누구인가? 그 인물에 관해 싫어하는 점은 무엇인가?

❸ 가장 동일시하고 싶은 인물은 누구인가? 당신과 그 인물의 차이는 무엇인가? 그 인물과 동일시하기 위해 당신에게 필요한 변화는 무엇인가?

❹ 갈등은 어떻게 만들어졌는가? 갈등은 어떻게 해결되었는가?

❺ 책의 모든 인물이 갖고 있는 공통점은 무엇인가?

❻ 이야기 중에서 가장 놀라운 일은 무엇인가?

3 >> 논술 주제

❶ 늙고 교육을 받지 못한 인디언이라 아이를 기를 수 없다는 법의 입장과, 아이를 키우고자 하는 입장에 서서 설명해 보자.

❷ 자신의 지역을 유지하며 살아가려는 체로키족과, 그 땅을 백인의 땅으로 몰아 붙이는 입장에 서서 설명해 보자.

동백꽃 | 김유정 | 출전 : 1936년 5월 '조광'

1 >> 줄거리

내가 점심을 먹고 나무를 하러 갈 양으로 산으로 올라서려는데 점순이네 수탉이 아직 상처가 아물지도 않은 우리 닭의 면두를 다시 쪼아서 선혈이 뚝뚝 떨어졌다. '나'는 지게 작대기로 점순이네 닭을 후려칠까 생각하다가 마음을 고쳐먹고 헷매질로 떼어만 놓는다.

나흘 전에 점순이는 울타리 엮는 내 등뒤로 와서 더운 김이 홱 끼치는 감자를 내밀었다.

나는 고개를 돌리지 않고 일하던 손으로 그 감자를 도로 어깨 너머로 쓱 밀어 버렸다. 그랬더니 쌔근쌔근하고 독이 오른 점순이가 '나'를 쳐다보더니 나중에는 눈물까지 흘리는 것이었다. 다음날 점순이는 사람들이 없으면 자기네 수탉을 몰고 와서 우리집 수탉과 싸움을 붙였다.

'나'는 우리 집 닭을 번번이 혼내 주는 점순이에게 화가 치밀었지만 마름의 딸인 그녀를 혼내 줄 수 없는 처지였다.

하루는 우리 집 수탉에게 고추장을 먹이고 용을 쓸 때까지 기다려서 점순이네 닭과 싸움을 붙였다. 그 보람으로 '나'의 씨암탉은 발톱으로 점순이네 닭의 눈을 후볐다. 그러나 점순네 닭이 한번 쪼인 앙갚음으로 우리 닭을 쪼으는 바람에 허사로 돌아갔다.

점순이가 싸움을 붙일 것을 안 나는 우리 닭을 잡아다가 가두고 나무하러 갔다. 소나무 삭정이를 따면서 '나'는 점순이의 목쟁이를 돌려 놓고 싶은 충동을 느낀다. '나'가 나무를 해 가지고 내려오는데, 점순이가 바윗돌 틈에 동백꽃을 소복이 깔아 놓고 앉아서 닭싸움을 보며 천연덕스럽게 호드기를 불고 있었다. 약이 오른 '나'는 지게 막대기로 점순이네 큰 수탉을 때려 죽였다. 그 일로 '나'는 우리 집이 내쫓기게 될지도 모른다는 생각에 그만 울음을 터뜨리고 만다.

그런 '나'를 점순이는 말만 잘 들으면 이르지 않겠다면서, '나'의 몸을 왈칵 끌어당겼다. 노란 동백꽃 속에 함께 파묻힌 '나'는 점순이의 향긋한 냄새에 정신이 아찔해진다. 이때 점순이네 어머니가 부르자 겁을 먹고 점순이는 꽃 밑을 살금살금 기어서 내려가고 '나'는 산으로 내뺀다.

2》 생각하며 읽고 토의

❶ '나'와 '점순이' 성격을 비교해 보자.

❷ 점순이의 심리 상태 변화에 대해 알아보고, 왜 그러한 행동을 했는지 이야기해 보자.

❸ '나'의 관심사와 '점순이'의 관심사는 무엇인가?

❹ '나'가 점순이가 내민 감자를 거절한 이유는 무엇인가?

❺ 점순이의 괴롭힘(닭싸움)에도 대거리 한 번 제대로 못한 이유는 무엇인가?

❻ 점순이네 닭을 때려 죽이고 울음을 터뜨린 이유는 무엇인가?

❼ 이 이야기에서 해학성이 잘 드러나 있는 곳을 찾아보자.

❽ '닭싸움'의 의미는 무엇인가?

❾ '동백꽃'이라는 제목의 의미는 무엇인가?

❿ '소년소녀'의 순수한 사랑과 조화를 잘 이루는 것들은 무엇인가?

⓫ 이 작품에 쓰인 어휘의 특징은 무엇이며 이야기에 어떤 영향을 미치는지 알아보자. 예) '사투리, 의성어, 의태어, 개인어, 구어'

상대에 대한 관심을 표현하기 위한 노력과 그 노력으로 인한 갈등은 무엇인가?

돼지가 한 마리도 죽지 않던 날 | 로버트 뉴턴 펙 | 김옥수 옮김

1 >> 줄거리

만우절 날, 입고 있는 셰이커 옷을 놀린 친구 때문에 학교를 나와버린 나는 우연히 테너 아저씨네 암소 '행주치마'가 송아지 낳는 모습을 보게 된다. 송아지 머리와 발굽이 조금 나온 채로 숨을 헐떡거리는 소를 보고 나는 바지를 벗어 한쪽 끝을 송아지의 머리에 묶고, 다른 한쪽은 나무 등걸에 묶은 다음 소를 내달리게 하여 송아지의 해산을 돕는다. 힘들게 송아지를 낳은 소가 목구멍에 뭔가 막힌 듯 여전히 숨을 가쁘게 몰아쉬며 쓰러지자 나는 목구멍 속으로 손을 집어넣어 사과만 한 크기의 물체를 잡아 꺼낸다. 소는 물지 않는다는 말은 틀린 말이었다. 뼈가 보일 정도로 팔뚝과 어깨를 심하게 다친 나는 그만 정신을 잃는다.

엄마가 상처를 꿰매는 동안 너무 아파서 소리를 지를 수도 없을 정도였고, 일주일 동안이나 누워 있어야 했지만 그 일로 테너 아저씨로부터 새끼돼지 한 마리를 선물 받고, 분홍색 귀와 코를 가진 그 돼지에게는 '핑키'라는 이름을 붙여준다.

일요일에 교회 갈 때만 빼고는 매일 도축장에서 돼지를 잡는 아빠는 글을 몰라 자신의 이름도 쓰지 못한다. 그러나 나는 매일 아빠를 도와 농장 일을 하면서 성실한 아빠와 아름다운 자연을 통해 삶을 배우고 성장해간다.

'핑키'와 함께 버몬트의 초원을 뛰놀던 어느 날, 테너 아저씨 부부는 러트랜드의 송아지 전시회에 나를 데려가 주신다. 전시회에서는 쌍둥이 송아지의 고삐를 잡고 전시장을 도는 기회를 갖기도 한다. 게다가 핑키가 '가장 예절바른 돼지에게 주는 일등상'까지 타는 등 즐거운 시간을 보낸다.

밤을 새워서라도 러트랜드에서 있었던 일을 이야기하고 싶었던 그날 밤, 닭들이 족제비의 공격을 받고 죽는 일이 생긴다. 베스콤 아주머니 댁에서 일하는 이라 롱 아저씨는 키우던 개 '후시'를 데려와 족제비와 싸움을 붙인다. 결국 족제비는 죽였지만 '후시' 또한 피를 토하며 몹시 고통스러워 한다. '후시'를 조금이라도 사랑했다면 죽이라는 나에게 이라 롱 아저씨는 화를 내고, 아무 말 없이 그것을 보고 있던 아빠가 총을 가져와 '후시'를 고통에서 구해준다.

아빠의 건강이 부적 나빠진 그해 겨울, 사과 수확이 좋지 않아 가족들은 전보다 더 힘든 생활고를 겪게된다. 어느 날 아침 아빠는 결연한 표정으로 입을 연다. "로버트, 이제 해치워야겠다." 나는 무엇을 해치울 거냐고 묻지 않는다. 몇 번씩 짝짓기를 해도 새끼를 갖지 못하고, 애완용으로 키우기에는 너무 많이 먹는 '핑키'를 이제 그만 보내주어야 할 때가 왔다는 것을 알았기 때문이다. 두 눈을 꼭 감고 있었지만 차마 고함을 지를 수도 없었던 순간, 아빠가 쇠지레로 '핑키'의 두개골을 깨뜨리는 소리가 허공을 가른다. 아빠가 능숙한 손길로 '핑키'의 몸을 자르고 작업을 하는 사이 나의 유일한 친구, 유일한 소유물은 고깃덩이와 피로 변해 버린다. 아빠는 나를 실컷 울 수 있게 했고 피가 뚝뚝 떨어지는 손으로 내 눈물을 닦아준다. '핑키'를 죽인 손이었으나 그것은 아빠의 손이었고, 아빠도 어쩔 수 없는 일이었기에 나는 피로 범벅이 된 아빠의 손에 수없이 입을 맞춘다. 나는 그날 처음으로 아빠의 우는 모습을 본다.

내가 열세 살이 된 이듬해 봄, 아빠는 조용히 숨을 거둔다. 돼지가 한 마리도 죽지 않은 그 날, 아직은 커서 내게 맞지 않는 아빠의 낡은 양복을 입고 나는 아빠의 장례를 치른다. "안녕히 주무세요. 아빠. 아빠랑 보낸 13년을 영원히 잊지 못할 거예요." 내가 할 수 있는 말은 그게 전부였다.

2》 생각하며 읽고 토의

❶ 제목 '돼지가 한 마리도 죽지 않던 날'은 무엇을 의미하나?

❷ '핑키'를 통해 주인공이 가진 희망과 기대는 무엇이었나?

❸ 아버지가 생각하는 부자와 가난한 사람은 어떤 사람인가?

❹ 주인공이 겪은 가장 큰 좌절은 무엇인가?

❺ 지금까지 내가 겪은 일 중에서 가장 힘들었던 일은 무엇이며, 그 일은 나의 성장에 어떤 역할을 하였나?

❻ 아버지의 모습에 관한 기억 중에서 현재의 나에게 가장 큰 영향을 준 모습은 어떤 것인가?

❼ 내가 성장하는 데 가장 큰 가르침을 준 사람은 누구인가?

❽ 어른이 된다는 것은 어떤 것이라고 생각하나?

3 》 논술 주제

물질적인 부유함을 추구하는 삶과 정신적인 만족을 추구하는 삶 중에서 어느 쪽이 더 가치 있는 삶일까, 그것에 대한 나의 의견을 논술해 보자.

바리공주 | 허은미

1 》 줄거리

바리데기는 오구 대왕인 아버지와 길대 부인인 어머니 사이에서 태어났다. 그러나 아들을 원했던 대왕은 일곱 번째도 딸이 태어나자, 보기도 싫다며 옥함에 아기를 넣어 바다에 던져 버리라고 한다. 바닷가에 사는 노부부가 옥함을 발견하고 그 속에 든 아기를 꺼내 기른다. 바리데기가 열다섯 살이 되었을 때, 오구 대왕은 병에 걸리게 되는데 점치는 이가 서천 서역국의 약물을 구해 먹어야 낫는다고 말해 준다. 대왕의 여섯 딸들에게 부탁해 보았으나 모두 그 곳에 가기를 거절한다.

이때, 바리데기가 부모를 찾아 헤매던 중, 목숨이 경각에 달린 오구 대왕을 만나게 된다. 그리고 그녀는 아버지의 목숨을 구하러 서천 서역국으로 약물을 얻기 위해 떠난다. 서천 서역국으로 가는 도중, 여러 가지 시련이 있었으나 모두 극복해 내고 마침내 그 곳에 도착한다. 그 곳에서 약물의 임자인 무장승의 청을 들어주고 그와 결혼한 뒤 약물을 가지고 아버지인 오구 대왕에게로 돌아온다. 그러나 돌아왔을 때 대왕의 장례식이 치뤄지고 있었다. 공주(바리데기)는 깜짝 놀라며, 마지막으로 가시는 모습이라도 보고 싶으니 관을 열어 달라고 부탁한다. 그리고 약물을 대왕의 입에 떨어뜨려 넣자 소생하게 된다. 오구 대왕은 그제서야 바리데기 공주를 알아보고 눈물을 흘린다. 이후 바리데기 공주는 행복한 일생을 살게 되고 죽은 뒤, 죽은 사람들의 죄를 씻어주고 극락으로 인도하는 일을 하는 오구신이된다.

2 >> 생각하며 읽고 토의

❶ 바리공주가 왕자로 태어나지 않았다는 이유로 버림받은 것에 대해서 어떻게 생각하는가?

❷ 이 작품 속에서 불교의 인과응보사상과 관련된 부분은 어느 장면인가?

❸ 왕이 병이 나자, 궁궐에서 귀하게 자랐던 여섯 공주들은 아버지의 약을 구하러 가는 것에 대해 모두 거절한다. 그러나 아버지에게 버림을 받았던 막내딸 바리공주는 저승까지 가서 구해 와야 하는 약을 구하러 서슴없이 떠난다. 여섯 공주와 바리공주, 그리고 현대를 사는 우리들의 모습을 비교해 보고, 양육 과정이 성격(성품) 에 어떤 영향을 미치는지 생각해 보자.

❹ 바리공주의 고통스런 과정들은 '성취'를 위해 필연적으로 겪어야 했을지도 모른다. 또 '젊어서 고생은 사서 한다' 는 말도 있다. 이러한 고난들은 인간의 삶에 왜 필요하고 또, 어떤 영향을 준다고 생각하는가?

❺ 〈바리공주〉 설화가 주는 교훈은 무엇이라 생각하는가?

3 >> 논술 주제

아들을 원했던 오구 대왕은 일곱 번째에도 딸이 태어나자, 보기 싫다며 내다버리라고 한다. 세월이 지난 현대 사회에서도 '남아선호사상' 에 대한 미련은 남아 있고, 그로 인해 여러 가지 문제(남매간의 비교, 열등감, 우월감…)들이 되풀이되고 있다. '남아선호사상' 의 근본적인 해결을 위해 어떤 것(정책, 제도, 인식…)들이 필요하다고 생각하는지 나의 견해를 써 보자.

1 >> 줄거리

조선 인조 임금 때에 이득춘이라는 사람이 늦게 시백이라는 아들을 얻었는데 총명하고 비범했다. 어느 날 박처사라는 사람이 찾아와 이득춘과 바둑과 퉁소를 겨루며 놀다가 시백을 청하여 보고는 그 자리에서 자기 딸과의 혼인을 청한다. 이득춘은 박처사의 신기가 범상치 않음을 알고 쾌히 혼인약속을 한다. 이득춘은 정해진 날짜에 시백을 데리고 금강산에 가서 박처사의 딸과 혼인시킨다. 그러나 혼인 후에 박처사의 딸이 천하의 박색에 추녀임을 알게 된다. 이득춘 외에 모든 사람들이 박씨 부인의 얼굴을 보고 모두 비웃고 욕을 하며 천대한다.

박씨 부인은 시아버지께 후원에 거처할 작은 집을 지어달라 청하고 '피화당'이라는 이름을 지어 그 곳에 기거한다. 박씨 부인은 시아버지가 입어야 할 조복을 하룻밤 사이에 짓고, 말을 싸게 사서 비싼 값에 팔아 가산을 늘리고, 시백이 과거 보러 갈 때 신기한 연적을 주어 장원급제하도록 돕는 등 여러 재주를 부린다.

시집온 지 삼 년이 된 어느 날, 박씨 부인은 친정에 갔다 올 것을 청하고 이틀 만에 친정에 다녀와 부친인 박처사가 다니러 올 것임을 알린다. 박처사가 왔다가 닷새를 머문 후, 이득춘에게 작별을 고한 그날 밤, 박씨 부인은 나쁜 액운이 다해 허물을 벗는다. 박씨 부인은 허물을 벗고 나더니 절세 미인으로 변한다. 이 후 박대하던 사람들이 박씨 부인을 사랑하게 된다.

시백은 평안감사를 거쳐 병조판서에 이른다. 이 때 청나라 왕은 조선을 침공하기 앞서 임경업과 시백을 죽이려고 기홍대라는 여자를 첩자로 보낸다. 그러나 박씨 부인은 기홍대의 정체를 밝히고 혼을 내어 쫓아버린다. 두 장군의 암살에 실패한 청나라 왕은 용골대 형제에게 10만 대군을 주어 조선을 치게 한다. 천기를 보고 이를 안 박씨는 시백을 통하여 왕에게 북방 오랑캐가 침공할 것이니 미리 방비를 하도록 청하지만 김자점의 반대로 받아들여지지 않는다. 마침내 오랑캐의 침공으로 사직이 위태로워지자 왕은 남한산성으로 피난을 가고 결국, 오랑캐에게 항서를 보낸다. 피화당에 모여 있는 사람들이 무사함을 알고 아우 용율대는 피화당을 침범한다. 그러나 계화의 칼에 죽게 된다. 용골대는 아우의 죽음을 알고 피화당으로 오나 몇 번의 후퇴 명령을 내리게 되고 결국, 박씨 부인에게 무릎을 꿇게 된다. 대궐로 돌아온 임금은 박씨 부인의 말을 듣지 않은 것을 후회하고 박씨 부인의 충성을 기리기 위해 만 냥의 상금을 내리고 '충렬 부인'이란 호칭을 내린다. 그 뒤로 박씨 부인은 나라에 일이 있을 때마다 충성하고 집안을 화목하게 이끈다.

2» 생각하며 읽고 토의

❶ 이 작품의 시대적 배경은 언제인가?

❷ 박씨 부인이 흉한 모습일 때와 나쁜 액운이 끝나 허물을 벗고 절세 미인이 되었을 때, 남편과 시어머니, 그리고 주변 사람들의 태도에 대해 어떻게 생각하는가?

❸ 만약, 박씨 부인이 신기한 재주를 부리고 나라에 공을 세워 충렬 부인이란 호칭이 따라 다닌다 해도 허물을 벗지 못하고 흉물스런 모습으로 계속 살게 된다면 어떤 대접을 받을 것이라 생각하는가?

❹ 이 작품은 작자 미상이지만, 작품 속에는 많은 의도가 내포되어 있다. 병자호란의 패전에 대한 아픔, 암담한 현실을 타개할 수 있는 영웅 출현, 능력보다 겉모습으로 인간의 가치를 판단하는 세태 등과 관련하여 이 작품의 창작배경을 생각해 보자.

❺ 이 작품에서 남성보다 여성이 비범한 인물로 그려진 이유는 시대상과 어떤 관련이 있다고 생각하는가?

❻ 이 작품은 역사적 실존 인물(인조, 이득춘, 이시백, 임경업, 김자점, 용골대)과 허구적 인물(박씨 부인, 계화, 청나라 왕비, 기홍대)을 함께 설정해 등장시키고 있다. 무엇을 위한 의도라고 생각하는가?

❼ 새로운 역사를 창조한 남자들 뒤에는 훌륭한 어머니와 지혜롭고 어진 아내가 있다고 알려져 왔다. 역사 속의 훌륭한 어머니, 지혜로운 아내를 찾아보자.

❽ 이 책을 읽고 외모에 대해 어떤 생각을 하게 되었는가?

요즘은 남녀를 불문하고 아름답고 예뻐지고 당당해 보이려고 많은 사람들이 성형수술을 하고 있다. 성형수술을 함으로써 생겨나는 장점과 단점에 대해 서술하고 외모지상주의에 대한 나의 견해를 써보자.

벙어리 삼룡이 | 나도향 | 출전 : 1925년 7월 '여명'

1 >> 줄거리

내 나이 열 살 때쯤 일이다. 연화봉이라는 마을에 오생원이라는 사람이 있었다. 오생원은 큰 과수원을 가진 부자이며 얼굴이 잘생겼다. 그리고 오생원은 부지런하고 인심이 후하여 동네 사람들에게 존경받고 있는 사람이기도 하다. 오생원의 집에는 모습은 크지 않고 땅딸보이며 얼굴은 추하나 진실하고 충성스럽고 부지런한 벙어리 삼룡이라는 하인이 있었다. 벙어리 삼룡이는 매우 부지런하여 주인에게 신뢰와 사랑을 받고 있었다. 그리고 오생원에게는 열일곱 살이나 된 버릇이 없고 잔인하며 포악한 짓을 많이 하는 아들이 있었다. 이 아들은 벙어리 삼룡이를 잔인하게 괴롭히고 못살게 군다. 하지만 벙어리 삼룡이는 주인 아들의 학대를 자신에 대한 원망으로 세상에 대한 저주로 생각하고 주인 아들에게 학대받는 것을 당연한 것으로 생각한다. 벙어리 삼룡이는 주인 아들의 괴롭힘에도 불구하고 주인집을 자신의 생활 환경의 전부라 생각하며 살아간다.

어느날 주인은 아들을 장가보내려 한다. 주인은 자기가 문벌이 약한 것을 한탄하여 신부를 구하는 과정에서 첫째 조건을 문벌이 좋은 며느리를 구하려 했다. 그러던 중 남촌 어떤 과부의 딸과 아들을 혼인시킨다.

신부는 자기 아버지가 돌아가시기 전까지 집에서 금지옥엽으로 자랐고, 행동거지에도 구김이 없었다. 주인 아들은 신부로 인해 자신을 비평하는 사람들 때문에 신부에 대한 구박과 매질을 일삼는다. 벙어리 삼룡이는 그런 아씨에게 연민의 정을 느끼게 된다. 하루는 아씨가 벙어리 삼룡이의 충성에 고마워하여 비단 헝겊 조각으로 만든 쌈지를 선물로 준다. 그런데 벙어리 삼룡이에게 만들어 준 쌈지가 말썽이 되어 벙어리 삼룡이는 주인 아들에게 죽도록 매를 맞고 내쫓긴다. 어느 날 벙어리 삼룡이는 아씨가 중병이 들었다는 말을 듣고 걱정 끝에 아씨 방에 들어갔다가 주인 아들에게 들켜서 오해를 받고 모진 고문을 당한다. 그리고 평생 의지하고 자신의 생활 환경의 전부라고 생각했던 주인집에서 쫓겨난다. 벙어리 삼룡이는 주인 집안에 대한 강한 분노를 느끼고 주인집을 불지른다. 불은 집 한 채를 삽시간에 삼켜 버렸다. 벙어리 삼룡이는 화염 속으로 들어가 사랑방에 가서 문을 깨뜨리고 주인을 업어다가 밭 가운데 내려 놓는다. 그때 그의 얼굴과 등과 다리는 불에 데이어 쪼그라져 가고 있었다. 하지만 벙어리 삼룡이는 그것을 알지 못했다. 벙어리 삼룡이는 다시 불길로 들어가 타 죽을 작정으로 이불 속에 누워 있는 아씨를 찾아 구해내고 아씨를 안고 지붕으로 올라간다. 주인 아씨를 품에 안은 삼룡이는 처음으로 살아난 듯하였다. 그는 자기의 목숨이 다한 줄 알고 아씨를 내려놓았을 때에는 벌써 목숨이 끊어진 뒤였다. 하지만 벙어리 삼룡이의 모습은 타오르는 불꽃 속에서도 평화롭고 행복해 보였다.

2》 생각하며 읽고 토의

❶ 오생원에게 벙어리 삼룡이가 신뢰받고 사랑받았던 이유는 무엇인가?

❷ 주인 아들의 포악한 괴롭힘에도 벙어리 삼룡이가 전혀 반항하지 않았던 이유는 무엇인가?

❸ 벙어리 삼룡이가 아씨에 대해 연민의 정을 느끼기 시작한 것은 무엇 때문인가?

❹ 아씨가 벙어리 삼룡이에게 '쌈지'를 선물함으로써 어떤 갈등을 초래하나?

❺ 벙어리 삼룡이는 오해로 말미암아 어떤 핍박을 받는가? 그 핍박으로 벙어리 삼룡이는 무엇을 깨닫게 되는가?

❻ 벙어리 삼룡이가 방화를 하면서부터 죽을 때까지 겪는 감정의 변화에 대한 과정을 써 보자.

❼ 불이 상징하는 의미는 무엇인가?

❽ 벙어리 삼룡이가 '신분상의 굴욕'에도 '신체적인 불구'에도 아름다운 내면을 지녔다고 생각하는 이유는 무엇인가?

우리 사회에 신분(편견, 잣대)에 의한 피해가 존재한다고 생각하나?

봄바람 | 박상률

1 >> 줄거리

1960년대 말을 배경으로 펼쳐지는 이야기이다. 13세 소년 훈필이는 남도의 농촌에 산다. 성격이 소심하고 내성적인 훈필이는 가난한 아버지와 어머니, 할머니, 동생 그리고 훈필이에게 미래의 꿈을 키워주는 염소와 함께 산다.

이 섬에 봄바람이 불어오기 시작하면 부모 몰래 뭍으로 나가는 동네 아이들과 이들을 원망하는 부모들의 목소리, 그리고 거무죽죽한 땟국이 흐르는 솜옷을 입고 항상 꽃망태기를 가지고 다니는 동네 동냥치 '꽃치'의 노랫소리가 들린다. 무슨 사연이 있는지 꽃치는 한마디 말도 하지는 않지만 그가 세상을 향해 하고 싶은 말은 그가 부르는 노래 속에 다 들어 있다. 꽃망태기를 항상 가지고 다녀 꽃동냥치라 불리는 꽃치는 끼니때면 집집마다 돌아다니며 밥을 얻어먹고 저녁때면 헛간에서 잠만 잘 뿐 해코지는 하지 않는다.

그 해에는 뭍으로 갔던 은주 언니와 이장집 넷째 아들이 봄바람에 실려 왔다. 그러나 은주 언니는 얼마 지나지 않아 다시 뭍으로 나갔다가 열여덟 나이에 주검으로 고향에 돌아와 부모의 가슴에 못을 박는다. 은주 고모는 시집갔다가 아이를 못 낳는다고 남편에게 맞아 정신이상이 되어 친정으로 돌아와 은주 부모와 은주에게 짐이 된다.

그 무렵 아버지가 읍내 장에서 사 온 염소는 훈필이에게 미래에 대한 작은 꿈을 키워주는 소중한 친구가 된다. 훈필이가 짝사랑하는 은주는 언니가 죽은 후 말이 없어지고 학교도 곧잘 빠져서 훈필이를 가슴 아프게 한다. 은주를 위해 훈필이는 염소와 함께 산을 오를 때마다 여린 삐비를 모으기도 하고 들꽃을 모아서 은주네 집을 기웃거려도 보지만 은주에게 다가가는 것은 쉽지 않다. 그러나 비 오던 날 원두막에서 은주를 두둔하다가 은주 신랑이라고 놀림을 받은 것과 여름 방학책을 빌려준 것을 계기로 훈필이의 마음을 은주가 조금은 알게 된다.

　여름방학이 끝나고 개학을 하자 6학년 교실에 서울에서 여자 아이가 전학을 온다. 훈필이는 이 '서울 아이'와 '은주'를 은근히 비교하기 시작한다. 꽃치의 망태기에 들국화가 잔뜩 핀 것을 보고 훈필이는 자신도 들국화를 한 움큼 꺾어 꽃치의 뒤를 따라 집에 오며 꽃치에게서 알 수 없는 정감을 갖게 된다. 그 들국화를 다음 날 '서울아이'의 손에 쥐어주고 훈필은 가슴 한 쪽에 말로 할 수 없는 묘한 기분이 자라는 것을 느끼게 된다.

　다른 열세 살짜리들보다 웃자란 까닭으로 훈필은 추수가 다 끝난 들녘을 바라보며 외로움이란 말의 의미를 몸으로 느끼기도 하고, 서울 아이의 어머니가 부른 '동백아가씨'의 한 대목에 가슴이 찡해지기도 한다.

　훈필은 사람 속에서 살지만 어쩌면 사람 속에서 살고 있지 않은지도 모른다는 생각을 하게 된다. 그것은 자신에게 비밀이 많아져서 주위의 부모님, 친구들, 선생님, 어느 누구하고도 속을 터놓고 지내지 못하고 있는 것을 깨달았기 때문이다.

　겨울이 다가오던 날, 훈필이에게 희망을 만들어 준 염소가 죽게 된다. 염소의 죽음을 통해 훈필은 자신의 미래를 다시 생각하게 되고 뭍으로의 가출을 결심한다. 목포까지는 배에서 만난 할머니의 도움으로 갔으나 집에서 몰래 가지고 나온 돈을 모두 잃어버리고 훈필은 다시 집으로 돌아온다. '사랑, 추억, 희망, 성공'을 위해 집을 탈출한 훈필이는 집으로 돌아왔지만 마음은 아직도 뭍에 있었다.

　졸업식이 끝나고 봄 기운이 느껴질 무렵, 훈필은 고갯마루 동백 숲에서 망태기에 동백꽃을 가득 꽂은 꽃치를 만난다. 꽃치는 묵직하면서 또박또박한 목소리로 "꽃이 아름답지 않냐?"고 훈필에게 처음으로 말을 하고 마을에서 사라진다. 꽃치가 처음 던진 이 말을 훈필은 모두에게 비밀로 하기로 하며 가슴 속에 담아둔다. 그리고 어디선가 노래를 부르고 있을 꽃치를 그리워한다.

2》 생각하며 읽고 토의

❶ 이 작품 속에서 가장 기억에 남는 장면은 어디인가? 그 이유는 무엇인가?

❷ 훈필이가 교내 웅변대회에 나간 이유는 무엇 때문이었나?

❸ 염소를 통해서 훈필이가 이루고자 했던 꿈은 무엇이었나?

❹ 세상을 향해 하고 싶은 말을 노래로 대신하는 '꽃치'는 훈필이에게 어떤 존재
인가?

❺ 눈뜬 바보를 만드는 곳을 학교라고 한 이유는 무엇일까?

❻ 동네 사람들이 '꽃치보다 못한 삶'이라는 자조적인 생각을 하는 이유는 무엇
인가?

❼ '염소의 죽음'은 훈필이에게 어떤 의미를 갖게 하였나?

❽ 훈필이가 가출을 결심하게 된 동기는 무엇인가?

❾ 가출을 통해서 훈필이가 얻게 된 것은 무엇이었나?

❿ '봄바람'이 상징하는 것은 무엇일까?

3 >> 논술 주제

이 작품의 결말 부분을 다시 쓴다면 어떻게 쓰고 싶으며, 그 이유는 무엇인지
설명해 보자.

섬마을 아이들 | 황용희

1 >> 줄거리

목포에서 고깃배로 예닐곱 시간을 가다보면 관광지로 유명한 흑산도가 있다.
그곳을 지나 동지나해 쪽으로 40km를 더 내려가면 이르는 곳이 어린 시절을 보낸
'나'의 고향 '태도'이다. 목포로 해산물을 팔러 가는 객주에게 '소청기'(필요한
물건의 목록을 적은 종이)라는 주문서를 써서 생필품을 구할 만큼 육지와 멀리 떨
어진 곳이지만 그곳은 아름답고 낭만적이고 평화로웠으며, 하얗게 부서지는 파도
위로 갈매기가 나는 그림 같은 풍경을 간직한 갯마을이었다. 그곳은 미역을 공동
으로 채취 하여 균등 분배하는 원시공동체적 생산양식을 유지하고 있었다. 해초

농사가 생계유지의 수단이라 비가 많은 여름 같은 계절에는 말리려고 널어놓은 미역에 비라도 맞을까 아이들이 수업 중에 집으로 뛰어가는 일도 있었으며, 형편이 어려운 집에서는 여름동안 아이들을 아예 보내지 않는 집도 있었다. 쌀, 보리 같은 양식도 미역을 팔아 사고 과년한 딸도 미역농사가 잘 되어야 시집보낼 수 있었다. 미역이 현물화폐의 기능을 한 것이다. 그러니 친구 부릭이가 어머니의 병원비를 위해 마련해 놓은 미역 판 돈을 몰래 군것질로 야금야금 없애버렸을 때는 며칠 동안 죽밖에 못 먹을 정도로 아버지에게 호되게 얻어 맞아야 했고, 같이 엿을 먹은 '나'도 그 광경을 보고 식도가 바짝바짝 타들어 가는 것처럼 마음을 졸일 수밖에 없었다.

미역에는 아침 일찍부터 물질을 하고 또 밤늦게까지 손질을 해야 하는 어머니와 누이들의 고생과 애환이 서려 있었다. 물질을 하지 않는 겨울이라고 해도 힘든 노동에서 벗어날 수 있는 것은 아니었다. 겨울을 나기 위해 집에서 십리 거리의 야산으로 땔나무를 하러 다녀야 했기 때문이다. 가는 것보다 건초를 집으로 옮기는 것이 더 큰일이어서 세 번씩 쉬고서야 겨우 집에 올 수 있었다. 집에 오는 길에 누이들이 부르던 노랫가락에는 제주 해녀들보다도 출중한 물질 실력의 소유자들이지만 거친 파도와 험한 노동에 짓눌려 한번도 행복을 누려보지 못한 치열한 삶의 한이 느껴지곤 했다. 한 번 결혼했다가 사별하고 혼자되어 두 누이와 살고 있던 어머니는 방랑의 야성과 주벽이 있던 아버지와 재혼하여 평생 가난하고 고달픈 삶을 사셨다. 아버지는 뭍에서 오신 분으로 시와 글은 물론 사주와 관상, 풍수까지 능해서 적잖은 수입을 올리셨지만 술로 그 돈을 다 탕진하고 술기운에 온 가족을 구타하고 살림을 깨부수며 술이 깨고 나면 또다시 술도가로 직행하셨다. 가족들은 아버지만 보면 벌벌 떨었고 결국 아버지가 출가하셨을 때는 오히려 평화를 되찾았다고 생각하였다. 후일 이웃집 장례에 오셨다는 아버지를 멀리서라도 보러 갔었으나 용기를 내지 못하고 그냥 돌아왔고 후회스러운 마음은 결국 아버지에 대한 애틋한 그리움으로 자리잡아 평생 마음의 병이 되었다. 훗날 아버지가 오셔서 술버릇도 고치겠으니 다시 힘을 합쳐보자 제의를 하셨지만 어머니는 단호하게 거절하셨고 표표히 돌아가신 아버지의 뒷 모습이 내가 본 아버지의 마지막 모습이었다.

그 때는 누구랄 것도 없이 모두 가난하고 궁핍한 생활을 하던 시절이었지만, 비교적 잘사는 외갓집이 근처에 있으면서도 서로 관계가 소원하여 외숙으로부터 도움을 받지 못했던 우리 가족에게 미국에서 보내주는 구호물자는 여간 반갑고 다행스러운게 아니었다. 처음 먹어보는 우유를 그냥 가루로 먹다가 배탈이 나는 우스운 경우도 있었지만 무엇보다 우리 집에서 가장 인기품목은 '고물자'라고 불리는 헌옷이었다.

외국에서 보내오는 헌옷들은 여러 단계를 거치며 오다보니 막상 우리 손에까지 오면 쓸만한 것이 별로 없었지만 그래도 '고물자'가 도착하면 엄마와 누이들은 소독냄새가 가시도록 빨고 잘 손질하여 입기도 하고, 내 옷을 지어서 입혀주기도 하였다.

섬은 동백꽃 흐드러지고 마치 은가루를 뒤집어 쓴 것처럼 뱃전을 풍성하게 하던 멸치잡이 그리고 꿈인 듯 바다 위를 유영하던 돌고래 떼들과 같이 한적하고 순수한 모습만으로 기억되는 것은 아니다. 모험심이 발동하여 친구들과 배를 타고 나갔다가 날은 어두워지고 배에 물이 차 올라 표류하는 바람에 날지도 못하는 새가 둥지를 떠났다가는 어떤 대가를 치러야하는지도 알게 해주었고, 방황과 혼돈의 시절을 겪고 나서야 고향에 정착하여 아내와 어린 아들을 위해 고깃배를 탔던 박 선생님 같은 분을 겨울 바다에 인 풍랑으로 집어삼키기도 하였다.

역사의 풍랑도 섬을 비켜가지 않았다. 1969년 6월 어선으로 위장한 간첩선이 그믐밤을 틈타 섬에 상륙하였다. 남한 정보부는 이중첩자를 이용하여 사전에 간첩선에 대해 알고 있었고, 뒤늦게 남한 방첩망에 유인된 것을 알아차린 간첩들은 섬의 숲속으로 숨어들었다. 대대적인 군사작전과 아군 적군 할 것 없이 엄청난 희생 끝에 간첩들은 모두 소탕되었지만 어두운 쌍굴에 간첩들이 숨어있는 것을 신고한 노인이 총격전 중 숨을 거두었고 그 일은 '흑산도 간첩사건'으로 현대사에 기록되었다.

함께 축구 시합을 하고 고기를 잡으러 다니던 친구들과의 우정이 있는 곳, 겨울 추위와 바람을 헤치고 잡은 귀한 홍어를 생계를 위해 팔기도 했지만, 서로 나누어 먹을 줄도 아는 인심이 남아 있던 곳, 아이들의 지숙(명절, 제사를 위해 말려둔 제일 큰 물고기)서리도 눈감아 주는 이해와 관용이 있던 곳, '초혼제'를 올려 바다에서 죽은 이의 넋을 달래고 저승길 편히 떠나기를 기원하는 소원의 의식이 남아 있던 곳, 13살 소년의 보석 같은 추억이 있는 곳, 이제 그리운 이는 모두 떠나고 푸른

물결만이 넘실대는 섬 마을 내 고향 '태도'는 유년시절의 기억을 품은 채 언제나 내 마음의 한가운데에 '귀거래'의 약속으로 남아 있다.

2 >> 생각하며 읽고 토의

❶ 저자의 기억 속에서 고향 섬 마을과 바다는 생계의 터전이자 살아 있는 교육의 현장이었다. 현대를 사는 우리들에게 '섬'과 '바다'는 어떤 곳인가?

❷ 이 작품에 등장하는 여러 인물들 중 가장 기억에 남는 인물은 누구인가?

❸ "부모 자식간인디 워째 보고잡지 않겠냐……." 어머니가 아버지의 존재를 인정하면서도 끝내 받아들이지 않은 이유는 무엇이었을까?

❹ '구호물자', '흑산도 간첩사건' 등으로 알 수 있는 그 당시 우리 나라의 사회적, 정치적 상황은?

❺ 바다에서 인간에게 친근함을 표시하듯 유영하던 돌고래 떼를 기억하는 저자가 어른이 된 후 수족관에서 재주를 부리는 돌고래 떼들을 보고는 연민의 정을 느꼈다고 한다. 자연과 생태계를 보는 저자의 시각은 어떠한가?

❻ 천혜의 보고 '흑산도'는 그 지리적 특성 때문에 역사 속에서는 유배지로 또는 교역의 중간지로 남아 있다. 지형적으로 섬이 많은 우리 나라에서 앞으로 섬은 어떤 지리적, 경제적 역할을 할 수 있을까?

❼ 저자는 자연 속에서 다양한 직접체험의 경험을 한 자신의 어린 시절을 도회지의 부모들이 본다면 시간을 아까워했을 것이라고 한다. 저자의 유년기와 지금의 아이들을 비교해 본다면 어떤 차이가 있나?

❽ '수구초심(首丘初心)'의 속뜻은 무엇인가?

❾ 성인이 된 후 나의 유년기를 돌아본다면 어떤 일을 가장 인상깊게 추억할 것이라고 생각하나?

3 >> 논술 주제

급격한 도시화, 산업화는 독특한 지방색을 가진 토속문화가 점점 사라지는 결과를 낳고 있다. 경제 성장에 중점을 둔 농·어촌 개발이 풍습과 토속문화에 어떤 영향을 미칠 수 있는지 이 작품을 읽고 난 느낌과 함께 기술해 보자.

소설 동의보감 | 이은성

1 >> 줄거리

〈소설 동의보감〉의 序說에

'16세기 말!

조선 왕조 중엽의 두터운 신분 차별 속에서 천첩의 자식이라는 미천한 출신으로부터 정일품(正一品) 보국숭록대부(輔國崇祿大夫)에 양평군(陽平君)이라는 작호까지 받았던 인물! 무덤 속으로부터 생명을 끌어내고 이 나라의 나무 한 그루 풀 한 포기까지 사랑했던 사나이!

한방(漢方)의 종주국으로 자처하던 중국인에게까지 하늘의 손을 대신한 신인(神人)으로 숭앙받던 동의보감(東醫寶鑑 : 전 25권으로 된 의서, 1613년 간행)의 저자 허준(許浚). 이 소설은 그 불꽃보다 뜨거운 생애를 살다간 허준의 일대기이다.' 라는 글이 나온다. 미완성의 작품이지만, 인간적인 허준의 모습을 생생하게 그리고 있다.

허준은 생부가 용천 군수이지만 첩의 자식이다. 첩도 그냥 첩이면 서자의 신분이지만, 허준의 생모 손씨는 인종 1년 을사사화 때 집안이 적몰되어 역적의 아내와 딸을 공신들에게 나누어주던 때의 제도에 따라 하천되어 비녀의 신세로 전전하다가 허륜의 첩이 된다. 즉, 그녀의 법적 신분은 양가 출신의 첩에도 미치지 못하는 천첩이다. 천첩은 사노비로 자자손손 세습되어 주인댁 종으로 살다가 다음 대의 종을 낳아주는 신세이다. 그러나 손씨는 허준에게 국법에 매인 태생은 미천할지라도 사람으로서의 행동은 천하지 말라며 정실 추씨 몰래 글을 배우게 한다. 그러나 허준은 자라면서 신분에 매인 자신의 처지에 절망하며 세상에 대한 증오로 세월을 보낸다.

그러던 중, 나라에 죄를 얻어 유배된 아버지의 병구완을 위해 의원을 찾다가 허행을 하고 다시 유배지로 돌아가는 낭자 이다희를 만나게 된다. 다희 낭자 아버지가 병으로 운명하게 되자 허준은 다희 낭자 아버지의 장례절차를 도와준다. 허준의 생모 손씨와 생부는 허준의 일로 고민하던 중, 허준이 다희 낭자와 인연(혼인)을 맺어 경상도 산음 땅으로 새 삶을 떠나도록 돕는다. 생부는 20여 년의 인연이 되었던 모자를 떠나보내며 부자간의 이별을 한다. 생부와 친분이 있던 산음 현감께 보일 서찰과 함께 생부(사또)의 영에 따라 장번사령이 함께 길을 나선다. 그러나 한양성 나루터에서 산음땅에서 집을 구하고 혼인을 치를 비용과 일가가 호구할 땅을 살 돈을 따로 내려준 생부의 돈을 갖고 있던 장번사령이 도망가 버린다.

빈털털이가 된 허준 일가는 산음 땅에 도착하여 생부가 소개한 현감을 찾았지만 현감은 벼슬을 그만두고 한양으로 올라갔다 한다. 살길이 막막한 허준에게 전 현감에게 은혜를 입었다는 공방 구일서가 산음 땅에 정착하는 데 도움을 준다. 어머님의 배탈로 유의원 댁에 가게 된 허준은 유의태에게 강한 인상을 받는다. 유의원 댁으로 들어가 의술을 배우게 된 허준은 유의태 제자들의 시기로 약초를 캐러 간 첫날부터 곤혹을 치른다. 하지만, 허준의 망태기에서 쏟아져 나온 도라지 두어 뿌리를 주어 든 유의태는 실낱 같은 작은 뿌리 하나하나 다치지 않게 캐온 정성을 보고 약재창고를 맡게 한다. 허준은 유의태 문하에서 생활하면서 서른 세 가지로 분류하는 물……. 의약에 대한 새로운 의학지식에 감동을 받는다. 약재창고를 맡으면서 두 달 동안 밤을 세우며 악착스럽게 파고든 결과 약 이름을 분별할 만큼 알게 되고 의학에 눈을 떠간다. 유의태가 내의원 취재를 보고자 하는 아들 유도지에게 가르치는 말들을 방 밖에서 귀담아 들으며 의학이 무엇인지, 의원의 마음가짐과 의원의 분류 즉, 심의, 식의, 약의, 혼의, 광의, 망의, 사의, 살의 등이 무엇인지 알게 된다. 또한 병이 생기는 원인, 음양, 오장과 육부의 성질 등을 방 밖에서 엿듣게 되면서, 임시변통으로 택했던 의원의 세계로 허준은 빠져 들어간다.

어머니 손씨와 아내 다희는 어려운 살림을 삯바느질로 이어간다. 허준은 한양 내의원 취재에 낙방하고 돌아온 유도지를 통해 내의원 시험에 대해 알게 된 후, 도지의 방으로 숨어 들어가 유의태의 책(의서)을 꺼내보기 시작한다. 도지는 허준이 책을 가져가는 것을 알고 술자리를 청한다. 허준의 사죄에 도지는 손을 잡아 술을 권하며 마음놓고 유의태의 의서들을 볼 수 있게 해준다.

어느 날, 허준은 자기 집으로 찾아든 병자를 돌봐주었다는 이유로 유의원 댁 안 주인 오씨에게 불려가 오해를 받는다. 그러나 유의태는 병자에게 어떤 처방을 했는지 적은 것들만 가져 오라 한다. 그 날, 허준은 유의태를 찾아온 안광익을 처음 만나게 되는데, 안광익은 허준이 낯선 산음 땅에 정착하게 도와준 구일서가 어느 세도가의 산소를 파헤친 죄를 짓고 도망을 가게 되었을 때 구일서에게 들었던 인물이다. 사람의 오장육부 생김새를 들여다보기 위해 남의 집 무덤 속 송장을 캐내는 것도 불사할 만큼 의술에 집념을 가진 안광익이란 인물에 대해 허준은 흥미를 느끼게 된다. 유의태와 안광익의 말을 엿듣는 도중, 구침으로 맹호를 잡은 안광익과 구침지희(아홉 개의 침술이 펼치는 재주)로 어의 양예수를 참담하게 했던 유의태의 과거 이야기를 엿들으며 허준은 전율을 느낀다.

어느 날, 허준의 일가가 살림이 쪼들릴 적마다 아내가 아끼던 옷가지를 하나씩 내다 판 것이 소문이나 삯바느질 일감을 받으러 간 허준의 아내가 혐의를 받게 되어 심한 매질을 받는다. 누명은 벗겨졌지만 허준은 세상에 대한 적의로 점차 과묵한 사람으로 바뀌어 가고, 아들 겸이 또한 말수가 적어진다. 허준은 잠든 아들을 보며 아들에게만은 신분의 질곡에서 벗어나게 해줄 수 없을까 생각하며 뜬눈으로 밤을 지샌다.

그러던 어느 날, 유의태 방으로 불려간 허준은 창녕 대감댁에 가서 마님의 병을 살피라는 명을 받는다. 허준은 정성을 다해 정경부인의 병세를 호전시킨다. 반신불수였던 중풍의 병세가 스스로 옷을 갈아입고 머리를 빗을 만큼 완치가 된다. 허준이 사사로운 고마움의 표시를 마다하자 정경부인은 소원을 묻는다. 이에 허준은 앞으로 3년을 더욱 정진하여 기회가 닿는다면 내의원 취재에 응하는 것이라 답하자 성대감은 기꺼이 소개의 글을 써준다. 그러나 이 소개 글은 병의 차도를 보고오라 명 받았던 유의태의 제자 임오근에 의해 유의태에게 알려지게 되고, 그 서찰은 유의태에 의해 잿더미가 된다 그리고 허준은 그 날로 유의태의 문하에서 파문 당하게 된다.

그 이후, 허준은 두 달 동안 두문불출하다 구일서가 살고 있는 나로도를 다녀오기 위해 길을 떠난다. 백운산 중턱에 이르렀을 때 허준은 산삼을 발견한다. 온몸이 불덩이처럼 뜨겁고 목도 쉬어 버린다. 손가락이 피투성이가 되도록 흙을 파헤쳐 두 냥 정도 되는 산삼을 캔 후, 허준은 산음의 집을 향해 달린다. 그러나 심마니들에게 얻어맞으며 산삼 보따리마저 빼앗기자 허준은 의식을 잃는다. 다행히 그 길을 지나던 안광익과 삼적대사 김민세에게 발견되어 집으로 업혀온다. 열이틀 후, 허준은 자리를 털고 일어나 '면천 시켜주랴?' 했던 김민세를 찾아 떠난다.

안점산의 삼적사에 와서 허준은 안광익과 함께 유의원 집으로 왔던 궁녀 정씨를 보게 되고 삼적대사 김민세의 과거(양예수의 대를 이을 어의의 제목으로 가장 촉망받던 사람)에 대해 알게 된다. 또 이 곳이 대풍창 환자인 문둥이들이 사는 곳임을 알게 되고 김민세 가족의 사연을 듣게 된다. 김민세가 알려준 면천의 길은 '의지일생 묘법존심(醫之一生 妙法存心)'의 여덟 글자로 '의원으로 나아가는 길은 따로 묘법이 없고 온갖 비방은 마음속(환자에 대한 연민과 사랑)에 있다'로 허준은 풀이한다. 궁녀 정씨는 불쌍한 사람들을 위해 김민세와 안광익을 도와 삼적사에 남아 있기를 권했으나 허준은 '생각해 보리다'라는 말을 남기고 안점산을 내려온다. 그리고 성대감의 소개장을 다시 받아 독력으로 내의원 취재에 응하기 위해서 창녕 성대감 집을 목적으로 향해 걸어갔다. 하지만 나루터에서 성대감은 조정의 부름을 받아 예조판서로 출사해 지난달 동지사의 직책으로 출국했고, 정경부인은 한양 서울 댁에 가 계신다는 말을 전해듣는다. 그리고 정경부인의 병이 재발하여 유의태 의원이 다녀가셨노라는 말을 듣는다. 그리고 밀양에 사는 박갑서라는 의원에게 이번에 내의원 취재가 있다는 말을 듣는다.

 허준은 집으로 돌아와 앞으로 두 달 반 후에 있을 내의원 취재 시험을 준비한다. 이 때, 유의태 문전에 같이 있던 상화가 유도지 몰래 의서를 빌려다 준다. 열흘을 남기고 허준도 내의원 취재시험을 위해 한양으로 길을 떠난다. 진천 태령산 언덕배기 주막에 이르렀을 때, 허준은 상화를 만난다. 그리고 유도지와 임오근도 함께 있다는 소리를 듣는다. 반가워 손이라도 잡으려 했던 허준은 임오근과 도지의 태도에 오히려 무색해져 도지가 책장을 넘기는 것을 보며 방을 나온다. 방으로 돌아온 허준은 상화와 정담을 마치고 읽을거리를 찾아 든다. 그 날 밤, 중년 부부가 울며 의원 좀 깨워달라고 아우성친다. 여러 차례 실랑이가 있지만, 아무도 나서질 않는다. 보다못한 허준이 농부를 따라 나선다. 허준이란 말을 듣고 정상구와 우공보라는 사람이 함께 따라나선다. 버드네라는 마을에 도착하여 허준은 농부의 아버지를 진맥하고 지시한 약 중 당장 구할 수 있는 재료로 손수 약을 만들어 낸다. 농부가 밥 한 끼 먹고 갈 것을 간청해 요기를 하고 방에서 나오자 마당에 마을의 성인 남녀 십여 명이 무릎을 꿇고 큰절을 한다. 돈을 안 받고 병을 고쳐주는 의원이라는 소문이나 동네의 가난뱅이 병자들이 몰려와 있다. 농부 부부가 민망하여 이 양반들은 과거보러 한양 가야할 바쁜 사람들이라 하여도 가난한 병자들은 떠나지 않는다. 허준은 최소한의 여유를 두고 그 곳에서 병자들을 보기 시작한다. 그러나 소문을 들은 이웃 마을의 사람들이 몰려들고 있었고 이에 질린 정상구가 먼저 길을 떠나고 우공보마저 길을 떠난다. 허준은 혼자 남아 해질 때까지 한 명의 병자라도 더 보려고 안간힘을 쓴다. '한 사람이라도 더!' 신음하는 병자들을 다루면서 허준은 처음으로 자신의 존재감을 확인한다. 허준은 연 이틀 밤을 지새고 돌아올 때 다시 들러 차도를 보아 줄 것을 약속하며 떠꺼머리 총각의 안내를 받아 버드네를 떠난다. 그러나 총각의 안내를 받은 곳은 노모 혼자 있는 총각의 집이었다. 총각은 빌고 있다. 사흘씩이나 지켜보고 벼르고 별러서 모셔왔다 한다. 하지만 허준은 더 이상 지체할 시간이 남아 있지 않았다. 그러나 토혈이 심한 총각의 노모가 문지방 너머로 굴러 떨어지는 것을 보고 허준은 달려간다. 그리고 자기의 노자 속에서 약값을 꺼내 총각에게 주고 빨리 약을 사 오라 지시하고는 자신의 왼손 무명지를 물어 자신의 피를 노모의 목으로 넘겨 병자의 목숨을 살린다. 총각은 미안한 마음에 말을 탈 줄 아느냐고 묻는다. 그러나 말을 구하러 간 총각은 관아의 말을 훔치려다 붙잡히고 결국, 허준까지 옥에 갇히게 된다. 노모와 마을 사람들의 진정으로 풀려나게 된 허준을 현감이 손수 나와 술을 권하며 갈 길이 바쁨을 알고 말을 대비시키라고 명한다. 이 고을의 현감이 바로 아내 다희의 옛 정혼자임을 허준은 알게 된다. 허준은 말을 몰아 달리지만 남은 50리를 앞두고 200리를 달려온 말은 갑자기 앞다리를 꿇어 허준은 허공을 날아 굴러 떨어진다. 정신을 차려 취재장에 도착하지만 시험은 끝나고 있었다. 내의원 등재를 위해 몸부림쳤던 허준의 도전은 끝나고, 유의태의 아들 유도지는 내의원 취재 입격자의 이름에 오른다.

'비인부전(非人不傳 : 왕희지가 제자들에게 했던 말로 스승의 안목으로 사정하여 딱 합당한 인물이 아니면 함부로 예나 도를 전해줄 수 없다는 사제간의 냉엄한 도리), 비기자부전(非其者不傳)' 이란 말을 되뇌던 유의태는 허준의 행적을 낱낱이 밝히라 명하고 아들의 못남을 질책한다. 유도지는 부친과의 인연을 끊고 어머니, 아내와 함께 산음을 떠나 한양으로 간다. 허준이 버드네에 들러 병자들을 다시 돌봐주고 집으로 돌아와 다시 내의원 취재 시험에 몰두하던 중 유의태가 괴한의 습격을 받아 피투성이가 되어 쓰러졌다는 소문을 듣는다. 허준이 놀라 유의원을 향해 달려갈 때 상화가 유의태의 부탁으로 허준을 부르러 오는 중이었다. 상화는 유의태의 제자 임오근이 난동을 피우며 스승의 팔에 상처를 입히고 돈을 갖고 달아났다고 일러준다. 이 후, 허준은 유의원댁 병사에 나가 병자들을 돌보게 된다. 병사 쪽이 소란한 어느 날, 떠꺼머리 총각이 어머니를 업고 나타난다. 약의 과용으로 어머니의 눈이 멀어가고 있던 중이었다. 허준의 침술과 유의태의 지시로 눈 먼 총각의 노모를 처방하는 도중, 유의태는 허준에게 오명을 씻을 기회를 준다. 그리고 삼적대사 김민세에게 "나를 뛰어 넘을 후학이 아니고서야 무슨 재미로 눈여겨볼 재미가 있겠는가"라고 말한다. 총각의 노모가 눈을 뜬 날, 허준은 스승 유의태가 반위 말기에 가깝다는 안광익의 말을 듣고 몸이 굳어짐을 느낀다. 유의태는 허준에게 진맥을 짚으라고 명한다. 그리고 명치 부위의 죽은 살점을 만져보게 한다. 이틀 후, 유의태는 상화를 데리고 밀양 천황산 북쪽 골짜기 시례빙곡으로 간다. 유의태와 함께 갔던 상화는 혼자 돌아와 허준에게 유의태의 서찰을 건네준다. 부조의 산소나 한 바퀴 돌아보겠다고 떠난 유의태는 허준에게 얼음 골짜기로 찾아 올 것을 명한다. 다음 날, 안광익과 김민세가 식량을 들고 허준과 함께 동행한다. 얼음 골짜기 바위굴 입구에 도착했을 때, 왕골자리 위에 누워 있는 스승 유의태를 발견한다. 허준에게 '병든 몸이나마 너에게 주어 세상의 어떤 병고도 구원할 만병통치의 의원이 될 것을 빈다'는 유서를 남기고 자진한 스승을 보며 허준은 절규한다. 스승의 몸에 칼질을 못하겠다는 허준을 안광익과 김민세는 '마지막으로 자기 몸을 보여주며 가르치려 한 스승의 뜻을 외면하려 하느냐' 하며 호통을 친다. '스승님이 영원히 사는 길…….' 허준 일행은 얼음골에서 사흘을 보낸다. 사람의 모습을 본 허준은 천지신명과 스승님께 맹세를 하고 유의태의 관을 잡고 몸부림쳐 통곡한다. 평소 고인이 바라던 대로 천황산의 조용한 곳에 장례를 치르고 돌아온 허준은 김민세와 함께 의업에 바탕이 될 세상 구경을 떠난다. 김민세와 9개월 간 동고동락을 하고, 허준의 나이 스물아홉, 선조 8년 4월. 허준은 내의원에 수석으로 등반한다. 그러나 어의 양예수는 허준이 유의태의 제자임을 알고 수석 합격자임에도 혜민서로 발령을 내린다. 어의의 인사가 공평하지 않음과 어의의 독선을 알고 있는 정작은 허준과 어의의 정면대결을 벌인다. 허준은 '구안와사'를 고치고자 했던 공빈마마의 동생에게 반위 증상까지 깨끗이 낫게 하여 삼대 어의라는 영예와 명예욕이 치열한 어의 양예수와의 정면대결에서 이기게 된다.

허준은 중국을 다녀온 도지의 이야기를 듣고 중국의 주숙과 이시진처럼 보제방이나 본초강목에 뒤지지 않는 책을 만들어야겠다고 생각한다. 정작에게 부탁하여 중국행을 떠나지만 이시진을 만나지 못하고 돌아온다. 그러나 자신은 조선의 의약을 위해 일생을 던질 조선 사람이라는 것을 깨닫는다.

중국행에서 돌아와 공빈마마의 죽음을 맞이하고, 임빈이 낳은 왕자 의안군에게 진맥을 보러 간 허준은 병명이 여역임을 알고 미리 대비하지 못함을 안타까워한다.

'눈앞의 병자를 낫우는 것도 기쁨이요 보람이리라. 그러나 진실로 세상을 위한 의원이 되고자 소망하거든 병이 있기 전에 병이 오는 것을 막는 그런 의원이어야 하지 않겠는가?'

허준은 매실에서 여역의 차도를 보고 성과를 거둔다. 승차할 것이라는 소문이 있지만, 조정대신들은 신분제도의 확고함을 들어 왕의 결정을 취하하라는 상소를 올린다. 허준은 또 한번 신분제도의 처절함을 맛보게 된다. 그러나 임금이 내린 호피 보따리를 들고 집으로 돌아오며 허준은 출생에 대한 후회를 하지 않으리라 생각한다. 그리고 혜민서에 소청하여 갈 것을 기약하려던 다음 날, 난리가 났다는 소문을 듣는다. 임진왜란의 7년 전쟁이 시작되고 전세가 불리하게 돌아가자 임금의 몽진 계획이 잡힌다. 허준은 왜군들에 의해 불타버릴 혜민서의 서고와 비망록, 처방전들을 지고 갈 것을 건의하지만, 내의원 의원들 모두 허준을 미친 사람으로 취급한다. 이때 의녀 미사만이 도와주겠다고 나선다. 허준은 가족들을 아들 겸이에게 부탁하며 잠시 이별을 한다. 허준은 의녀 미사와 함께 의서 짐을 지고 어가를 따라간다.

※미완성 작품의 마무리 이야기

선조가 임진왜란 때 몽진을 다녀온 후 허준은 마침내 어의에 이르고, 정유재란이 끝난 뒤 수의로 승차되면서 정일품 보국승록대부의 칭호를 얻지만 그것도 반상과 사색을 다투는 사대부들의 질시와 모함에 못이겨 다시 "어의"만으로 강등되고, 선조가 죽자 유배의 길에 오른다. 〈소설 동의보감〉 동(冬)편에서 다루어질 예정이었음.

2 >> 생각하며 읽고 토의

❶ 허준이 절망하고 분노했던 조선시대의 '신분제도'에 대해 어떻게 생각하는가?

❷ 부모와 자식간의 인연을 끊으면서도 '비인부전(非人不傳 : 왕희지가 제자들에게 했던 말로 스승의 안목으로 사정하여 딱 합당한 인물이 아니면 함부로 예나 도를 전해줄 수 없다는 사제간의 냉엄한 도리)'을 실천했던 유의태라는 인물에 대해 어떻게 생각하는가?

❸ 허준을 시기하고 질투했던 유의태 문하의 여러 제자들과 스승 유의태에게 난동을 피우며 스승의 팔에 상처를 입히고 돈을 갖고 달아난 제자 임오근을 보며, 시대의 흐름과 상관없이 지켜져야 하는 '배우는 사람의 기본적 자세'는 무엇이라 생각하는가?

❹ 신분제도가 엄연했던 양반가의 처자인 허준의 아내 다희가 선택한 삶에 대해, 내가 그 시대의 다희 낭자였다면 어떤 삶을 선택해서 살았으리라 생각하는가?

❺ 어의의 재목으로 가장 촉망받던 출세가 보장된 내의원을 떠나, 자기 자식을 죽인 문둥병을 앓는 원수의 아들을 돌보는 삼적대사 김민세의 삶에 대해 어떻게 생각하는가?

❻ 스승 유의태가 말한 진정한 심의란 무엇이라고 생각하는가?

❼ 삼대 어의라는 영예를 안고 있는 양예수가 궁중에서 병을 이용해 자신의 명예와 권력을 움켜쥐려는 행동에 대해 어떻게 생각하는가?

❽ 내가 만약, 허준의 입장이라면 천한 신분을 면하기 위해 어떻게 살았을까?

❾ 어떤 사람에게 이 책을 추천해 주고 싶은가?

3 >> 논술 주제

김민세는 내의원에 응시해 천한 신분을 면하고자 하는 허준에게, 면천의 길은 '의지일생 묘법존심(醫之一生 妙法存心)'으로 '의원으로 나아가는 길은 따로 묘법이 없고 온갖 비방은 마음속(환자에 대한 연민과 사랑)에 있다'라는 서찰을 남긴다. 진정한 의원의 길은 어떠해야 한다고 생각하는지, 현대사회를 살고 있는 의원(의사)의 입장에서 자신의 견해를 써 보자.

1 >> 줄거리

재규는 형님(태규)이 살아있다는 소식을 듣고 흥분이 되기도 했지만 한편으로는 전혀 믿을 수 없는 일같이 느껴진다.

재규는 뜬눈으로 날을 새우고, 방송국으로 전화를 건다. 직접 가서 보는 것이 빠르지 않겠냐는 말에 적십자사 담당직원은 상대방이 만나겠다는 의사가 있어야 한다며 절차가 필요하다고 한다. 어느 날 서울에 와서 태규를 만나 보라는 통지를 받아본다. 설레이는 마음으로 재규는 서울 행 버스에 몸을 싣는다.

한편 태규는 전셋집에서 살아가는 처지에 동생을 만나 볼 수 없다며 자책을 한다. 형편이 나아지면 이쪽에서 찾아가겠다고 다짐을 한다. 아내가 행상을 하며 연명하고 아들 기현이가 취직을 해서 먹고사는 형편이다. 그러던 어느 날 집안 식구들을 불러놓고 태규는 동생에 대해 소상히 이야기한다.

재규에게서 소식이 왔다고 적십자사에서 통지가 오던 날, 태규는 금방 소식이 올 줄 알았으나 소식이 없자 산마루에 올라 멍하니 먼 산만 바라보다가 내려온다. 집에 와보니 딸 기숙에게서 삼촌소식이 왔다는 소식을 듣고 충격을 받아 쓰러진다.

겨우 정신을 차린 태규는 무슨 일이 있어도 동생을 만나야 한다며 옷을 챙겨 입고 일어서려다 쓰러진다. 한편 재규는 형을 만나기 위해 고속버스를 타고 가면서 지난 일을 회상한다.

피난 시절 어머니는 형과 재규를 사리원에서 떠나 보낸다. 엄마와 같이 살겠다고 절규하는 재규를 무섭게 혼내며 떠나 보냈다. 그러나 전쟁의 와중에 두 형제는 헤어지고 만다. 그동안 세월이 많이 흘러 태규형은 재규를 못 알아볼까 걱정스럽다.

3시쯤에 고속버스터미널에 도착한 재규는 택시를 타고 적십자사를 향한다. 밀리는 택시가 원망스럽다. 30분이 지났는데도 형의 모습은 보이지 않았다. 잠시 후 형님을 만나면 무슨 말을 해야 할지 고민하고 있었는데……

조카 기현이가 영정을 안고 있다. 오늘 오전 "재규야!"라고 부르며 운명하셨다고 한다. 재규와 기현이 일찍 못 만난 것을 후회하며 영정을 부여잡고 울부짖는다.

2 >> 생각하며 읽고 토의

❶ 재규는 형을 찾기 위해 어떤 노력을 했나?

❷ 재규는 아내에게서 형님을 만날 수 있다는 소식을 듣고 심정이 어떠했을까?

❸ '숨쉬는 영정'의 의미는 무엇인가?

❹ 피난시절 어머니는 고향에 혼자 남고 두 아들을 떠나보냈다. 어머니가 고향을 떠나지 않은 이유는 무엇인가?

❺ 재규는 형의 영정을 본 순간 어떤 심정이었을까?

❻ 이 작품의 주제는 무엇이라고 생각하나?

❼ 재규는 그동안 형을 찾기 위해 방송도 하고 신문에 광고를 했는데도 태규는 소식이 없었다. 무슨 이유로 소식이 없었을까?

❽ 피난길에서 태규와 재규는 어떻게 해서 헤어지게 되었나?

❾ 이 작품에서 가장 기억에 남는 장면은 어디인가? 그 이유는 무엇인가?

❿ 태규가 자책하는 까닭은 무엇인가?

⓫ 나는 어느 때 가장 초조한 느낌이 드나? 또 그럴 때는 어떻게 극복을 하나?

3 >> 논술 주제

가족은 서로에게 어떤 존재여야 한다고 생각하는가?

심청전 | 장철문

1 >> 줄거리

옛날 황주 땅 도화동에 심학규라는 봉사가 곽씨 부인과 살고 있었다. 심봉사는 원래 양반의 자손이었으나 가세가 기울고 형편이 어려워지자, 곽씨 부인이 가장 대신 품을 팔고 삯바느질을 하여 남편을 공양하였다. 심봉사 부부는 늦도록 자식이 없어 근심하던 중 지성으로 불공을 드린 후 어느 날 밤, 똑같이 신기한 꿈을 꾸고 딸 심청을 낳는다. 그러나 부인 곽씨는 딸을 낳은 후 병을 얻어 세상을 떠나고 심봉사는 동냥젖을 얻어 딸을 키운다. 심청은 어려서부터 아버지를 효성으로 봉양하는데, 그 소문이 이웃에 자자하여 이웃 마을 장 정승 부인이 수양딸 되기를 청하였으나 거절을 한다.

어느 날 정승 집에 잔치를 준비하러 갔다가 늦어지는 딸을 찾아 나선 심봉사는 실족하여 그만 웅덩이에 빠진다. 마침 길을 지나던 몽운사 화주승이 그를 구해주고 공양미 삼백 석을 시주하면 눈을 뜰 수 있다고 하자, 심봉사는 집안 형편은 생각하지 않고 대뜸 약속을 한다. 그러나 화주승을 보내고 나자마자 설움과 후회로 눈물을 흘리게 되고 사연을 알게 된 심청은 고민하는 아버지를 위해 천지신명에게 지성으로 기도를 한다. 하루는 남경으로 다니며 장사하는 상인들이 제물로 바치기 위해 열다섯 살 난 처녀를 사려한다는 말을 듣고 쌀 삼백 석에 자신을 팔기로 한다.

드디어 헷선 날이 되어 심청은 아버지에게 사실을 고하고 이별을 한다. 심청은 쌀 삼백 석을 대신 내어주겠다는 정승부인의 부탁도 거절하고, 동네 사람들과 동무들에게 눈먼 아버지 돌봐주기를 부탁한 후, 미친 듯이 통곡하는 심봉사를 남겨둔 채 뱃사람들과 길을 떠난다. 인당수에 빠진 심청은 서해 용왕의 시녀들에게 구조되어 용궁으로 안내된다. 심청이 떠난 후 동네 사람들은 혼자 남은 심봉사를 불쌍히 여겨 이웃 마을 과부 뺑덕이네와 맺어준다. 그러나 생긴 것도 사납거니와 행실도 바르지 못한 뺑덕이네 때문에 심봉사는 심청이 목숨 댓가로 남기고 간 재물은 물론이고, 동네사람들이 착실히 늘려준 돈과 곡식을 다 탕진해버리고 마을을 떠나게 된다.

한편 용궁에서 지내던 심청은 연꽃 속에 띄워져 인당수로 되돌아오고, 돌아가던 남경 상인이 이것을 발견하고 이상히 여겨 임금에게 바치자, 임금은 심청을 왕비로 맞이한다. 왕비가 된 심청은 아버지를 찾기 위하여 맹인잔치를 벌이는데, 소문을 듣고 잔치에 참석하러 가던 심봉사는, 뺑덕이네 마저 달아나 버린 후 우여곡절 끝에 잔치 마지막 날에야 겨우 궁에 도착하여 왕비가 된 심청을 만나게 된다. 크게 감격한 심봉사는 마침내 눈을 뜨고, 잔치에 참석했던 많은 맹인들도 그 순간 모두 눈을 뜬다.

2>> 생각하며 읽고 토의

  ❶ 심청이 장승상댁 수양딸 되기를 거절한 이유는 무엇인가?

  ❷ 화주승을 만나고 온 이후에 심봉사가 괴로워한 이유는 무엇인가?

  ❸ 공양미 삼백 석을 구할 다른 방법이 있다면?

  ❹ 목숨을 담보로 한 거래를 거래로 인정할 수 있는가, 이유는?

  ❺ 작품 내에서 유교, 불교, 도교적 사상이 보이는 부분을 찾아보자.

  ❻ 심봉사는 왜 뺑덕이네를 믿고 의지하는가?

  ❼ 뺑덕이네는 사람들의 어떤 면을 대표하는 인물인가?

  ❽ 등장인물 중 가장 현실적인 사고방식을 가진 인물로 묘사된 것은 누구인가?

  ❾ 이 작품이 우리에게 주는 교훈은 무엇인가?

3>> 논술 주제

  자신의 목숨을 희생하여 아버지의 소원을 이루려는 것은 부모에게 더 큰 아픔을 주는 '불효'인가, 진정한 의미의 '효의 실현'인가―의견을 기술하시오.

아홉 살 인생 | 위기철

1>> 줄거리

  아홉 살짜리의 시각으로 바라본 세상이야기. 아홉 살 여민이의 선택이나 의지와는 무관하게 떠맡겨지는 삶. 그것은 가난 속에서 태어난 삶이다. 여민이의 아버지는 부산에서 알아주는 부둣가 깡패였고, 어머니는 가난한 전쟁 과부의 딸이었다. 두 사람은 사랑에 빠졌고, 곧 여민이를 낳게 된다. 두 사람의 결합으로 인한 변화라면 그것은 아버지가 깡패 생활에서 손을 씻고, 어머니와 살림을 차리게 된 것이다. 여민이의 부모님은 비록 가난하지만 서로 사랑하고 위해 주면서 살아간다. 여민이가 다섯 살이 되던 무렵 여민이네는 부산을 떠나 서울로 이사를 간다. 서울에서도 좀처럼 안정적이지 못한 생활을 한다. 그러던 중 아버지의 친구네 집 문간방에서 2년간 얹혀 살게 된다. '얹혀 산다' 는 것은 여민이네 가족에게는 숨막히는 생활이었다. 여민이가 3학년 여름방학이 막 시작될 무렵, 여민이네는 산동네 판잣집 산꼭대기에 이사를 가게 된다. 여민이가 마음 속에서 기대했던 집과는 달리 이사한 집은 시멘트가 엉성하게 채워져 있고 방 안은 쾨쾨한 곰팡이 냄새에 절어 금방이라도 귀신이 나올 것 같은 흉가와 같은 곳이었다. 그러한 곳에 서 여민이의 아홉 살 인생은 시작된다. 여민이의 부모님은 얹혀 사는 삶에서 벗어나는 것만으로도 무척이나 행복해 한다.

여민이네 집은 여러 판잣집 중에서도 가장 산꼭대기에 위치해 있다. 그리고 산동네 능선 맞은 편 아래는 울창한 숲이 있다. 그 숲은 여민이에게 있어서 꿈과 희망과 편안함을 주는 유일한 안식처이기도 하다. 이사한 기념으로 여민이는 어머니의 심부름으로 산동네에 파전을 돌리게 된다. 그때 허풍쟁이, 거짓말쟁이, 엉뚱한 생각에 사로잡혀 사는 신기종이라는 남자아이를 만나게 된다. 그 아이는 여민이랑 같은 학교, 같은 반이며, 여민이의 반에서 유일한 산동네 친구이기도 했다. 기종이라는 아이에게 있어서 여민이는 말 동무이자, 든든한 방음벽, 마음을 공유할 수 있는 대상이 된다. 기종이는 부모님을 일찍 여의고, 누나와 함께 어렵고도 비참한 생활을 한다. 여민이는 기종이의 거짓말과 허풍에 진절머리 치면서도 기종이의 순수함을 좋아한다. 기종이 역시 여민이가 산동네에 이사오기 전까지만 해도 검은제비라는 아이에게 굴욕적인 취급을 받다가 여민의 등장으로 인해 새로운 생활을 하게 된다. 기종이는 전쟁터에서 한쪽 팔을 잃고 산동네에 고물 장수를 하러 오는 외팔이 하상사와 누나의 결혼으로 인해 산동네를 떠나게 된다. 기종이를 귀찮게 여겼던 여민이는 기종이가 떠난 후 그가 자신에게 소중한 존재였음을 깨닫게 된다.

산동네는 여러 사람들의 삶의 형태를 볼 수 있다. 그들은 지지리도 가난하고 슬픔과 절망을 거느리고 살고 있다. 하지만 그들은 진정한 행복과 기쁨과 희망을 모른 채 살다 보니 현재의 자신들의 삶을 불행하다고 생각지 않는다. 그런 그들에게도 불행의 거울처럼 생각되는 대상인 토굴할매가 있다. 그들은 토굴할매의 비참한 삶을 통해서 자신들의 삶이 행복하다고 생각하고 토굴할매처럼 살지 말아야한다는 막연한 생각과 다짐을 하게 된다.

여민이네는 비록 가난하지만 마음씨 따뜻한 어머니와 열심히 살아보려고 마을 사람들에게 따뜻한 온정을 베푸는 아버지가 있다. 그렇지만 여민이네와는 달리 술주정뱅이 아버지와 힘들게 살아가는 검은제비와 같은 아이도 있다. 그 아이는 아버지를 죽이고 싶도록 미워하지만, 그의 아버지가 죽고 난 후 그렇게밖에 살수 없었던 아버지의 삶에 대해 안타까워 한다. 검은제비는 아버지의 죽음으로 생계를 책임져야 했기에 학교도 그만두고 공장에 다니게 된다. 검은제비는 산동네에서 힘으로 아이들을 눌러왔던 두려운 존재였다. 검은제비는 그동안 누려왔던 두목 자리를 여민이에게 물려주려 한다. 하지만 여민이는 그러한 세계에는 관심을 두려 하지 않는다. 검은제비는 비록 어리지만 가족에 대한 책임을 지려 한다. 그와 달리 세상에 나아가지 못하고 골방 안에서 헛된 꿈과 망상에 사로잡혀 사는 흔히 사람들이 말하는 '아무짝에도 쓸모없는 인간' 인, 골방철학자 같은 청년도 있다. 그는 그의 어머니에게 있어서 유일한 희망이다. 그의 어머니는 힘든 일을 해도 힘들어하지 않고 오직 아들의 성공만을 기원하면서 살아간다. 하지만 산동네 사람들은 골방철학자를 아무 짝에도 쓸모없는 사람, 게으르고 무능한 사람이라고 생각한다. 골방철학자는 산동네에서 유일하게 대학을 졸업한 사람이다. 그러다 보니 자기 자신에 대한 자부심은 크다. 하지만 골방철학자는 현실속의 삶에 적응하지 못한다. 그리고 자신을 인정해주지 않는 사회에 대해 비판하고, 자신의 사랑을 받아주지 않는 피아노 선생님을 미워한다. 그는 점점 자신의 망상의 늪에 빠져들게 되고 현실과는 아주 동떨어진 삶을 추구하면서 결국 자신을 비관하고, 자살을 선택하게 된다. 그리고 여민이에게 사랑의 고뇌와 깊은 갈등을 안겨 다 준 허영심 많은 장우림이라는 여자친구가 있다. 여민이는 우림이의 허영심이 맘에 들지 않지만 어쩐지 자꾸 사랑하게 되는 것은 어쩔 수 없다. 비록 그의 사랑이 지치고 힘들어도 여민이는 우림이를 좋아하고 이해하려 한다. 그런 사랑은 아홉 살 여민이의 마음을 더욱 성숙하게 해준다.

여민이는 그 외에도 여러 사람들을 통해서 고통과 증오를 생각하게 된다. 그것은 가난과 무지를 등쳐 먹는 풍뎅이 영감, 물질만능주의 '월급기계' 담임 선생님, 숲의 위협적인 산지기를 통해 여러 인생을 경험하고, 보고, 들으면서 나름대로의 인생을 정리하고, 이해하고 어떻게 살아가는 것이 올바른 삶의 형태인지를 깨닫게 해준다. 그리고 새롭게 살아 갈 인생에 대해 기대와 희망을 저버리지 않는다.

2 생각하며 읽고 토의

❶ 다른 사람들의 삶과 나의 삶을 비교해 본 적이 있나?

❷ '어릴 때 고생을 많이 한 사람은 철이 빨리 든다'라는 말이 있다. 그 말에 대해 어떻게 생각하나?

❸ 이 책에서 아홉 살의 나이는 무엇을 의미하나?

❹ 이 책에서 배울 점이 가장 많은 인물은 누구인가? 왜 그렇게 생각하나?

❺ 이 책에서 가장 싫은 인물은 누구인가? 왜 그렇게 생각하나?

❻ 이 책에서 닮기 싫지만 나와 가장 많이 닮은 사람은 누구인가? 그 사람의 삶을 통해 내가 깨닫게 된 것은 무엇인가?

❼ 산동네 사람들은 자신들의 삶이 불행하다는 생각조차 하지도 못한 채 살아간다. 그들은 행복과 불행에 대해 어떤 생각들을 가지고 있나?

❽ 이 이야기의 주요 사건에 대해 알아보고, 나의 생각을 써 보자.

※ 고통에 대응하는 여러 가지 방식을 생각해 보고 가장 바람직한 극복 태도에 대해 생각해 보자.

등장인물	사건	이유	생각 / 비판
토굴할매			
골방철학자			

❾ 여민이, 신기종, 검은제비와 같은 남자아이들 세계에서 느낄 수 있는 갈등은 무엇이며 나 또한 그러한 갈등으로 고민한 적이 있나?

❿ 여민이는 변덕쟁이며 시샘이 많고 허영심이 많은 장우림이라는 여자아이를 좋아하면서 많은 갈등을 겪는다. 나역시 이성 친구로 인해 갈등한 적이 있나?

⓫ 이 이야기에 나오는 '풍뎅이 영감', '월급기계 담임', '산지기'의 삶을 통해 생각해 볼 것은 무엇인가?

등장인물	삶의 형태	닮은 사람들	비판	충고
풍뎅이 영감				
담임 선생님				
산지기				

⑫ 다음 인용문을 읽고 생각과 느낌을 써 보자.

- 〈우리네 인생살이에는 종종 느닷없는 행운이나 불행이 찾아오곤 한다. 그것은 우리를 전혀 다른 존재로 바꾸어 놓기도 한다. '예전의 나'와 '느닷없이 바뀌어 버린 나' 어느 쪽이 진짜 나인지 혼란에 빠져 버리기 십상이다.〉
  이럴 때 나는 어떻게 해야 할까?

- 〈인간은 살아 있는 동안의 인생은 전적으로 자신이 감당할 자신의 몫일 수밖에 없다. 아무도 대신 살아 주지 않는다.〉라는 글을 통해 반성할 것은 무엇인가?

- 〈어떤 슬픔과 고통도 피한다고 해서 해결되는 게 아니라는 사실, 그리고 그것은 우리가 회피하려 들 때 도리어 더욱 커진다는 사실!〉이라는 글을 통해 그렇다라고 생각해 본 적이 있나?

⑬ 가난이 인간의 삶(경제적으로 윤택한 삶, 빈곤한 삶 비교)에 어떠한 영향을 미칠까?

⑭ 사람의 신체적, 정신적 성장에 대해 그린 소설들을 알아보고, 그들의 삶을 통해 무엇을 배우게 되었나?

⑮ 그동안 생활을 통해 '가장 보람 / 즐거움'을 느낄 때와 '슬픔 / 억울함 / 초라함'을 느꼈을 때를 이야기해 보자.

⑯ 이 책을 통해서 깨닫게 된 것은 무엇이며 어떻게 사는 것이 사람답게 사는 것인지 이야기해 보자.

3》 논술 주제

우리가 자라면서 경험하는 것은 무엇이며, 그것이 인생을 살아가는 데 어떤 영향을 미칠것인지 생각해 보자.

오발탄 | 이범선

1 >> 줄거리

6·25 전쟁 직후 서울 해방촌에 사는 송철호는 일반 계리사 사무실에서 서기로 일하고 있다. 철호는 할일도 없이 혼자 뒤쳐졌다가 점심도 굶은 채 심한 허기를 느끼며 다쓰러져 가는 판잣집으로 향한다.

대문에 들어서자 "가자! 가자!" 하는 어머니의 쨍쨍한 목소리가 새어 나온다. 어머니의 외마디 소리는 계속 주기적으로 귀청을 때리고 있다. 돌아가자는 것이다. 철호가 38선 때문에 고향에 돌아갈 수 없다는 말을 해도 막무가내다. 오히려 어머니는 아들만 야속하게 생각한다.

동생 영호가 돌아왔다. 어머니의 원수를 갚겠다고 군대에 자원입대 했다가 상이군인이 되어 돌아와 2년이 넘도록 일자리를 구하지 못한 채 매일 술타령이다.

철호는 일확천금만을 꿈꾸는 동생 영호와 삶의 방법을 놓고 다투지만 정작 자신도 돈의 중요성과 절박한 현실을 외면하지 못한 채 무력감을 느낄 뿐이다. 그러나 영호는 자기 방식대로 살겠다고 말하면서 오히려 형에게 정신 좀 차리라고 하며 양심이라는 가시를 빼어 버리고 윤리고 관습이고 법률이고 다 벗어 던지고 홀가분하게 살아보자고 주장하며 형의 양심적인 삶의 태도를 비난한다. 철호는 아내의 십여 년 전 대학시절의 아름답던 모습을 연상하다가 이제 아무런 희망을 가져 보려고 하지 않는 아내를 힐끗 쳐다본다. 세상이 온통 잠들고 있는 골목 밖에서는 명숙의 발자국 소리가 요란하게 들려온다. 명숙은 아랫방 뒷구석에 가서 털썩 하고 쓰러지듯 가로 누워버린다. 철호는 언젠가 퇴근길에 명숙이가 지프차 속에서 미군과 함께 타고 있는 것을 목격하게 된다. 그 후로 누이동생 명숙이와 말을 하지 않으며 서로가 본체만체한다.

고향으로 돌아가자는 어머니의 외침은 그날 밤도 여전히 계속된다. 다음날 경찰서로부터 철호에게 전화가 걸려온다. 영호가 강도 혐의로 붙잡혔다는 이야기를 듣는다. 경찰서를 나온 철호는 정처없이 헤매다가 집으로 돌아온다. 아내가 진통이 시작되었는데 영 해산을 못하고 애를 썼다 한다.

"지금쯤은 아마 애기를 낳았거나, 그렇지 않으면……." 철호는 명숙으로부터 돈을 빌려 병원으로 가지만 아내는 이미 죽어 있었다. 철호는 망연자실하여 병원 현관에 한참이나 우두커니 서 있다가 병원 문을 나선다.

갑자기 이가 쑤시는 것을 느낀 철호는 양공주인 누이동생이 준 돈으로 앓던 이를 치료하는데……. 의사의 만류에도 불구하고 충치를 한꺼번에 두 개씩이나 뺀다. 철호는 택시를 잡아타고 해방촌으로 가자고 한다. 잠시후 다시 S병원에서 경찰서로 행선지를 바꾼다. 이와 같이 횡설수설하던 철호는 방향감각을 잃는다. 차는 목적도 없이 달려가고 철호는 피를 흘리며 쓰러진다. 운전사는 "어쩌다 오발탄 같은 손님이 걸렸어."라고 말하며 투덜거린다.

2» 생각하며 읽고 토의

❶ 이 작품을 읽고 내가 생각하는 비판점은 무엇인가?

❷ 이 글의 제목 오발탄(誤發彈)은 무엇을 암시하는 것일까?

❸ 온갖 부조리가 횡행하는 사회에 편승하여 양심까지도 저버리는 동생 영호에게 "인생이란 그런 게 아니야 너는 아직 사람이란 어떻게 살아야만 하는 것인지조차 모르고 있어"라고 타이르는 철호의 모습에서 작가 이범선이 추구하는 삶의 모습은 무엇인가?

❹ 철호는 남편노릇, 자식노릇, 가장의 역할을 제대로 못하는 무능력자로 나온다. 그가 그러한 무능력자가 된 근본적인 이유는 무엇일까?

❺ 어머니가 부르짖는 '가자! 가자'라는 외침은 이미 타락해 버린 현실과 화해하지 못하는 인간의 자의식과 어떤 향수가 외침 속에 사무쳐 있는 것일까?

❻ 이 작품에서 철호와 영호는 서로 다른 가치관을 드러내고 있다. 그 차이점은 무엇이라고 생각하나?

❼ 오발탄에 나오는 등장인물들은 모두 정신적 육체적으로 결함을 가지고 있는 사람들이다. 그렇다면 철호가 택시를 타고 어디로 가야할지 방향감각을 잃어 혼란에 빠진 직접적인 원인은 무엇인가?

❽ 이 작품의 주제는 무엇이라고 생각하나?

영호는 '손끝의 가시'와 같은 양심만 빼어 버리면 남들처럼 잘살 수 있다고 말한다. 이와 관련지어 올바르고 가치 있는 삶이란 어떤 것인지 자신의 견해를 써 보자.

운수 좋은 날 | 현진건 | 출전 : 1924년 6월 '개벽'

1 >> 줄거리

새침하게 흐린 품이 눈이 올 듯하더니 눈은 아니 오고 얼다가 만 비가 추적추적 내리고 있었다. 이날 동소문 안에서 인력거꾼 노릇을 하는 김첨지에게는 오래간만에도 닥친 운수 좋은 날이었다. 열흘 동안 돈 구경도 못하다가 오랜만에 벌이가 좋았기에 마냥 기뻐 지치는 줄도 모르고 열심히 뛰어 다니며 일을 한다.

그는 손님을 태울수록 더 가벼워지는 마음으로 인력거를 끌며 아픈 아내에게 설렁탕을 사다줄 수 있다는 기쁨과 컬컬한 모주 한잔도 걸칠 수 있다는 생각에 더욱 열심히 일을 한다. 아내는 열흘 전에 돈을 얻어서 사다준 조밥을 굶주려 있다가 급하게 먹는 바람에 병에 걸리고 말았다. 오늘 만큼은 나가지 말고 곁에 있어 달라는 아내의 애원에도 불구하고 김첨지는 인력거를 끌고 밖으로 나온다. 손님을 태우고 거리를 지날 때마다 아내가 생각나 발걸음을 멈추고 걱정도 하지만 모처럼 주어진 행운을 저버릴 수가 없었다. 계속되는 행운에 김첨지는 불안감을 느낀다. 그는 곧장 집으로 가지 않고 선술집에 들러 치삼이와 술을 마신다. 그는 하루 운수가 좋아 벌이가 컸던 이야기와 손님 얘기로 취흥을 돋우다가 아내가 죽었을지도 모른다는 마음 속의 불안감을 치삼이에게 언뜻 내비쳤지만 결국에는 그것을 강하게 부인한다. 김첨지는 취중에도 아내가 먹고 싶어하는 설렁탕을 사들고 집으로 향했다. 그러나 이렇듯 운수가 좋았던 날에 정적에 쌓인 집에서 그를 맞이한 것은 아내의 주검뿐이었다. 김첨지는 아내의 시신을 끌어안고 미친 듯이 울부

짓는다.

“설렁탕을 사다 놓았는데 왜 먹지를 못하니, 왜 먹지를 못하니…… 괴상하게도 오늘은! 운수가 좋더니만…….”

2 >> 생각하며 읽고 토의

❶ 인력거꾼 노릇을 하는 김 첨지에게 오래간만에 찾아온 행운은 무엇인가?

❷ 아내가 죽을 병에 걸린 까닭은 무엇인가?

❸ 모처럼의 행운 앞에 김첨지가 갈등하는 것은 무엇인가?

❹ 김첨지가 집에 빨리 들어가지 않고 선술집에서 술을 마신 까닭은 무엇인가?

❺ 김첨지가 아내의 죽음을 확인하기까지 심리적 변화에 대해 이야기해 보자.

❻ ‘설렁탕’이 지닌 상징적 의미는 무엇인가?

❼ 김첨지의 행동에 대해 비판할 것은 무엇인가?

❽ 이 소설에서 ‘기대와 현실의 어긋남’에 대하여 이야기해 보자.

3 >> 논술 주제

가난이 사람들에게 어떤 영향을 미치는지 생각해 보자.

우리들의 일그러진 영웅 | 이문열

1 >> 줄거리

주인공 한병태는 아버지의 좌천으로 서울 명문 초등(국민)학교에서 시골 학교로 전학을 가게 된다. 전학간 첫 날부터 학급 반장 엄석대에 의해 반이 엄격히 통제되고 있다는 것을 발견하고, 담임 선생님의 두터운 신임과 아이들의 절대적 복종을 받으며 군림하는 엄석대에게 정면으로 저항을 한다. 그러나 엄석대의 폭력, 위압, 비행의 고발(라이터 사건)은 오히려 시기와 질투로 인식되어 일러바치기만

하는 의리 없는 학생으로 낙인 찍히게 되고 친구들로부터 철저하게 따돌림을 당하게 된다. 엄석대는 직접 나서지 않고 주변 인물들로 하여금 한병태를 철저하게 고립시킨다. 엄석대가 보여주는 교활함과 참을성과 보복은 대청소하는 날 '유리창 닦는 일' 사건으로 한병태가 엄석대에게 무릎을 꿇게 되면서 끝나게 된다. 결국 한병태는 살아남기 위해 엄석대에게 굴복한다. 엄석대는 한병태를 자신의 지휘 아래 굴복시킨 후, 한병태를 철저하게 보호해 주며 특혜를 베풀기 시작한다.

그러나 6학년이 되어 새로 부임한 담임은 개혁적이고 민주적 절차와 방법을 중요시했다. 선생님은 부임하면서 치른 첫 시험에서 엄석대를 위해 학급의 우등생들이 돌아가며 답안지를 바꾸어 준다는 비밀을 밝혀내게 된다. 엄석대의 독재체제가 폭로되면서 학급은 완전히 다른 분위기로 바뀌게 된다. 한병태는 엄석대의 비리를 낱낱이 고하는 과정에서 엄석대의 비행에 대해 잘 모른다고 선생님께 대답한다.

석대의 나쁜 짓을 까발리고 들춰내는 데 가장 열정적이고 공격적인 아이들은 대개 두 부류였다. 하나는 간절히 석대의 총애를 받기 원했으나 이런저런 까닭으로 끝내 실패한 부류였고, 다른 하나는 그 날 아침까지도 석대 곁에 붙어 그 숱한 나쁜 짓에 그의 손발 노릇을 하던 부류였다. ……중략…… 나는 아무래도 느닷없는 그들의 정의감이 미덥지 않았다. 나는 지금도 자신이 믿어오던 종교를 갑작스럽게 바꾸는 사람이나 사상을 한순간에 바꾸어 버리는 사람을 나는 믿지 못하고 있다. ……중략…… 내 눈에는 그 애들이 석대가 쓰러진 걸 보고서야 덤벼들어 등을 밟아 대는 교활하고도 비열한 변절자로 밖에 비치지 않았다.

한병태는 엄석대의 비리를 보호하는 듯한 태도로 아이들로부터 비난을 받지만, 오히려 반 아이들의 행동변화를 이해하는 데 어려움을 느낀다. 결국, 엄석대는 교실을 뛰쳐나가고 강력했던 엄석대의 체제는 무너지게 된다. 학급은 새로워진 체제에 시행착오를 거치면서 점차 용기를 얻게 되고 민주적 질서를 회복한다.

그 후, 26년이 지난 어느 날 한병태는 엄석대가 경찰에 붙잡혀 가는 장면을 보게 된다.

2 》》 생각하며 읽고 토의

이 책은 작가가 처음 발표했던 작품이 아니라 초등학교 교과서에 글의 일부가 실리게 되면서 작가가 다시 손을 보아 어린이, 청소년용으로 다시 출판된 책이다. 또 이 작품은 고등학교 국어(상권) 심화 과정에도 나와 있다. 다음 내용들을 생각하며 읽어보자.

❶ 등장인물 속에서 '일그러진 영웅들'은 누구일까?

❷ 엄석대 체제에 굴복하지 않은 이유로 왕따를 당하는 한병태의 모습과 살아남기 위해 권력의 위협과 회유에 굴복하는 한병태의 모습에서 느끼는 점은 무엇인가?

❸ 5학년 담임 선생님이, 담임 선생님보다도 더 막강한 권력을 반 아이들에게 행사하는 엄석대의 행위에 대해 묵인했던 이유를 아래 상황에 맞춰 생각해 보자.
　― 엄석대의 행위를 몰라서 묵인한 경우
　― 엄석대의 행위를 알면서 묵인한 경우

❹ 엄석대 체제가 2년에 걸쳐 강력하게 유지될 수 있었던 이유는 무엇인가?

❺ 6학년 담임 선생님의 '학급 개혁 방식'에 대한 내 의견을 장점과 단점으로 나누어 생각해 보자.

❻ 반 아이들 전체가 엄석대의 비리 과정을 폭로할 때, 한병태가 엄석대의 비행에 대해 잘 모른다고 말한 이유는 무엇일까?

❼ 한병태가 엄석대에게 저항할 때 동조해 주지 않던 반 아이들. 새 담임 선생님이 엄석대의 비리를 폭로하게 되자 앞다투어 엄석대를 공격하는 반 아이들을 어떻게 생각하는가?

❽ 한병태가 엄석대에게 저항하기 위해 무릎을 꿇어 굴복하는 상황이 아닌, 자신의 의지를 끝까지 지킬 수 있는 다른 방법에 대해 생각해 보자.

❾ 우리 사회의 일그러진(삐뚤어진) 영웅의 예를 찾아보자.

3 》 논술 주제

　잘못 형성된 권력은 가정, 학교, 사회, 국가에 많은 영향을 끼치게 된다. 어떤 영향을 입게 되는지 상황들을 제시하고 권력에 대한 나의 견해를 써 보자.

1 >> 줄거리

　　조선 선조 때 선비인 유영은 안평대군의 옛 집인 수성궁 터에 들어가 홀로 술잔을 기울이다 잠이 들었다. 유영이 잠에서 깨어나니 이미 밤이 되었고, 바람결에 어디선가 부드러운 목소리가 들려왔다. 그 소리를 따라가니 어떤 젊은이와 아름다운 여인이 유영을 맞았다. 젊은이는 어려서부터 시에 능해 열네 살에 과거에 합격한 김 진사였고, 여인은 안평대군의 궁녀였던 운영이었다. 유영은 밤을 지새우며 김 진사와 운영의 마음속에 쌓여 있었던 비극적인 사랑 이야기를 듣게 된다.

　　풍류를 좋아하던 안평대군은 열세 살에 자신의 궁인 수성궁을 지어 살면서 학업에 정진하고 독서에 전심하며 시를 짓고 글씨를 썼다. 그러면서 이름난 문인과 선비들을 수성궁으로 불러 실력을 겨루었다.

　　그리고 안평대군은 나이가 어리고 얼굴이 아름다운 궁녀 열을 뽑아 별궁에 있게 하고 이들에게 경전과 시를 가르쳤다. 열명의 궁녀 가운데 운영은 안평대군을 찾아온 문사인 김 진사의 용모와 문장에 반하게 된다. 이 자리에서 김 진사도 먹을 갈던 운영을 보고 연모의 정을 느끼게 되고, 동문 밖에 사는 무녀의 도움으로 운영에게 편지로 자신의 연정을 전한다. 운영은 자란과 다른 궁녀들의 도움으로 궁 밖으로 빨래하러 나가는 틈을 이용하여 김 진사를 만나 서로의 마음을 확인한다. 이후, 운영은 밤마다 궁궐 담을 넘어 들어오는 김 진사와 사랑을 나누게 된다. 그러나 김 진사와 운영의 만남을 도왔던 김 진사의 하인인 특의 계략으로 인해 이 둘의 만남은 안평대군에게 알려지게 된다. 이 사실을 알고 크게 노한 안평대군은 궁녀들을 문책하고, 운영은 자책감 때문에 그날 밤 비단 수건으로 목을 맨다. 홀로 남은 김 진사는 절에 가서 운영의 명복을 비는 제를 올린 다음, 슬픔이 병이 되어 죽는다. 유영에게 자신들의 슬픈 사연을 모두 이야기한 김 진사와 운영은 슬픔을 억제하지 못하면서 자신들의 사랑을 세인에게 전해 달라고 당부한다.

　　유영이 다시 취중에 졸다가 깨어 보니 김 진사와 운영은 사라지고 다만 김 진사가 기록한 책만 남아 있었다. 유영은 쓸쓸한 마음을 어찌할 수 없었으나, 두 사람을 만날 길이 없어 부탁받은대로 책을 가지고 돌아왔다. 그 후 유영은 혼자서 그 책을 읽어 보다가 먹는 것과 자는 것을 잊어버릴 정도로 망연자실해서 집을 떠나 명산을 두루 찾아 다녔는데, 그 뒤로 어디로 갔는지 자취를 알 길이 없었다.

2 >> 생각하며 읽고 토의

❶ 이 작품 속에서 가장 기억에 남는 장면은 어디인가? 그 이유는 무엇인가?

❷ 운영을 향한 김 진사와 안평대군의 사랑은 어떤 차이가 있을까?

❸ 운영의 친구였던 자란과 김 진사의 하인이었던 특의 성격을 비교해 보자.

❹ 운영이 선택한 죽음이 상징하고 있는 것은 무엇인가?

❺ 조선시대 궁녀들의 억압된 삶의 모습을 표현하고 있는 내용들을 찾아보자.

❻ 김 진사의 시적 성향을 통해 알 수 있는 성격은 어떠한가?

❼ 조선시대의 유교적 관습을 알 수 있는 내용들을 찾아보자.

❽ 이 작품의 주제는 무엇이라고 생각하는가?

3 >> 논술 주제

운영과 김 진사는 사랑을 이루지 못하고 비극적인 죽음을 맞게 된다. 이들이 선택한 죽음이 아닌 현실에서 사랑을 이룰 수 있는 다른 방법에는 어떤 것이 있을지 생각해 보자.

이 작품의 결말 부분을 다시 쓴다면 어떻게 쓰고 싶으며, 그 이유는 무엇인가?

원미동 사람들 | 양귀자

1 >> 줄거리

『원미동 사람들』은 원미동의 거리에서 강남부동산, 서울미용실, 원미지물포, 무궁화연립, 행복사진관, 써니전자, 우리정육점 등에서 일어나는 일상적인 삶 속에서 소시민이 꿈꿀 수 있는 1980년대 희망과 절망의 삶을 이야기한다.

「멀고 아름다운 동네」는 원미동을 찾아서 이사오는 은혜네 가족의 이야기로, 은혜 아빠는 서울서 이리저리 이사 다니며 살다 노모와 어린 딸과 만삭의 아내를 이끌고 무궁화연립을 사서 이사온다. 부어야할 적금과 밀린 월부금, 빚, 아이들에게 사줄 장난감 등 냉혹한 현실의 무게에 짓눌려 서울이라는 거대도시를 떠나는 이사 행렬은 초라하기만 하다. 그러나 희망의 집을 갖기 위해 멀고 아름다운 동네 원미동을 찾는 가족들의 마음은 행복하기만 하다.

「비오는 날이면 가리봉동에 가야 한다」에서 새로 지은 지 삼 년이 안 되는 연립으로 이사온 은혜네 집은 한 달이 멀다하고 수리를 해야 한다. 습기로 인한 외벽 공사, 난방 파이프 교체, 주방 하수구 막힘, 보일러 굴뚝 무너짐, 목욕탕의 수도꼭지, 변기 물탱크, 보조키 그리고 목욕탕 파이프 공사 등. 지물포 주씨의 주선으로 임씨가 작업을 하게 되는데 임씨는 야무지게 일하며 서비스까지 흠잡을데가 없다. 그러나 처음에 계산된 견적서와 달리 예상보다 적게 들어간 공사비 문제로 몸이 달아 은혜 엄마와 아빠는 배수공사 내내 임씨를 의심의 눈초리로 바라본다. 그러나 한푼이 아쉬운 처지임에도 불구하고 정확하게 노임을 계산하고 서비스까지 제공하는 임씨의 진실된 태도에 은혜 아빠는 오히려 무안해진다. 은혜 아빠는 임씨가 비오는 날이면 연탄 값 80만원을 받기 위해 가리봉동에 가야 하는 이유를 알게 되면서 임씨와 가까워진다.

「마지막 땅」에 등장하는 강만성 노인은 원미동 토박이 지주이다. 그는 땅이란 농사짓기 위해서 있는 것이라는 생각을 갖고 있다. 때문에 주택가 주민들과 거름 냄새 문제로 종종 충돌을 일으킨다. 강만성 노인은 땅의 금전적 가치를 중요하게 여기는 세상과 끝까지 맞서 싸우고 있다.

「지하 생활자」에서 그는 승용차의 바닥커버를 만드는 공장에서 일하는 노동자이다. 그는 연립주택 지하에 세 들어 산다. 하지만 그의 가장 큰 고민은 화장실을 사용할 수 없는 일이다. 1층에 사는 주인집 여자가 계약과는 달리 문을 열어주지 않기 때문이다. 그는 새벽이면 똥눌 곳을 찾아다녀야 하는 배설의 욕망으로 괴로운 나날을 보낸다. 그의 배설에 대한 처절한 욕망은 사람답게 살고 싶다는 절규가 담겨 있다.

「불씨」에서 진만이 아버지는 서울로 출근하던 샐러리맨에서 전철 안에서 잡동사니를 팔아야 하는 세일즈맨으로 전락하여 고통스런 삶의 무게를 지니고 있다.

그러나 진만이 아버지가 찾는 사람은 자신의 물건을 팔아줄 상대가 아니라 자신의 '어눌한 입을 뚫어 줄 상대'를 찾는 것이다. 그는 자신의 입을 열 수 없다는 사실에 절망한다. 이 때 터미널 대합실의 짐꾼 권씨가 그의 이야기를 열심히 들어준다. 또 권씨도 자신의 이야기를 열심히 쏟아 놓는다. 이들이 주고받는 이야기가 이들이 감당하고 있는 현실의 무게를 감당할 수는 없지만, 세상에 대한 믿음을 회복시키고 담배 한 개비 피워 물 수 있는 불씨라는 희망을 주고 있다.

「원미동 시인」에서 여자아이 나는 7살이 아닌 9살이다. 딸이 넷이나 있는 딸 부자 집의 어려운 형편에서, 용하다하는 점쟁이들이 아들이라 주장해서 태어난 나는 제대로 된 나이를 갖고 있지 않다. 놀 친구가 없는 이 여자아이는 정신이 약간 돌아 '몽달씨'라 부르는 원미동 시인과 형제슈퍼의 김반장과 친구 사이이다. 여자아이는 김반장의 위선(몰매 맞던 몽달씨를 외면한 일, 기회주의)을 밝히고 싶다. 그러나 원미동 시인 몽달씨는 이를 덮어두고 전처럼 김반장네 슈퍼 일을 도와주며 지낸다. 여자아이는 몽달씨에게 말한다. "다 알고 있으면서, 바보같이"라고.

「일용할 양식」은 중학교 3학년 1학기 교과서에 '원미동 사람들'로 대화체만 조금 바뀌어 전문이 실려 있다. 먹고 살아보려고 아옹다옹하는 80년대 경쟁적인 사회 분위기를 그대로 옮겨 놓았다. 형제슈퍼의 김반장과 김포슈퍼의 경호 아버지는 모두 가족의 일용할 양식을 위해 이른 아침부터 늦은 저녁까지 최선을 다해 장사를 한다. 그런데 이 두 사람이 맞서 싸우게 된다. 쌀과 연탄만 팔던 경호 아버지와 그 외의 물품을 팔던 김반장이 서로 상도(商道)의 관행을 깼기 때문이다. 얼마 안 되는 거리에 두 슈퍼가 공존할 수 없다는 자본주의의 논리가, 상대를 무너뜨려야만 내가 살아 남을 수 있다는 적개심으로 바뀐 뒤, 원미동 거리는 전쟁터가 된다. 그러나 손해를 보면서까지 물건을 싸게 팔던 두 사람 앞에 '싱싱청과물'이 새로 생겨난다. 가게 셋이 경쟁을 벌이게 되자 싸우던 김반장과 경호 아버지는 '동맹'을 맺어 새로운 경쟁자가 살아 남지 못하도록 텃새를 부린다. 결국 '싱싱청과물'은 견디지 못하고 가게문을 닫는다. 일용할 양식을 얻기 위해서는 어제의 친구가 오늘의 적이 되고 또 오늘의 친구가 내일의 적으로 바뀐다. 내 밥벌이와 직결될 때 독기를 품고 덤빌 수밖에 없는 삶의 애환이 담겨 있다.

「한계령」에서 소설가 나는 오랫동안 연락이 없던 노래를 잘하던 친구 박은자의 전화를 받는다. 박은자는 자신이 얼마나 달라졌는가를, 지금은 어떤 계층에 속해

있는가를 쉰 목소리로 설명한다. 소설가는 박은자와의 만남을 염두에 두다 은자
가 마지막으로 부천나이트클럽 무대에 서비스하는 날 찾아간다. 하지만 찾아갔으
면서도 끝내 은자와 얼굴을 마주치지 않는다. 소설가는 마음이 편치 않을 때마다
유년 시절 박은자가 등장하는 소설을 읽으며 평안을 찾는다. 그리고 '소설 쓰는
것을 업으로 삼는 자가 자기가 쓴 소설을 읽으며 위안을 받는다' 는 것을 어떻게
설명해야할 지 모르겠다고 생각한다. 그리고 어린 시절 집안의 버팀목이었던 큰
오빠의 한탄 즉, "열심히 뛰어 도달해 보니 기다리는 것은 허망함뿐이더라" 는 소
리를 떠올리며, 자신이 유년의 기록을 떠올리며 위안을 받듯이, 건강 상태가 좋지
않은 오빠 또한 과거의 페이지를 넘기며 현실을 잊고 싶어하는지도 모른다고 생
각한다. 소설가는 새부천나이트클럽에 가서 은자로 짐작되는 여가수의 '한계령'
을 듣는다. 그리고 잊어버려야할 시간들이 한줄기 바람처럼 살고 싶은 순간들이
었을 것이라고 생각한다. 현재에서 위안 받지 못하고 돌아갈 수 없는 과거 속에
서, 자신이 간직해온 이미지가 무너질까봐 소설가는 현실에서의 만남을 회피한
다. 박은자는 소설가 친구가 끝내 자기를 보러오지 않았다고 생각하고 나중에 시
간이 되면 신사동 로터리 앞에 새로 연 카페 '좋은 나라' 로 찾아오라고 한다.

2 >> 생각하며 읽고 토의

❶ 멀고 아름다운 동네 '원미동' 으로 이사오는 사람들의 특징은 무엇일까?

❷ 「비오는 날이면 가리봉동에 가야 한다」에서 왜, 임씨는 비오는 날이어야만 가
리봉동에 갈 수 있을까?

❸ 주민들과의 충돌에도 불구하고 마지막 땅을 지키는 강만성 노인에게 느낄 수
있는 것은 무엇인가?

❹ 「지하 생활자」에서 그는 화장실에 가서 생리적인 배설의 욕구를 눈치보지 않
고 해결하는 것을 사람답게 사는 길이라 생각한다. 내가 사람답게 사는 일이
라 생각하는 것은 무엇인가?

❺ 「불씨」에서 직장을 잃고 세일즈맨으로 전락한 진만이 아버지는 자신의 물건
을 팔아 줄 상대가 아니라 자신의 '어눌한 입을 뚫어 줄 상대' 를 찾는 것이다.
나의 희망을 위해 가장 먼저 해결해야 할 일차적인 목표는 무엇이라 생각하
는가?

❻ 「원미동 시인」에서 여자아이는 형제슈퍼 김반장의 위선(기회주의)을 동네 사
람들에게 발설하고 싶어한다. 내 생활 주변에서 발설하고 싶은 위선은 무엇
인가?

❼ 「일용할 양식」에서 두 슈퍼 주인은 일용할 양식을 얻기 위해 어제의 친구가
오늘의 적이 되고 또 오늘의 친구가 내일의 적으로 바뀐다. 내 밥벌이의 문제
와 직결될 때 사람들은 독기를 품고 덤빈다. 두 슈퍼 주인의 갈등 상황을 완화
해 줄 수 있는 좋은 방법은 무엇이 있을까?

❽ 「한계령」에서 소설가인 나는 과거에 존재하는 가족의 사랑과 따뜻한 유년의
추억들을 기억하며 위안을 삼는다. 「한계령」은 소설가에게 고향을 떠올리는
상징적인 의미가 될 수도 있다. 추억과 기억 속에서만 볼 수 있는 고향이라도
고향은 언제나 고향이다. 변하는 것은 고향의 기억을 잊어버린 사람일뿐일 수
도 있다. 내게 있어 고향은 어떤 의미로 남아 있는가?

3 ›› 논술 주제

원미동 사람들은 서울이라는 거대도시가 만들어낸 서울 뒤에 있는 소외공간일
수 있다. 자본주의에서 필수적으로 파생되는 빈익빈 부익부의 현상에 대해 돈(경
제)의 가치와 인간다움의 문제 사이에는 어떤 관계가 있는지 자신의 견해를 써
보자.

장마 | 윤흥길

1 ›› 줄거리

장마 비는 그칠 줄 모르고 내린다. 외할머니는 완두콩을 까며 불안한 마음이 드
는데……. 아버지는 국군 소위로 전쟁터에 나간 외삼촌의 전사 소식을 전한다. 전
사 소식을 듣고 이튿날 외할머니는 별안간 빨치산을 향해 내리는 비에 대고 숨은

빨갱이들은 모두 쓸려가라고 저주를 퍼 붓는다. 같은 집에 사는 할머니는 이 소리를 듣고 노발대발한다. 그것은 곧 빨치산에 있는 자기 아들에게 죽으라는 말과 같았기 때문이다. 이때부터 두 할머니는 사이가 안 좋아졌고 외할머니는 완두콩만 말없이 까며 세월을 보내고 있다.

그러던 어느 날 삼촌 친구라며 낯선 사람이 삼촌의 소식을 묻자 나는 오랜 시간을 끌다가 결국은 초콜릿의 달콤한 유혹에 넘어가 모든 사실을 털어놓고 만다. 그 다음날 아버지는 낯선 사내에게 잡혀갔고, 할머니는 나와 거리가 멀어지기 시작했다. 아버지는 일주일 만에 풀려 나왔고 나에게는 근신명령이 내려진다. 빨치산들이 호되게 당해서 산으로 도망친 숫자가 불과 몇 명밖에 안 될 거라는 이야기를 듣자 아버지는 삼촌의 일이 궁금하여 시체를 확인하러 다닌다. 할머니는 그런 아버지를 괜한 짓이라고 하며 빈정거린다. 시체를 못 봤다는 사실이 결과적으로 삼촌의 생존을 의미하는 것이라고 믿는다.

외할머니는 평소에도 말수가 적다가도 일단 아들 이야기만 나오면 끝없이 자랑을 늘어놓는다. 외삼촌은 멋쟁이였다. 그러나 외삼촌은 철없는 삼촌에게 싸늘한 시선을 보낸다. 삼촌이 못 미더웠던 것이다. 삼촌은 인공치하가 물러가던 날 사람들을 시켜 땅굴을 덮치게 했던 것이다. 외삼촌이 떠난 며칠 후의 일이었다.

삼촌이 돌아올 것이라고 예견했던 그날이 다가오고 있었다. 가족들은 대부분 삼촌이 죽었을 것이라고 믿지만, 할머니는 점쟁이들의 예언을 근거로 아들의 귀환을 굳게 믿고 아들을 맞이할 준비를 하지만 예언의 그날이 되어도 아들은 돌아오지 않는다.

그러던 어느 날 밥을 먹는 중에 구렁이 한 마리가 들어오는 것을 보고 나는 헛간으로 달려가 단매에 요절을 낼 요량으로 작대기를 들자 할머니는 외마디 비명소리와 함께 쓰러진다.

외할머니는 사람들을 돌려보내고 구렁이와 대화를 나눈다. "어서 저승길로 떠나"라고 달래자 꿈쩍도 하지 않던 구렁이는 대나무밭으로 사라진다.

정신이 든 할머니는 외할머니에게 감사의 말을 전한다. 그날부터 할머니는 일주일을 더 버티다가 눈을 감는다. 임종의 자리에서 할머니는 내 지난 날의 잘못을 용서해 주신다. 정말 지루한 장마가 그친다.

❶ 서울에서 살던 외할머니와 이모는 어느 날 사랑채에서 살게 되었는데, 이를 권한 사람은 할머니이다. 그러던 두 분을 아주 갈라서게 만든 결정적인 계기는 무엇이었나?

❷ 이 소설의 서술자인 '나'가 어른들에 의해 기록된 최초의 배신이란 무엇을 말하는 것인가?

❸ 삼촌과 외삼촌의 성격은 아주 대조적이다. 이 두 사람의 성격은 어떠한가?

❹ 작가가 우리에게 시사하는 바는 무엇인가?

❺ 구렁이는 예로부터 터주로 외경시 되어 온 동물이다. 그런 동물이 집으로 들어온 것을 보고 외할머니는 구렁이를 누구의 변신이라고 믿고 있나?

❻ '장마'가 상징하는 것은 무엇인가? 또한 장마가 끝날 무렵 장마동안 반목하던 두 할머니는 화해한다는 결말로 끝나는 것은 무엇을 암시하는 것일까?

❼ 인간의 숨결이 있어야 역사가 편안하게 숨쉴 수 있다는 작가 정신의 반영은 어느 부분에 잘 나타나 있나?

❽ 집안으로 들어온 구렁이는 어떻게 해서 대밭으로 사라지게 되었나?

❾ 외삼촌은 국군, 삼촌은 빨치산에 속해 있는 이 가정의 비극을 불러일으킨 가장 큰 원인은 무엇인가?

3 >> 논술 주제

이 소설에서 주인공(할머니, 외할머니)의 갈등이 무엇 때문에 심화되고, 어떤 방식으로 해소되었는지 써 보자.

1 >> 줄거리

장화홍련전은 조선시대 작자미상의 소설로 평안북도 철산(鐵山) 지방에 전해 오던 설화를 소재로 한 작품이다. 철산 땅에 사는 좌수(座首) 배무룡(裴武龍)은 늘그막에 두 딸 장화와 홍련을 두게 되나 본부인 장씨가 세상을 떠나고 허씨를 새부인으로 맞아들인다. 허씨는 용모가 추하고 마음씨마저 사납고 간교하여 두 딸을 못살게 굴었다. 계모의 구박과 음모를 견디다 못해 장화는 연못에 투신 자살하고, 홍련 역시 죽은 언니를 그리다 못해 같은 연못에 빠져 죽는다. 억울하게 죽은 두 자매의 영혼은 원한을 풀고자 새로 부임한 부사를 찾아가나 부임하는 부사마다 겁에 질려 죽고 만다. 이렇듯 괴이한 일로 아무도 철원 부사를 맡기를 꺼리던 중 담이 큰 정동우(鄭東祐)가 자원하여 철원 부사로 부임한다. 그는 이들 망령들의 이야기를 자세히 듣고 계모를 처형한 뒤, 연못에서 두 자매의 시체를 건져내어 무덤을 만들어 준다. 그 뒤, 배좌수는 다시 장가 들어 두 딸의 현신인 쌍동녀를 낳는다. 이들은 자라서 평양의 거부 이연호(李連浩)의 쌍둥이 윤필, 윤석과 결혼하여 행복하게 살게 된다.

2 >> 생각하며 읽고 토의

❶ '꽃'과 '물'의 상징의 의미는 무엇인가?

❷ 계모와 전처 자식의 갈등은 무엇인가?

❸ 장화와 홍련의 잘못된 성격, 행동을 지적해 보자.

❹ 아버지 배 좌수가 장화, 홍련과 계모 허씨 사이에서 중간자의 역할을 잘 했더라면 어떤 일들이 전개되었을까?

❺ 계모 허씨는 자신에 대한 열등감을 어떤 형태로 풀어가려 했나? 나 역시 나의 열등감으로 인해 괴로워한 적이 있나?

❻ 정동우는 어떤 사람인가? 그가 위험한 일인데도 불구하고 철산 부사에 지원한 까닭이 무엇인가? 나라면 그 상황에 지원했을까?

❼ 정부사의 재판 과정에서 잘못된 점을 지적해 보자.

❽ 이 글에서 가장 놀랄 만한 스토리의 전개는 무엇인가?

❾ 왕이 계모에게 능지처참과 장쇠에게 교살, 그리고 장화와 홍련에게 불망비를 세워준 까닭은 무엇인가?

❿ 이 글에서 '권선징악'의 내용이 어떻게 전개되고 있나? 이 글을 통해 우리들은 무엇을 깨닫게 되나?

3 ≫ 논술 주제

나의 열등감, 우유부단함 등이 남에게 피해를 줄 수 있다고 생각하나?

중학생이 보는 흥부전 | 성낙수, 조현숙, 김은정 엮음

1 ≫ 줄거리

충청, 전라, 경상 3도 접경에 살던 박씨 성을 가진 두 형제가 있었는데, 형 놀부는 심술보가 고약하여 부모님께 불효, 동기간에 우애 없기로 유명하고, 동생 흥부는 이와 달라 마음이 착하여 효행이 지극하고 동기간에 우애가 독실하였다.

놀부는 부모의 유산을 독차지하고 동생인 흥부를 내쫓는데, 흥부는 아내와 어린 자식을 거느리고 움집에서 헐벗고 굶주린 채 갖은 고생을 하지만 여전히 착한 마음은 잃지 않는다. 그러던 어느 날, 흥부는 땅에 떨어져 다리가 부러진 제비새끼를 주워다가 정성껏 돌봐 날려 보내는데, 이듬해에 그 제비는 흥부에게 은혜를 갚고자 박씨 하나를 물어다 준다. 가을이 되어 잘 여문 박을 켜니 뜻밖에도 박 속에서 온갖 눈부신 보물들이 끝없이 쏟아져 나와 흥부는 일시에 벼락부자가 된다.

이를 안 놀부가 흥부에게 달려와 자초지종을 듣고는 자기도 제비새끼 한 마리를 잡아다가 다리를 부러뜨린 뒤 실로 동여매어 날려 보낸다. 그 제비 또한 이듬해 봄에 박씨를 물어다 주었는데 놀부가 심어서 거둔 박 속에서는 온갖 괴물이 나타나 그의 재산은 눈 깜짝할 사이에 모두 없어지고 패가망신한다.

　이 소문을 들은 마음씨 고운 흥부는 놀부 내외를 자기 집으로 모시고 와 지성으로 섬겼다. 이에 그렇게 악독했던 놀부도 마음을 고쳐먹고 착한 사람이 되어 형제가 화목하게 살게 된다.

2 ≫ 생각하며 읽고 토의

❶ 전통적인 관점에 따라 이야기에 등장하는 주요 인물들의 말과 행동을 통해 인물의 성격을 파악해 보자.

인물	성격이 잘 드러나는 말이나 행동	인물의 성격
흥부		
놀부		
흥부의 처		
놀부의 처		

❷ 경제적인 관점에 따라 흥부와 놀부의 성격을 비교해 보자.

인물	경제적인 관점에 따른 성격
흥부	
놀부	

❸ 심술보가 없는 놀부를 상상해 보자. 그리고 착한 흥부와 놀부를 비교한다면 누가 더 나은 삶을 살고 있는 것일까?

❹ 흥부전에 나타난 시대상(조선후기)으로 보아 흥부와 놀부가 대변하는 사회계층은 어떤 계층인지 이야기해 보자.

❺ 흥부에 대한 해학적인 표현을 찾아보고, 놀부를 풍자한 장면을 찾아보자.

　＊해학 : 어떤 대상을 긍정하고 공감하여 동정적 웃음을 주는 것.

　＊풍자 : 어떤 대상을 부정하고 공격하여 통쾌한 웃음을 주는 것.

❻ 요즈음 세상에도 흥부와 놀부와 같은 인물이 있을까? 우리 주변에서 이 두 인물과 닮은 사람을 찾아보고, 어떤 면에서 닮았다고 생각하는지 이야기해 보자.

❼ 박이 상징하는 것은 무엇인지 이야기해 보자.

❽ 만약 흥부에게 제비가 가져다준 박씨가 없었다면 어떻게 되었을까?

❾ 흥부전에 나타난 조상들의 사상과 정서는 무엇인가?

3 >> 논술 주제

흥부와 놀부의 인간상을 비판해보고, 21세기 현대사회에 필요한 인간상을 새롭게 규명해 보자.

토끼전 | 이혜숙 글, 김성민 그림

1 >> 줄거리

북해용왕은 옥황상제의 명으로 가뭄이 심한 북쪽땅에 비를 내려 주러 갔다가 뜨거운 김을 들이 마셔 심한 기침이 터져 나왔다. 그렇게 시작된 용왕의 병은 날이 갈수록 심해졌다.

어느날 도사 한 사람이 찾아와 토끼의 간이 그 병을 낫게 한다고 한다. 문어와 고래가 가기를 청하나, 약방의 주부 벼슬을 하고 있어 별(鼈, 자라) 주부라 불리는 자라가 토끼를 잡으러 가게 된다. 산 속의 잔치에서 토생원을 만나 산속에서 고생하느니 용궁으로 가서 높은 벼슬에 올라 호강하며 살라고 꾀여서 용궁으로 데려온다. 토생원은 간을 빼놓고 왔다고 해서 위기를 모면하고 입가에 난 부스럼을 고친다며 왕비와 입을 맞추고는 용궁을 빠져 나온다. 달아난 토생원을 잡기위해 군대를 보내지만 여의치 않자, 게의 계책을 들어 산신령에게 글을 지어 토끼를 잡아오도록 명한다.

산신령이 용왕의 부탁을 받고 벼락범 대장을 시켜 자신을 잡으려 한다는 소문에 토생원은 종적을 감추지만, 별주부로 둔갑한 백여우 도령에게 잡혀 진짜 별주부에게 넘겨진다.

별주부는 자기를 골탕먹이고 달아난 토생원을 다시 용궁으로 데려가지만 이미 용왕은 숨을 거두었다. 새 용왕이 된 왕세자에게 끌려가서 간을 꺼내려 했으나 이미 별주부가 떠난 상태였고 또한 죽은 용왕과 의형제를 맺었다는 언변으로 또다시 위기를 모면해 살아나오게 된다.

토생원이 두 번씩이나 용궁에 잡혀 갔다 살아 나온 일은 온 산중에 소문이 났고, 이야기를 들으러 오는 자가 너무 많아 한 권의 책을 써서 남겼으니, 이야기책으로 남은 것은 "토끼전" "별주부전" "토처사전" "토공전" 따위요, 노래로 지어진 것은 "수궁가" "토별가" 등이 있다.

2 >> 생각하며 읽고 토의

❶ 북해 용왕은 어떤 이유로 병에 걸리게 되는가?

❷ 토생원은 간을 꺼내고 넣을 수 있다는 증거를 어떻게 제시하는가?

❸ 군사를 거느려 토생원을 잡으려 하나 실패하자, 어떤 계책을 쓰게 되는가?

❹ 토생원이 백여우 도령에게 잡히게 된 경위를 설명해 보자.

❺ 새 용왕에게 잡힌 토생원은 위기를 어떻게 모면하게 되는가?

3 >> 논술 주제

"목숨이란 것은 세상 누구에게나 하나뿐인 소중한 것인데, 어찌하여 병들어 죽어가는 용왕을 살리기 위해 병없이 성한 토끼가 죽어야 하느냐?"라는 토생원의 항변에 대해 어떻게 생각하는가?

파리대왕 | 윌리엄 골딩

1 >> 줄거리

남태평양의 산호섬에 영국 소년들이 비행기 사고로 표류된다. 랠프와 돼지는 큰 소라 껍질을 발견하게 되는데, 이 소라의 소리를 신호로 살아 남았던 소년들이 모이게 된다. 살아남은 어른은 한 명도 없다. 아이들은 5세부터 12세 정도로 이들은 민주적 절차를 거쳐 대장을 뽑고 새로운 집단 생활을 해나간다.

열두 살 난 랠프가 대장이 되고 성가대의 연장자였던 잭이 사냥과 봉화관리를 자청하고 나선다. 랠프는 살아 돌아가기 위해 산정에 봉화를 올려 구조 신호를 보내는 것과 바닷가에 오두막을 세우는 것을 강조한다. 그러나 사냥을 나갔던 잭의 무리들이 불을 꺼뜨리게 되고, 이 일을 계기로 랠프와 잭의 무리 사이에 갈등이 있게 된다. 멧돼지를 잡아와 나무열매만 따먹던 소년들이 식욕을 채우게 되면서 잭과 그의 사냥패들은 크게 위세를 떨치게 된다. 랠프에겐 고기도 없고, 병력도 부족하고, 무기도 없다. 랠프의 권위가 약해지자 랠프를 옹호하던, 사리와 분별력을 겸비한 참모 '돼지'라는 별명을 가진 근시 소년이 잭에게 뺨을 맞고 그 바람에 안경 한 알이 깨지게 된다. 안경은 원시 상태에 사는 그들에겐 불을 피울 수 있는 소중한 것이었다. 소라를 쥔 사람이 발언권을 갖게 되어 있었지만, 이 또한 잭에 의해 무시되게 된다. 대부분의 소년들이 고기 맛에 이끌려 잭의 사냥패에 가담한다. 잭의 무리는 멧돼지 사냥이 되풀이되면서 점차 잔인하게 변한다. 온몸에 진흙을 바르고 머리를 길게 내려뜨리고 야만인처럼 되어간다. 죽은 낙하산 병을 본 꼬마들이 무서운 짐승을 보았다고 한 이 후, 잭은 멧돼지를 잡아 그 머리를 막대에 꽂아서 두려워하는 짐승에 대한 제물로 숲 속에 남겨 놓는다. 잭이 꽂아둔 돼지머리에서 피를 빨아먹는 파리의 모습을 보고, 환상 속에서 사이먼은 '파리대왕'과 '암돼지 머리'와 이야기를 주고받는다.

"넌 알고 있었지? 내가 너희들의 일부분이라는 것을. 아주 가깝고 가까운 일부분이란 말이야. 왜 모든 것이 틀려먹었는가, 왜 모든 것이 지금처럼 되어 버렸는가 하면 모두 내 탓인 거야."

"우리는 너희들을 가만히 내버려두지 않을 거야. 알겠어?"

잭은 잔치를 열고 랠프와 그의 또래들을 초대한다. 잭의 사냥패들은 사냥꾼으로서의 자기들의 승리를 자축하기 위해 춤을 추고 주문을 왼다. 〈짐승을 죽여라! 목을 따라! 피를 흘려라!〉 이 때, 두려운 짐승의 정체가 죽은 낙하산 병의 시체임을 알려주기 위해 나타난 사이먼이 흥분한 사냥패들에게 죽임을 당한다. 그리고 동료였던 사이먼의 시체는 바다 속으로 밀려간다. 랠프는 이제 근시 소년 돼지와 꼬마 몇 명밖에 남아 있지 않다. 잭의 사냥패들은 불이 필요하게 되자 돼지의 안경을 훔쳐가 버린다. 봉화를 피울 수 없게 된 랠프는 잭이 진을 친 성채 바위를 찾아가 안경을 돌려달라고 호소하지만 거부당하고 만다. 랠프와 잭이 다투는 사이 '로자'라는 소년이 바위를 굴려 돼지를 죽게 한다. 랠프는 도망쳐 숨는다. 쌍둥이 형제들 마저 사냥패에 굴복 당하고 랠프는 혼자가 된다. 그러나 오랑캐로 변한 사냥패들은 랠프를 찾기 위해 전면 수색에 나선다. 랠프는 위험한 고비를 가까스로 몇 번이나 넘긴다. 잭의 무리는 포위선을 만들어 가며 신호체계를 써서 섬을 샅샅이 뒤지고 있다. 멧돼지를 잡듯이, 랠프를 잡기 위해 숨막히는 몰이꾼들의 함성이 하늘을 찌르고 사방에 불길이 번지고 있다. 드디어 사냥꾼들은 랠프를 발견하고 고함을 지르며 달린다. 랠프는 절망적인 공포에 사로잡혀 숲을 벗어나 탁 트인 모래사장 쪽으로 달린다. 그는 나무 뿌리에 걸려 넘어지고 불길에 휩싸인 오두막을 보며, 뒤쫓는 고함소리를 들으며 쓰러져 모래 속으로 나뒹군다.

그 때, 한 영국 해군 장교가 모래 위에 서서 랠프를 내려다본다. '재미있는 놀이를 했군' 하고 장교는 말한다. 섬 전체가 불길에 휩싸인 것을 보고 영국 해군함정 '순양함'이 섬에 도착했다. 섬 전체는 불길로 몸부림치고, 소년들은 하나둘 모이기 시작한다. 잭이 울기 시작한다. 그는 몸부림치며 목메어 운다. 다른 소년들도 몸을 떨며 흐느껴 울기 시작한다. 장교는 소년들이 기운을 회복할 시간을 주기 위해 기다리고 있다.

2》》 생각하며 읽고 토의

❶ 대장으로 추천되었던 랠프의 권위가 흔들리기 시작한 근본적인 이유는 무엇일까?

❷ 랠프에 의해 인식되는 '소라' '안경'과 잭에 의해 인식되는 '소라' '안경'은 무엇을 의미하는 것일까?

❸ 이 작품 속에 드러난 인물들이 다음과 같은 면을 상징한다면 즉, 랠프는 협동과 평화를 상징, 잭은 전쟁과 야만을 상징, 돼지는 문명과 지식을 상징. 이러한 상징을 통해 작가는 무엇을 비판하려 했던 것일까?

❹ 이 소설의 공간적인 배경은 외부로부터 철저히 차단되어 있고 단 한 명의 어른도 존재하지 않는다. 먹을 것은 풍부(나무 열매)하고 아무 것도 이들을 구속

하는 것은 없다. 단지 어린 소년들뿐이다. 작가가 이렇게 작품의 환경을 설정한 이유는 무엇 때문이라 생각하는가?

❺ 죽은 낙하산 병의 시체를 보고 소년들은 두려운 짐승이 있다고 생각한다. 바람에 의해 부풀어오르는 낙하산을 보고 바다 괴물이라고도 한다. 이 두려운 짐승의 존재를 알게된 사이먼이 이 사실을 전해주러 갔다가 죽임을 당한다. 결국 공포의 대상은 어디에 있는 것이라 생각하는가?

❻ 인간이 가장 야만스러울 때는 언제라고 생각하는가?

❼ 이 작품이 발표되었던 당시(1954년)와 관련지어 볼 때, 말로 모든 것을 해결하려는 랠프의 문명사회와 야수적인 본능을 앞세우는 잭의 야만사회는 무엇을 나타내는 것일까?

❽ 〈파리대왕〉이란 사전적 의미로는 곤충의 왕을 뜻한다. 그러나 작가는 인간 내면의 희망과 용기를 갉아먹는 파리대왕을 '악마'로 표현하고 있는지도 모른다. 그렇다면 작가가 이 작품을 통해 전달하려는 메시지는 무엇이라 생각하는가?

3 >> 논술 주제

인간의 본성을 선하다고 보는 학자도 있고, 악하다고 보는 학자도 있다. 그렇다면 인간의 본성(선과 악)에 따라 행동하는 것에 대해 어떻게 생각하는지 『파리대왕』과 관련지어 나의 견해를 써보자.

허생전 | 박지원

1 >> 줄거리

주인공 허생은 남산 밑 묵적골에서 살았는데 아내의 바느질품으로 겨우 입에 풀칠할 정도로 몹시 가난했다.

허생은 10년 계획을 세우고 공부를 하다가 아내의 구박에 못 이겨 7년 만에 공부를 포기하고 한양에서 제일가는 재벌 변씨에게 당돌하게 돈 만 냥을 빌려 안성 땅에서 장사를 시작한다. 처음에 과일장사를 하여 폭리를 취하고 이어 제주도에 들어가 말총장사를 하여 많은 돈을 번다. 이것은 모두 매점매석에 의해 번 돈이다. 그 뒤 허생은 어느 사공의 안내를 받아 무인도 하나를 발견하게 된다. 변산지방에서 큰 도적 떼가 일어나자 그들의 소굴로 찾아가 그들의 생활을 해결해 주겠다고 약속하고 천여 명에 달하는 도적들을 무인도로 인도해서 선량한 사람으로 잘 살아가도록 해준다. 섬을 떠나 돌아온 허생은 나라 안을 두루 돌아다니면서 가난하고 의지할 곳 없는 사람들을 구제한다. 그리고는 남은 돈으로 변씨에게 꾼 돈을 갚는다. 그리고 허생은 집을 떠날 때의 모습 그대로 남산아래 오막살이로 돌아온다.

그 후 변씨는 허생을 어영대장 이완에게 천거하게 된다. 이완은 시사에 관한 이야기를 주고받다가 오히려 허생에게 비웃음만 사고 돌아간다. 허생의 비범한 인품을 알게 된 이완은 그를 고용하고자 다시 찾아갔지만, 이미 허생은 어디론가 사라지고 없었다.

2 >> 생각하며 읽고 토의

❶ 『허생전』의 배경사상은 어떤 사상인가?

❷ 허생의 매점매석 행위는 표면적으로는 부도덕한 상행위를 보여주고 있다. 그러나 이면적으로는 어떤 뜻이 내포되어 있나?

❸ 변씨는 거지나 다름없는 허생에게 무슨 생각으로 선뜻 만 냥을 내주었을까?

❹ 허생이 꿈꾼 '이상국'의 의미는 무엇인가?

❺ 허생은 섬에서 나올 때 많은 돈을 바다에 버렸는데, 만약 나라면 그 많은 돈을 어떻게 했을까?

❻ 허생이 이완에게 제시한 세 가지 제안은 무엇이었나?

❼ 작가가 이 책에서 비판하고자 하는 것은 무엇인가?

❽ 이 책을 읽고 배울 점은 무엇인가?

❾ 허생이 국정에 참여했다면 나라는 어떻게 달라졌을까?

작가가 『허생전』을 통해서 나타내고자 하는 사상은 무엇인가? (실학사상을 중심으로 전개해 보자.)

헬렌켈러

1 >> 줄거리

헬렌 켈러는 1880년에 미국 앨라배마의 투스쿰비아에서 태어났다. 8만평이나 되는 넓은 땅에 많은 나무와 담쟁이덩굴이 뒤덮고 있던 '초록집(Ivy Green)'에서 태어난 헬렌은 태어난지 19개월 만에 큰 병을 앓아 시력을 잃고, 들을 수도 없고, 말할 수도 없는 심각한 장애인이 되었다. 이런 장애로 인해 헬렌은 성격이 점점 난폭해져 주위 사람들을 힘들게 했다.

일곱 살이 될 때까지 제멋대로 행동하던 헬렌 앞에 나타난 설리번 선생님은 사랑과 인내로써 어둠 속을 헤매던 헬렌에게 말과 글은 물론 인생의 참의미를 깨우쳐 주었다.

헬렌과 고통을 함께 했던 반 시각장애인 설리번도 또한 불행한 과거를 지니고 있는 여성이었다. 어린시절은 가난에 찌들어 있었다. 아일랜드에서 살던 설리번의 부모는 1847년 대기근을 겪은 뒤 미국으로 이민을 왔다. 그때 아일랜드인들은 미국인으로부터 가장 천한 계층으로 취급 받았다. 알콜중독자인 아버지와 쾌활하고 활달한 성격의 어머니 사이에서 태어난 설리번은 다섯 살 때 전염성이 강한 트리코마라는 결막염에 걸려 정상 시력을 가질 수 없었다. 여덟 살 때 결핵으로 어머니가 돌아가시고, 그 후 2년 뒤 아버지는 아이들을 내버렸다. 그 후 남동생과 함께 빈민보호시설에 보내어져 학대와 고통의 하루하루를 보내면서 성장했다. 불결하고 빈약한 환경 가운데서 남동생은 죽어 갔다. 생계를 유지하기 위한 끝없는 싸움, 육체는 물론 정신이 함께 앓고 있던 병마와의 싸움 등이 계속 이어졌다. 가난에 찌든 스무 살의 설리번이 돈을 벌기 위해 택한 것은 버릇없고 제멋대로인 장애아를 가르치는 것이었다. 파킨스 맹학교에서 교사를 하고 있던 무렵에 가정교사 제의가 들어와 헬렌 켈러와의 운명적인 만남이 이루어지게 되었다.

헬렌을 만났을 당시 설리번은 인내심이 강하고 애정이 깊고 그리고 신앙심이 있는 사람이었다. 그녀가 처음으로 본 헬렌 켈러는 이미 일곱 살이 되었는데도 아무런 교육이 되어 있지 않았고, 시각장애아에게 나타나는 '강박적 버릇'을 가지고 있는 아이였다. 손으로 음식을 먹고, 마음에 들지 않으면 닥치는 대로 주위의 물건을 집어던지는 난폭하고 사나운 짐승 그 자체였다.

설리번 선생님은 헬렌 켈러에게 늘 다음과 같은 말을 되풀이했다.

"시작하고 실패하는 것을 계속하라.

실패할 때마다 무엇인가 성취할 것이다.

네가 원하는 것은 성취하지 못할지라도

무엇인가 가치 있는 것을 얻게 되리라.

시작하는 것과 실패하는 것을 계속하라."

그 날부터 설리번과 헬렌의 싸움이 시작되었다. 얼굴을 씻고 머리를 빗는 것도, 나이프와 포크로 식사를 하는 것도 헬렌과 격투를 하면서 가르치지 않으면 안되었다. 울어대는 것과 소리를 지르는 것으로 의사를 표현해왔던 헬렌은 엄격한 교육에 전신으로 반항했다.

설리번은 신중하고 끈기 있게 단 하나 남아 있는 인식의 창구인 촉각을 통해서 암흑에 갇힌 헬렌의 영혼을 향해서 자극을 주었다. 그때까지 갇혀 있던 헬렌의 마음이 조금이나마 열리기 시작한 것은 지화법에 의해서 처음 가르쳐준 〈인형〉이란 말을 헬렌이 알게 된 때였다. 헬렌의 기억력과 상상력은 다행스럽게도 무척 강했다.

처음에는 신기한 것 같았지만 반복해서 가르치는 중에 〈인형〉을 표현하는 것이라는 것을 알자 헬렌의 지식욕은 넘쳐났다. 아는 기쁨, 그것이 암흑의 세계로부터 세상 속으로 끌어내었고, 사나운 짐승 같던 아이를 얌전하게 바꾸어 놓았다. 헬렌의 잠자고 있던 마음은 눈뜨기 시작하고 폭발적인 격렬함으로 언어를 흡수했다. 모든 사물에 이름이 있다는 것을 알았을 때의 헬렌의 놀람은 그녀를 육체적으로 쇠약하게 할 정도였다고 한다.

이렇게 글자를 알아가면서 신체적 장애로 철저하게 고립된 생활을 해야만 했던 헬렌 켈러가 세상과 접할 수 있는 유일한 방법은 점자책 읽기였다. 책을 통해 헬렌 켈러는 기쁨이나 지혜뿐만 아니라 일반 사람들이 눈이나 귀로 얻는 지식까지도 얻을 수 있었다. 『일리아드』를 유난히 좋아했던 헬렌의 독서 범위는 기타 예술 작품이나 문학 작품으로 넓어져 평범한 사람들의 독서량을 뛰어넘었다. '책은 눈이나 귀로 보고 듣는 것이 아니라, 가슴으로 만나는 것'이라고 말하고, 끊임없는 점자책 독서로 손끝은 항상 굳은살이 박혀 있었다.

1900년 20세가 된 헬렌은 하버드 대학의 레드크리프 칼리지에 입학했다. 그때에 그녀는 "나는 이제 농아가 아닙니다"라고 말했다. 지화법이나 점자, 발성을 배워 정상인 이상의 지식을 얻어서 대학에 입학한 그녀의 첫마디였다. 그리고 4년 후인 1904년, 헬렌은 세계 제일의 하버드 대학을 졸업하였다. 헬렌은 사각 모자를 쓰고 소매가 넓은 가운을 입고 졸업생들과 함께 의젓하게 앉아 있었다. 순서에 의해 헬렌은 브릭스 총장으로부터 졸업장을 받았다. 졸업장을 받는 순간 눈물이 하염없이 흘러내렸다. 지금까지 고생했던 지난날의 기억들이 주마등처럼 스치고 지나갔다. 설리번 선생님도 감격의 눈물을 끊임없이 흘렸다. 이 기적은 많은 사람들로부터 경탄과 찬사를 받았다.

그 후 헬렌 켈러는 1906년 매사추세츠주 맹인구제위원, 1924년부터는 미국맹인협회와도 관계를 맺었다. 헬렌은 미국 본토는 물론 해외에서도 강연 여행에 나서 맹인 및 신체장애자에 대한 세상의 이해와 협력을 구하고 사람들에게 커다란 희망과 복음을 심어 주었다. 이와 같이 장애인들의 친구가 되고 빛이 되어준 생애에 대하여 1952년 프랑스 레지옹도뇌르훈장과 1932년 글래스고대학의 법학박사학위 등이 수여되었다. 특히 헬렌은 장애인들에게 이렇게 말하며 장애인들에게 큰 힘과 용기를 주었으며, 그들을 위해 많은 일을 하였다.

"태양을 볼 수 있는 사람은 행복하고, 볼 수 없는 사람은 불행한 것이 아닙니다. 중요한 것은 마음입니다. 마음속에 빛을 갖는 일입니다. 힘과 용기를 가지세요."

헬렌은 장애인 이외에도 수많은 사람을 만나 그들과 교류했다. 역대 대통령 중 그녀가 가장 좋아했던 플랭클린 루즈벨트를 비롯한 동시대의 모든 대통령, 소설가 마크 트웨인과 전화기를 발명한 사회사업가 알렉산더 그레이엄 벨, 무용가 마사 그레이엄, 배우 찰리 채플린과 더글러스 페어뱅크스 등 그녀가 만난 사람들은 헤아릴 수도 없이 많다.

헬렌 켈러는 자신의 불행에 꺾이지 않고 극복하여 많은 사람들을 위해 애쓰다가 1968년에 숨을 거두었다. 미국의 유명한 〈TIME〉지는 20세기의 위대한 100명의 인물에 '기적의 헬렌 켈러'라는 제목과 함께 헬렌 켈러를 포함시켰고 그의 인간 승리의 드라마를 소개하기도 했다.

헬렌 켈러가 남긴 저서로 『나의 생애(1902)』『어둠 속으로부터(1913)』『흐름 속에서─나의 후반생(1930)』 등이 있다.

2》 생각하며 읽고 토의

❶ 설리번 선생님이 헬렌을 가르치기 전에 먼저 그녀의 신뢰와 사랑을 얻으려 했는데, 이것은 왜 중요할까?

❷ 헬렌 켈러에게 있어 아버지의 죽음은 그녀의 전 생애에서 어떤 의미를 갖나?

❸ 헬렌 켈러가 후에 '내 영혼이 깨어난 날'이라고 말했는데 그 날은 언제인가?

❹ 설리반 선생님이 우물가에서 헬렌에게 '물'이란 글자를 써주었을 때를 헬렌은 후에 어떻게 회고했나?

❺ 글을 알았을 때의 기쁨을 상기하며 다가올 새날을 기다리는 헬렌 켈러의 벅찬 감정이 잘 나타나 있는 부분을 찾아보자.

❻ 헬렌은 대학에서 그녀 자신의 삶에 관하여 써보라는 제안을 받았다. 여러분도 지금까지의 자신의 삶을 돌아보고 '나의 자서전'을 써보자.

❼ 참된 행복은 다른 사람을 위해서 봉사할 때라는 헬렌의 생각에 동의하는지 친구들과 함께 토론해 보자.

❽ 헬렌 켈러의 입장이 되어 배움의 기쁨에 대하여 다른 친구들에게 편지를 써보자.

❾ 헬런 켈러가 설리번 선생님을 만났을 때부터 졸업할 때까지의 일대기를 타임라인으로 만들어 보자.

❿ 헬렌 켈러는 설리번 선생님의 도움으로 그녀의 꿈을 이루었다. 여러분은 어떤 인생의 목적과 꿈을 지니고 있나? 또 그 꿈을 이루기 위해 어떤 계획을 가지고 있나?

⓫ 여러분이 만약 헬렌이었다면 그 절망적인 상황에서 어떻게 하였을지 생각해

보고, 지금까지 사소한 역경에 좌절하고 포기한 적은 없는지 반성해 보자.

⓬ 주변에서 어려운 환경을 극복한 이들을 찾아 그들의 삶에 대해 이야기해 보자.

3 >> 논술 주제

헬렌 켈러의 자신의 장애를 극복한 용기와 숭고한 사랑의 정신을 생각하며 우리가 본받을 점에 대해 자신의 생각을 기술해 보자.

흰 종이 수염 | 하근찬

1 >> 줄거리

징용 갔던 아버지가 돌아오던 날, 동길이는 몇 달째 사친회비를 못 내서 책보를 빼앗기고 교실에서 쫓겨난다. 집으로 가는 길에 동길이는 학교를 그만두고 냇물에서 멱 감고 있는 용돌이를 만난다. 그 때 기적소리를 내며 철교 위를 지나가는 시커먼 기차를 보면서 동길이는 아버지 생각에 가슴이 뻐근해진다. 용돌이와 신나게 물놀이를 하다가 동길이는 배가 고파 집으로 돌아온다.

집 사립문 앞에 이르자 동길이는 마루에 벌렁 누워 있는 사람이 아버지임을 알게 된다. 그러나 꼬박 2년 만에 돌아온 아버지의 모습에서 동길이는 아버지의 팔하나가 없음을 눈치 챈다. 말없이 돌아보는 어머니의 두 눈에도 눈물이 흥건히 괴어 있었다. 점심상을 가운데 놓고 동길이는 시장한 참에 돼지 새끼처럼 한참을 퍼먹다가 서툴게 왼손을 쓰는 아버지를 발견하고 아버지가 오른팔을 잃었음을 알게된다.

이튿날 아침, 함께 학교에 가기 위해 동길이네에 온 창식이는 뒷간에서 나오는 동길이 아버지를 보고 인사를 하다가 팔뚝이 없는 소맷자락을 보고 희한한 것이라도 발견한 듯 두 눈이 번쩍 빛난다. 동길이는 창식이와 학교에 가지 않고 중간에 강둑에서 대낮이 될 때까지 물놀이를 하며 시간을 보낸다. 대낮이 가까워 오자

다리 위에서 창식이를 포함한 동길이네 반 아이들이 동길이를 보며 '외팔뚝이'라며 놀려댄다. 아이들의 고함 속에서 동길이는 아버지가 학교에 다녀가셨음을 알게 된다. 동길이가 약이 올라 돌멩이를 집어 들어 다리 난간을 향해 던지자 아이들은 모두 우르르 도망을 친다.

그 날 저녁, 아버지는 얼굴이 벌겋게 술이 취해서 손에는 동길이의 책보와 흰 종이를 쥐고 사립문을 들어선다. 아버지는 동길이의 밀린 사친회비를 벌기 위해 다음 날부터 극장에 취직하기로 한다. 그러나 이 이야기를 하면서 아버지는 방 아랫목에 드러누워 두 눈에 눈물이 솟구쳐 훌쩍훌쩍 흐느끼기 시작한다. 동길이는 무슨 영문인지 알 수 없었으나 덩달아 코끝이 매워옴을 느낀다.

다음 날 아침 부엌에서 달그락거리는 소리에 동길이가 눈을 떴을 때, 아버지는 윗목에 쭈그리고 앉아 흰 종이를 왼손으로 서투르게 가위질 하고 있었다. 책보를 옆구리에 낀 동길이와 종이로 만든 수염을 손에 든 아버지는 함께 집을 나선다. 사친회비 걱정 말고 학교에 가라는 아버지의 말에 동길이는 학교로 향한다. 학교에서 돌아오는 길에 동길이는 삼거리에서 희한한 분장을 하고 앞, 뒤로 광고판을 매달은 사람을 보고 저도 모르게 가까이 뛰어간다. 그 희한한 사람은 메가폰을 입에 대고 영화를 선전하고 있었다. 그런데 그 사나이의 시선이 동길이의 시선과 마주치자 동길이는 가슴이 철렁 내려앉고 눈물이 핑 돌았다. 바로 아버지였던 것이다. 시선을 얼른 돌리는 아버지를 보며 동길이는 코끝이 매워오며 눈앞이 뿌옇게 흐려져 갔다. 구경하던 아이들은 동길이의 아버지임을 눈치 채었고, 창식이는 나무꼬챙이로 아버지의 종이수염을 건드리며 아버지를 놀려댄다. 이것을 본 동길이는 가슴속에 불이 확 붙는 것을 느끼며, 창식이를 덮쳐서 마구 때린다. 아버지는 어찌 된 영문인지 알지 못하고 하나 남은 손을 내저으며 어쩔 줄 몰라한다. 턱에 붙였던 흰 종이수염은 실밥이 떨어져 가슴 앞에 매달린 채 너풀너풀 춤을 준다.

2>> 생각하며 읽고 토의

❶ 동길이가 선생님께 책보를 빼앗기고 교실에서 쫓겨난 이유는 무엇인가?

❷ 동길이가 용돌이에게 '학교 안 댕기면 높은 사람 못 된다'고 말하는데 이것을 통해 동길이가 학교에 대해 가지고 있는 생각은 무엇이라고 생각하나?

❸ 이 작품에서 나오는 기차는 어떤 의미를 가지고 있을까?

❹ 아버지가 오른팔을 잃은 이유는 무엇인가?

❺ 동길이 아버지가 오른팔을 잃음으로 해서 동길이네 집은 어떤 변화가 있었나?

❻ '팔뚝을 한 개 나라에 바친 덕택에 취직했다'는 이야기를 하며 흐느끼는 아버지를 보면서 동길이는 어떤 생각을 했을까?

❼ 아버지가 새벽부터 서투른 가위질로 종이수염을 열심히 만드는 이유는 무엇일까?

❽ 이 작품 속에 나타난 동길이와 창식이의 성격을 비교해 보자.

❾ 동길이에게 사친회비가 없어도 학교에 꼭 가라고 하는 아버지의 말을 통해 아버지가 생각하는 학교는 어떤 의미를 가지고 있을까?

❿ 만약 내가 동길이였다면 아버지의 흰 종이수염을 놀리는 창길이에게 어떻게 했을까?

⓫ 이 작품 속에 나타난 동길이 아버지의 성격은 어떠한가? 이러한 성격을 나타내고 있는 문장을 찾아보자.

⓬ 이 작품에서 가장 기억에 남는 장면은 어디인가? 그 이유는 무엇인가?

⓭ 이 작품의 시대적 배경을 나타내는 단어들을 찾아보자.

⓮ 아버지의 '흰 종이수염'이 상징하는 것은 무엇일까?

⓯ 작가가 동길이 가족을 이야기의 중심축으로 설정한 이유는 무엇이라고 생각하나?

⓰ 이 작품의 결말을 다시 쓴다면 어떻게 쓰고 싶으며, 그 이유는 무엇인가?

3 >> 논술 주제

흰 종이수염을 통해 작가가 우리에게 전하고 싶은 메시지에 대해 기술해 보자.

- 김동일 · 이대식 · 신종호 공저, 『학습장애아동의 이해와 교육』, 서울: 학지사, 2002.
- 김효정 · 김승환 · 윤치경 · 한복희 공저, 『독서의 힘』, 서울: 구미무역(주) 출판부, 1992.
- 김효정 · 김승환 · 한복희 · 송영숙 공저, 『독서교육의 이론과 실제』, 서울: 한국도서관협회, 1997.
- 안춘근, 『독서상담 : 그 이론과 실제』, 서울: 배움터, 1985.
- 안춘근, 『독서의 지식』, 서울: 범우사, 1987.
- 윤정옥, 『독서요법의 이론과 적용』, 도서관 53(1): 47-64, 1998.
- 전정재, 『독서의 이해』, 서울: 한국방송출판, 2001.
- 한복희 · 기민호 공저, 『정보사회론』, 대전: 충남대학교 출판부, 1997.
- 한복희, 『독서클리닉의 이론과 실제』, 서울: 한국도서관 협회, 2004.
- 한복희, 『초등학생 독서와 논술』, 서울: 노트북, 2005.
- 한윤옥, "독서치료를 위한 상황별 독서목록의 기초적 요건에 관한 연구—상황 설정 및 분류체계와 관련하여—", 한국문헌정보학회지 제37권 제1호, 5-25, 2003.
- http://www.washburn.edu/mab
- Pardeck, John T., *Using Books in Clinical Social Work Practice—A Guide to Bibliotherapy*, New York: The Haworth Press, 1998.
- Pardeck, John T. & Jean A. Pardeck, *Bibliotherapy—A Clinical Approach for Helping Children*, New York: Gordon & Breach Science, 1993.
- Rubin, Rhea J, *Bibliotherapy Sourcebook*, London: Oryxpress, 1978.
- Sridhar, Dheepa, *Effects of bliotherapy+on extcomprehension, reading attitude, and self-concept in third and fourth grade students with attention difficulties*, The Univ. of Texas Austin(Ph. D), 2000.
- Stanly, Jacqueline, *Reading to Heal: How to Use Bibliotherapy to Improve Your Life*, Boston: Element, 1999.

| 저자 소개 |

대표 저자 **한복희** __ 충남대학교 문헌정보학과 교수

공동 저자 **김은영** __ 충남대학교 평생교육원 강사

김현주 __ 충남대학교 평생교육원 강사

박현주 __ 충남대학교 평생교육원 독서치료사

안현숙 __ 충남대학교 평생교육원 독서지도사

이미화 __ 충남대학교 평생교육원 강사

이정님 __ 충남대학교 평생교육원 강사

이정화 __ 충남대학교 평생교육원 독서치료사

이주현 __ 충남대학교 평생교육원 독서치료사

전현례 __ 충남대학교 평생교육원 독서치료사

정혜련 __ 충남대학교 평생교육원 강사

정희연 __ 충남대학교 평생교육원 독서치료사

조영숙 __ 충남대학교 평생교육원 강사

최미란 __ 충남대학교 평생교육원 독서치료사

최은성 __ 충남대학교 평생교육원 독서치료사

한옥주 __ 충남대학교 평생교육원 강사

초 · 중학생 독서지도를 위한 **상황별 도서목록**

초판인쇄	2006년 8월 10일
초판발행	2006년 8월 15일
지 은 이	한복희 외
펴 낸 이	엄태상
펴 낸 곳	랭기지플러스
등록일자	2000년 8월 17일
등록번호	제1-2718호
주 소	서울시 강남구 역삼동 819-10
전 화	편집부 02-3671-0594
	도서주문 1588-1582
팩 스	02-3671-0500
E-mail	tltk@chol.com
HomePage	www.langpl.com

ISBN 89-5518-492-1 13370

＊이 책의 내용을 사전 허가 없이 전재하거나 복제할 경우 법적인
　제재를 받게 됨을 알려 드립니다.
＊잘못된 책은 구입하신 서점이나 본사에서 바꿔 드립니다.

안데르센 · 그림동화

20편의 재미있고 감동적인 동화의 세계로 초대합니다!

쉬운 대화체 및 스토리식 구성

간단하고 쉬운 대화체 및 스토리식 구성으로 되어 있어,
현재 사용되고 있는 우리말을 자연스럽게 익힐 수 있습니

아이의 호기심과 흥미를 유발시키는 삽화

화려한 삽화는 아이의 호기심을 자극하며,
삽화가 재미있어 글자를 몰라도 아이들이 즐겨 봅니다.

깊은 감동을 주는 이야기

단순한 줄거리에 놀랄 만큼 다양한 인생의 기쁨과 슬픔이
담겨 있어 아이에게 잊지 못할 깊은 감동을 안겨 줍니다.

아이의 기억에 오래 남습니다

단어나 문장은 금방 잊어버리지만 그림이나 상황은
기억에 오래 남습니다. 그림과 상황을 통해 접하는
안데르센 & 그림동화는 아이의 기억에 오래 남습니다.

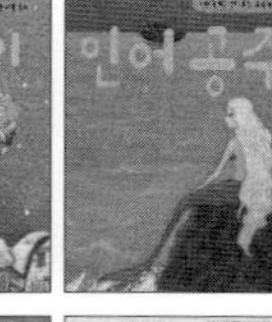

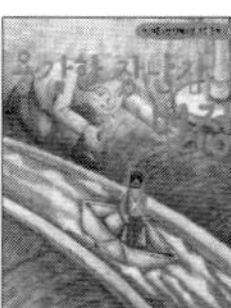

❶ 엄지공주 ❷ 벌거벗은 임금님 ❸ 멍청이 잭 ❹ 미운 아기오리 ❺ 나이팅게일 ❻ 성냥팔이 소녀 ❼ 인어공주 ❽ 빨간 구두 ❾ 용감한 장난감 병정 ❿ 전나무
⓫ 빨간 모자 ⓬ 황금 거위 ⓭ 라푼젤 ⓮ 구두장이와 두 요정 ⓯ 어부와 아내 ⓰ 헨젤과 그레텔 ⓱ 엄지동자 톰 ⓲ 신데렐라 ⓳ 백설공주 ⓴ 잠자는 숲속의 공